T0275096

Eso no estaba en mi libro del Real Madrid

TOMÁS RONCERO

Eso no estaba en mi libro del Real Madrid

ℐ

ALMUZARA

© Tomás Roncero, 2022
© Editorial Almuzara, s.l., 2022

Primera edición: septiembre de 2022

Editorial Almuzara • Colección Historia
Director editorial: Antonio Cuesta
Edición de Ángeles López y Javier Ortega

www.editorialalmuzara.com
pedidos@almuzaralibros.com - info@almuzaralibros.com

Imprime: Romanyà Valls
ISBN: 978-84-11311-68-7
Depósito Legal: CO-1254-2022
Hecho e impreso en España - *Made and printed in Spain*

Editorial Almuzara
Parque Logístico de Córdoba. Ctra. Palma del Río, km 4
C/8, Nave L2, nº 3. 14005, Córdoba

A mis padres, Félix y Amparo.

A mi mujer, Lucía.

A mis hijos, Marcos y Nico.

A mis hermanas, Amparo y Rosalina.

Y al creador de esta maravillosa obra futbolística, don Santiago Bernabéu.

Índice

Nota del autor

Cuando la editorial Almuzara me ofreció la apasionante posibilidad de escribir este libro, me entusiasmé con el proyecto desde que la idea entró por mis blancos oídos. La cuestión no era escribir una historia del Real Madrid (en las últimas décadas se han publicado muchas, muy bien documentadas y con un rigor casi científico), se trataba de contar la maravillosa historia del mejor club de fútbol del mundo bajo mi prisma particular, que no es mejor ni peor que el de otros madridistas, pero es el mío, con mi subjetividad emocional ligada a todos los recuerdos que tengo de mi amor por esta camiseta y este escudo desde que fui al Bernabéu por primera vez, junto a mi padre y a mi tío Luis, en el invierno de 1973. Ahí nació el flechazo entre el Madrid y este servidor, por lo que la intención ha sido, efectivamente, contarles *Eso no estaba en mi libro del Real Madrid*.

Lógicamente, he plasmado mi subjetiva visión e interpretación de esos 120 años de trayecto de un club ejemplar y ejemplarizante. Los millones y millones de madridistas que somos en este planeta podemos discrepar de un fichaje, de la calidad de un jugador o de la decisión de un entrenador, pero jamás discutiremos por la esencia, por ese ADN que esta temporada ha quedado perfectamente reflejado con la Copa de Europa más meritoria de las 14 conquistadas desde 1956. Muchos se han hecho ahora del Madrid, seducidos por esas noches de locura ante PSG, Chelsea, City y Liverpool. Por eso, ha resultado para mí un placer difícil de explicar bucear en mis recuerdos personales, desde aquel niño que salía de su casita de Carabanchel para ir al norte de la capital a ver a ese equipo que tenía idealizado en mi mente infantil o al joven que en su pubertad cambió noches de fiesta con los amigos, lógicas de la juventud, por irme al estadio a disfrutar con esas remontadas europeas con la magia envolvente del Bernabéu, que este año ha disfrutado mi hijo con la misma pasión con la que yo lo viví en los años 80. Por eso, este libro no es la historia del Real Madrid, ni lo pretende, es la historia sentimental según la interpreta en cada capítulo este manchego criado en Madrid que un día se fijó en la fiereza competitiva de Pirri y Camacho hasta terminar enloquecido con cualquier jugada diabólica que improvisaba ese genio de Fuengirola llamado Juanito. El Madrid es único. Por eso, espero que este libro también lo sea para ustedes.

El verdadero relato: el franquismo no ayudó al Madrid, ayudó al Barcelona

Desde siempre, entre los culés, se ha contado la leyenda de la ayuda del franquismo al Madrid, lo que yo llamo «el famoso relato», con el que han querido justificar la falta de jerarquía histórica del Barcelona frente al Real Madrid, a nivel de títulos, a nivel institucional y también de imagen. Porque los culés han estado luchando estérilmente por ser como el Real Madrid. Esto es un poco como los celos entre dos hermanas: una tiene envidia de la otra porque ve que es la preferida de papá y mamá, porque es la más guapa, porque es la que tiene más éxito y, por eso, vive obsesionada preguntándose cada día: «¿Por qué yo no soy como ella?».

El Barcelona, mirando objetivamente los hechos, tiene muchos motivos para callarse, incluso, para reconocer de una vez por todas que el Real Madrid lo ha hecho bien y ellos, no. Y, sin embargo, van a lo fácil que es decir: ¿Por qué tenemos menos Ligas?, por Franco. ¿Por qué tenemos menos Copas de Europa?, por Franco también, porque estaba por allí y seguro que ayudó al Madrid a ganar. Así, da la sensación de que le han regalado los títulos. De hecho, Joan Gaspart, el año de la Novena, en 2002, cuando era presidente del Barcelona, se atrevió a decir que había que felicitar al Madrid por haber ganado tres Copas de Europa, pero que las seis primeras, como todo el mundo sabía, habían sido regaladas. Y se quedó tan ancho. De un plumazo intentó destruir años históricos y gloriosos del mejor club de todos los tiempos.

A base de insistir, los culés cuelan su relato y así parece que el Real Madrid no saca tanta diferencia al Barcelona. Hay gente que lo compra, sobre todo los que están deseando creérselo. Si te lo crees ya no tienes el complejo de inferioridad que ha habido y que va a seguir existiendo porque, por mucho que el Barcelona haya crecido estos años, ese crecimiento ha estado basado en un futbolista, Lionel Messi. Cuando se fue, se volvió a la historia de siempre: una Liga cada cinco años y la Champions, por supuesto, ni olerla. Ha sido un periodo circunstancial que no ha dependido de su funcionamiento o estructura, sino de un jugador. Lo ha tenido, lo ha disfrutado, y a otra cosa.

Las primeras seis Copas de Europa del Real Madrid rompen los esquemas a todos, porque las consigue sin el apoyo del régimen. El Barcelona ficha a Kubala, ficha a Cruyff, a los mejores, y no le da para conquistarla. Entonces, optan por cambiar el relato histórico y, con claras connotaciones políticas, cuentan a las nuevas generaciones que es imposible luchar contra el Real Madrid y el centralismo. Y los jóvenes en Cataluña, con el nacionalismo hirviendo, se lo creyeron.

El Barça siempre ha tenido grandes equipos y ha gastado más dinero que el Madrid en fichajes. De hecho, cuando fichan a Cruyff, en 1974, pagan 100 millones de pesetas. Es una barbaridad, pero como es el mejor futbolista del mundo, gana esa Liga. Sin embargo, ya no vuelven a lograr otra hasta once años después. Eso es porque los del Madrid tienen esa capacidad de imponerse con sus valores de esfuerzo y de sacrificio, pese a vivir en una austeridad que nacía en Santiago Bernabéu, el presidente.

Lo que no cuentan en su relato es que, como vamos a ver, da la sensación de que el régimen franquista quiso darles un empujoncito para poder equilibrar las fuerzas, para que la diferencia entre los dos no fuera tan exagerada.

De hecho, en 1975 muere Franco y, ese año, antes de noviembre, el Real Madrid gana Liga y Copa, en una final muy bonita que se decide por los penaltis en el Calderón contra el Atlético. Son esos dos títulos los que le permiten voltear y ganar por los pelos el balance de títulos durante el Gobierno de Franco. Cuando muere el dictador, el Real Madrid tiene veintiún títulos nacionales y el Barça, 20. ¡Cómo va a ser el equipo de Franco si casi empata a títulos con el Barcelona!

En la Segunda República, el Real Madrid consigue dos Ligas (1931-32 y 1932-33) y dos Copas (1934 y 1936). Al Barcelona, que siempre tiene tantos prejuicios políticos, le va peor en la República, pues no logra ninguno de esos títulos. Debe de ser que los de Madrid disimulan bien: es un equipo de derechas, pero gana títulos con la República mientras que el Barça, que es el equipo de la progresía y de la modernidad, resulta que no. Sería mala suerte, sería que no le entraba la pelota. La parada del mítico Zamora al Barcelona en el último minuto levantando polvareda en la final de Copa de 1936 representa eso: la pelota que nunca le entra de los de Barcelona, por mala suerte y no por méritos del Madrid.

Rafael Sánchez Guerra fue presidente del Real Madrid durante la República, desde mayo de 1935 hasta el comienzo de la guerra. Era un hombre confeso de izquierdas. En las municipales de 1931 lideró en Madrid la lista republicana-socialista y fue subsecretario de la Presidencia en la República. Pasó por las cárceles franquistas, huyó a París y fue detenido de nuevo. Murió en un convento en vez de en una prisión porque se le concedió pasar allí sus últimos días.

Chamartín, el estadio donde jugaba el Madrid, se quedó sin asientos porque se utilizaron como madera para que la gente pudiera calentarse durante esos años de asedio y frío de la guerra. Es decir, este equipo siempre fue una especie de benefactor social, que no se metía con nadie ni con nada. Y lo que es segurísimo es que nunca se identificó con el fascismo. De hecho, Santiago Bernabéu siempre fue un hombre tolerante, monárquico, pero nunca franquista. Era un hombre inteligente que se adaptaba a los tiempos y que quería a su club por encima de todo.

Cuando terminó la Guerra Civil, el Madrid solo tenía cinco futbolistas del primer equipo, porque la mayoría eran republicanos y habían huido o acabado en la cárcel. Así que la labor de reconstruir la plantilla sin ayuda de nadie fue gigantesca.

El franquismo llega a España en 1939 y si el Real Madrid es el equipo de Franco, en los primeros catorce años tendría que haber ganado, por lo menos, la mitad de las Ligas. Las dos primeras, sin embargo, se las lleva el Atlético Aviación, el equipo del Ejército del Aire. Hasta el año 1953, que llega Di Stéfano, el Barcelona suma 5 Ligas; 4, el Atlético; 3, el Valencia; 1, el Sevilla, y otra, el Athletic Club de Bilbao. Catorce Ligas seguidas y el equipo de Franco no gana ni una. Solo dos Copas, en 1946 y 47. Solo con este historial de las primeras 14 Ligas se desmorona el relato. Aunque si se les recuerda a los culés, siempre cambian de conversación.

En septiembre de 1943, Santiago Bernabéu es elegido presidente del Real Madrid y, desde el principio, tiene claro su plan: convertirlo en un club grande, a imagen de lo que cree que podría llegar a ser… y que fue. Por eso, sin pedir ayuda a nadie, decide construir un estadio espectacular. Chamartín estaba hecho una pena y, en los mismos terrenos, pero cambiando un poco la orientación, mete las excavadoras y pide a los madridistas que se pague el estadio entre todos. Hay que tener en cuenta que hablamos de la posguerra, de hambruna y de una situación económica terrible en la mayoría de hogares en España.

A través del Banco Mercantil emitió una serie de obligaciones hipotecarias, una emisión de bonos voluntarios a 20 años. La gente tenía que mojarse y meter, ahí, el dinero que podía. Rafael Salgado, del Banco Mercantil, fue el hombre que dio el crédito y la clave para que la operación fuese un éxito. De ahí el nombre de la calle del Fondo Norte.

Estadio Santiago Bernabéu en 1955, cuando se decidió
que se llamara como el presidente del club.

Bernabéu siempre contaba que, como no pudo dormir la noche antes porque pensaba que iba a ser un fracaso, se levantó muy pronto por la mañana y fue a la puerta del Banco Mercantil. Cuando vio la cola de socios dispuestos a contribuir en la construcción, su asombro fue mayúsculo. Supongo que el franquismo también se quedó asombrado por ese compromiso de los afiliados del club. Inaugurado el 14 de diciembre de 1947, el estadio marcó un triunfo de imagen ante el franquismo: sin pedir ninguna ayuda oficial, Bernabéu consiguió el objetivo de que los aficionados lo financiasen para acabar siendo uno de los mejores del mundo; entre asientos y localidades de pie tenía una capacidad, tras una ampliación, de unos 120.000 aficionados. Un estadio pagado íntegramente por los madridistas.

En Barcelona, no obstante, lo dudaban: «Alguna ayuda habrán tenido». Pero la única verdad fue que Santiago Bernabéu tenía esa audacia de manchego intrépido. Era un hombre con una formación brutal de la que nunca presumía para no parecer arrogante. Se dice que incluso leía a Nietzsche en alemán. Lo que mucha gente no sabe es que lo que le emocionaba de pequeño no era el fútbol, sino cantar en el coro del Real Colegio Alfonso XII de los Agustinos de San Lorenzo de El Escorial. Decía que cantar en la majestuosidad del Monasterio de Felipe II, a pesar del frío, le embargaba la emoción de tal manera que tenía que contener el llanto. Fue su hermano mayor, Antonio, el que tiró de él para que jugara al fútbol, de delantero, y aprovechar así su altura.

Santiago Bernabéu, como futbolista del Real Madrid.

Hay una cuenta que es definitiva respecto al relato franquista: el Barcelona fue tres veces recibido por Franco y tiene tres insignias de oro de los culés, mientras que el Madrid, que ganó seis Copas de Europa, solo fue dos veces a la recepción en El Pardo.

Millán-Astray solía ir al palco del Bernabéu. En un partido, sin embargo, se sobrepasó en la forma de saludar a la mujer de un diplomático. Este se ofendió y Bernabéu, que se ofendió doblemente, sin cortarse un pelo, pese a ser Millán-Astray quien era en el Régimen, le afeó la conducta y le echó del palco. Millán-Astray, que no daba crédito, ya que hacía lo que le daba la gana, le gritó que no sabía con quién se había metido, le retó a un duelo. Y se marchó.

Los directivos avisaron a Bernabéu de que era un asunto muy serio, pues el duelo solo podía ser a muerte. Entonces, el presidente del Real Madrid no se echó para atrás: si es a muerte, será a muerte. La historia llegó a oídos de Franco, que se asustó porque se dio cuenta de que era una auténtica locura. Bernabéu era una persona conocida y no quería ni imaginar que pudieran morir él o Millán-Astray. Al final, Franco reconvino a su militar para que lo dejase correr y para que se guardara el orgullo. Lo mejor de todo el asunto fue que Bernabéu aguantó el reto sin miedo frente a uno de los líderes del franquismo. Si tú fueras un franquista redomado, le ríes la gracia a Millán-Astray. Pero Bernabéu, nada.

Tienes los 14 años sin una Liga, lo de Rafael Sánchez Guerra, lo de Millán-Astray, pero es que luego hay más. En 1950 llegó a España Ladislao Kubala huyendo de la dictadura soviética de Hungría. Ya era un futbolista célebre y el franquismo le acogió porque que uno de los mejores jugadores provenientes de un régimen soviético, comunista y rojo, como se decía en la época, eligiese España para ser feliz era la propaganda perfecta, un modo de vender el país a las miradas extranjeras.

¡Y, qué casualidad, Kubala acabó en el Barcelona! El Real Madrid también se interesó por él, pero al final fue el Gobierno de Franco el que, a través de la Federación Española, auspició que jugase allí. Se hizo, además, mediante una especie de triquiñuela porque Kubala tenía que, teóricamente, ser *amateur*, porque la FIFA le había suspendido para jugar como profesional. Pero se levantó su sanción y debutó en abril de 1951 con tiempo para ganar la Copa de ese año. El Barcelona también ganó las dos Ligas siguientes (1951-52 y 1952-53). Se convirtió en el equipo más poderoso porque tenía al mejor futbolista. Otra vez volvemos a la misma paradoja. Para ser madridista, Franco y su régimen hacen cosas extrañas: «No solo no te dejo ganar Ligas en los primeros años, sino que voy a hacer todo lo posible para que Kubala se vaya al Barça. Para que me quieran así»... ¡Vaya con los amores mal queridos! Prefiero que me odien a que me quieran tan mal.

EL ESCÁNDALO DEL ÁRBITRO ANTONIO RIGO

Los ejemplos no acaban ahí. Lo que ocurrió en la temporada 67-68 no tiene parangón en la historia del fútbol español ni en ningún otro sitio. Sucede en la Copa del Generalísimo, para más retranca. En la edición de esa temporada hubo un árbitro, Antonio Rigo, que era de Mallorca y sobre el que pesaba un «tufillo» generalizado de que era del Barcelona. Pues, pese a ser el Real Madrid el equipo del régimen, en los cuartos de final que jugaban el Athletic y el Barcelona eligieron, para el partido de ida, a Rigo. El Athletic se quejó del arbitraje, pero no le sirvió de nada porque en el partido de vuelta, ¡pitó Rigo otra vez! Eliminó al Athletic, claro, que consideraba que había sido perjudicado por los dos arbitrajes. Era algo inaudito que pusieran al mismo árbitro en los dos partidos.

Pero no quedó la cosa ahí. Llegaron las semifinales de la Copa. Barcelona-Atlético de Madrid. Y... ¿quién pitó la ida?

Rigo. ¿Y quién pitó la vuelta? Rigo. El Atlético se quejó doblemente porque le anuló un gol legal y señaló, además, un polémico penalti para el Barcelona, que se clasificó.

Por el otro cuadro, el Real Madrid llegó a la final. Bien, sin quejas. ¿Quién pitó la final? Rigo. Debía de ser que el régimen de Franco era tan madridista que dijo: «Vamos a intentar que gane el Barcelona». En la final hubo un autogol de Zunzunegui y, a partir de ahí, pasó de todo: un penalti a Serena no pitado y otro a Amancio, que tampoco se señaló. Gallego, que lesionó a Pirri con una entrada brutal, no tuvo castigo. El Bernabéu, ante eso, estalló y hubo un momento en el que la gente de un fondo empezó a tirar botellas; botellas de verdad, de esas que te abrían la cabeza, no de plástico. Por eso pasó a la posteridad como «la final de las botellas», porque fue tal la que se lio que el campo acabó lleno de vidrios. La gente estaba muy enfadada, ya que a ese árbitro le habían elegido en los dos partidos de los cuartos de final, en los dos partidos de semifinal y también en la final y, en los cinco encuentros, había pitado a favor del Barça. ¡Inaudito!

La final de las botellas, con el árbitro Antonio Rigo.

Años después, se destapó un escándalo con un árbitro, Antonio Camacho, de quien se descubrió que había protagonizado una trama de corrupción dentro del colectivo arbitral y, en esa trama de corrupción, salió el nombre de Rigo.

Pero no termina aquí. Hay otro episodio muy gordo parecido al de Rigo, o incluso peor. Fue en junio de 1970, en los cuartos de final de Copa. En el Camp Nou sucedió el famoso penalti a Velázquez. En la imagen se vio que, efectivamente, fue fuera del área, pero también es verdad que, como va en carrera, al caer, sí que entra en el área. Guruceta, que era el colegiado, es el único árbitro al que se ha vinculado al Real Madrid, y puede ser que en algún partido se equivocara a nuestro favor, no digo que no, pero no sucumbió a los amaños. Ese día, repito, falló porque al ver a Velázquez caer dentro del área, pitó penalti. Antes no era como ahora, que los colegiados tienen un pinganillo, que hay un cuarto árbitro, que te avisan desde el VAR... En aquella época el árbitro solo dependía de su vista.

No se discute la mayor: no fue penalti. Sin embargo, la gente de la grada empezó tirar cosas y se montó un follón inimaginable. Llegó a tal punto que, directamente, se suspendió el partido porque el lanzamiento de objetos y almohadillas siguió aumentando y muchos comenzaron a invadir el campo. Para evitar males mayores, la Policía llevó a los jugadores al vestuario y escoltó a Guruceta. Como el Madrid era el mal llamado equipo de Franco, el régimen haría todo posible para que le cayese una sanción brutal al Barça, para que se le clausurara el campo muchísimos partidos, que le diesen ese por perdido y que se arrepintiese públicamente por la barbaridad que habían hecho. ¿Cuál fue la reacción, sin embargo? Que, para contentar al Barça, su gerente, Juan Gich, fue nombrado Delegado Nacional de Deportes. Un culé reconocido. Y hay más: en el Consejo de Ministros, Franco hizo una derrama y dio 50 millones de pesetas, que era un dineral, para que el Barça se hiciese, al lado del Palau Blaugrana, una pista de hielo. Todo para que se tranquilizara. Aún hay más: se recusó de por vida a

Guruceta, que nunca más volvió a pitar al Barcelona (Rigo, en cambio, nunca tuvo sanción). Es decir, que por un error se le da al Barcelona lo que jamás le dio al Madrid por una situación inversa.

El Madrid, mientras, amén de hacerse el estadio, se construyó, también sin ayuda, la Ciudad Deportiva. Para ello, compró unos terrenos en el norte de la ciudad, a dos kilómetros del estadio donde todo eran huertas y lo consiguió. Aquello fue el vivero y la hucha que, muchos años después, permitió a Florentino lograr que se recalificasen esos terrenos, fichar a los famosos galácticos y evitar la quiebra del club. Pero todo empezó porque Bernabéu tuvo la visión de comprar en esa zona. Ahí construyó un campo de fútbol, pistas de tenis, amén de un club social. Aquella Ciudad Deportiva era impresionante y se levantó sin ninguna subvención del régimen.

Un campo de la antigua ciudad deportiva del Real Madrid.

Paradójicamente, en aquellos años, el Barcelona tuvo hasta tres recalificaciones auspiciadas por el régimen y una, la más escandalosa, es la que le permitió tener el Camp Nou. Ellos estaban en Las Corts, un campo más cutre. Como la afición crecía, se les quedó pequeño y necesitaron otro. Pero la obra del Camp Nou se fue de presupuesto: de 60 millones a 300, lo que metió en muchos aprietos a la economía culé. Fue entonces cuando se produjo la recalificación de los terrenos de Las Corts para que fuesen edificables y multiplicasen su valor. Así, saldó la deuda de 240 millones y tan agradecido estuvo, que cuando se inauguró el campo se produjo la exaltación más salvaje del régimen franquista: todo el mundo cantando el *Cara al sol*, con el campo lleno y con la bandera de Falange, los requetés... Entre ellos, Francesc Miró-Sans, el presidente del Barça, inflado como un pollo. Una españolidad a tope: «¡Viva España, viva Franco y viva el Barcelona!». Pocos días después, el 10 de octubre, fueron el generalísimo y Carmen Polo los que recibieron el aplauso de una grada repleta y puesta en pie.

A Franco el fútbol le entusiasmaba más bien poco y Bernabéu, por su parte, siempre mantuvo las distancias. Así, a pesar de ser el equipo que ganó las Copas de Europa con esplendor, el dictador, viviendo a apenas diez kilómetros del Bernabéu, nunca fue a los partidos, ni viajó para asistir a las finales. A la que acudió, en 1957 contra la Fiorentina, fue obligado porque se jugó en el Bernabéu y tenía que estar presente como jefe de Estado del país anfitrión.

Pero... a raíz de lo de las Copas de Europa, descubrió que el equipo merengue se había convertido en su mejor embajador, sin quererlo. El franquismo no lo forzó, pero se encontró, de pronto, con que ahí tenía algo que se llamaba Real Madrid, que funcionaba como un tiro y que, gracias a él, en Europa se empezó saber que, en una dictadura, había un equipo de fútbol que jugaba como los ángeles, que además ganaba y que era el mejor entre los mejores. Y... ¡a la fuerza ahorcan! Además del flamenco, la tortilla de patatas, los toros, el mejor emisario de España resultó ser el Real Madrid.

Las relaciones fueron correctas, pero siempre desde la distancia que el propio Bernabéu marcó. Y a veces la distancia fue mucha: como era monárquico, aprovechando un partido de la Copa de Europa organizó, en septiembre de 1955, una visita a Don Juan, que estaba exiliado en Suiza. El Madrid se hizo una foto institucional con él y su hijo, el futuro Rey Juan Carlos. Eso fue una forma de molestar al régimen, una forma de decirle: es el Rey y, mirad, está en el exilio.

La clave de esta actitud del Madrid es la distancia que marcó Bernabéu, pero también Raimundo Saporta, su mano derecha, un estadista, un hombre inteligente y diplomático, un demócrata que quería evitar que el equipo se convirtiera en un brazo extensor del régimen franquista. No voy a decir que el Madrid fuera una mosca cojonera del franquismo, pero sí que fue un hilo que jamás pudo controlar porque iba por libre.

Portada de *La Vanguardia*, cuando Franco inauguró el Camp Nou.

El valor de las Copas de Europa se vio cuando en enero de 1959 le dieron a Bernabéu la Gran Cruz de la Legión de Honor, que es la mayor condecoración de la República Francesa y que se daba, habitualmente, a un francés. Pero Bernabéu se la ganó por todo lo que había hecho para el acercamiento deportivo entre España y Francia.

EL EQUIPO DEL PUEBLO

Otra prueba de que el Madrid no tuvo nunca ayuda del franquismo es que en los años 60, a pesar de haber ganado las Copas de Europa, el club se enfrentó a dificultades económicas. Aunque mucha gente no lo sabe, tenía muchas secciones: de baloncesto, balonmano, atletismo, boxeo, ajedrez, ¡hasta béisbol! Pero en esas fechas sumaba una deuda brutal y Saporta le dijo a Bernabéu en una carta: «Tenemos que vender». Le pidió, además, disolver todas las secciones, incluida la de baloncesto, que empezaba a ser tan legendaria en Europa como la de fútbol, pero es que veía que no les llegaban las cuentas para pagar las nóminas. Por eso, Luis del Sol se fue a la Juventus, a Italia, por 22 millones de pesetas. Una venta que salvó el club.

Eso demuestra que siempre se autofinanció y, por eso, es una gran verdad que el equipo es de sus socios. Antes los clubes vivían de ellos, porque era de donde provenían los mayores ingresos. También se hacían giras, como después retomó Florentino, porque como era el gran campeón de las Copas de Europa, su nombre atraía a muchísimos aficionados del mundo entero. Así jugó muchos partidos amistosos que llenaban a reventar. Por ejemplo, en junio de 1959, vino el Santos de Pelé a llenar el Bernabéu.

Es que el Madrid siempre ha sido el equipo del pueblo. Eso se ve con claridad en cómo le recibían los inmigrantes cuando iba a jugar por Europa. En un partido en Austria, contra el Rapid de Viena, el primero de la segunda Copa de Europa, Bernabéu explicó con contundencia lo que significaba el equipo para los españoles que habían tenido que salir del país. El Real Madrid, que en la ida había ganado 4-2, acabó la primera parte eliminado al ir perdiendo por tres cero. Tenía, además, al portero con la mano rota y el central Oliva se había ido al hospital por una fractura. En esas condiciones, necesitaba, en el segundo tiempo, marcar un tanto.

La sección de balonmano del Real Madrid, en los años 50.

En el descanso, Bernabéu acudió al vestuario y de ahí viene el mito de las famosas «santiaguinas», porque la bronca que pega es impresionante: «¿Es que no se dan cuenta ustedes?», les dijo. «Hay miles de inmigrantes españoles que han tenido que dejar su familia, sus casas, que han tenido que dejar sus raíces, su país, para venir a un país extranjero con un idioma que no entienden. Les han tratado como perros hasta que han conseguido ganarse un sueldo. Son gente que se ha dejado el alma por defender la españolidad desde tan lejos, que están en las gradas y ustedes están manchando su honor. Están perdiendo el respeto a España. Esto es una vergüenza. ¡No hay derecho a esto, no se lo perdonaré en la vida! ¡Compórtense como hombres!». Dicen que golpeó al suelo con el sombrero ante el silencio de todos los futbolistas. En la segunda parte tocaron a rebato y fue un asedio hasta que Di Stéfano, a falta de diez minutos, marcó. En el partido de desempate, pasó el Madrid.

Don Santiago Bernabéu, a la derecha, el hombre
que cambió para siempre al Real Madrid.

Cuando el Madrid iba por el extranjero, sobre todo cuando iba a jugar a Suiza, que era donde había más inmigrantes, era el equipo que les representaba. Y no era gente adinerada. Al final, el relato ha querido fagocitar todo esto, ha querido ningunearlo. Que no se me ofenda Simeone, pero la verdad es que el Madrid ha sido y es el equipo del pueblo.

No hay que ser ingenuo, ¿por qué es el equipo que tiene más aficionados? Si tú eres un club oligárquico, un club con mucho poderío económico, eres un equipo de minorías. El que tiene más dinero es el más elitista. ¿Cómo va a ser el

Madrid el equipo de los ricos, de la derecha, si tiene tanta afición? Cuando voy a una peña del Madrid me doy cuenta de que hay gente de derechas, hay gente del centro y hay gente muy de izquierdas que te defienden su madridismo con orgullo. Incluso algunos te dicen: soy de Podemos, pero soy del Real Madrid.

Cuando dos árbitros ingleses acabaron con la hegemonía en Europa del Real Madrid de Di Stéfano

La llegada, con ayuda del régimen, de Kubala al Barcelona le dio la hegemonía en el fútbol a principios de los años 50. Hasta que apareció un futbolista llamado Alfredo Di Stéfano. Ya en el River Plate se le veía liderazgo, un empuje y una personalidad inimitable en el campo. Como no se llevaba bien con la dirección del equipo argentino, en 1949 se fue al Millonarios de Colombia, que pagaba muy bien, pero que disputaba una liga que era una escisión de los clubes de la Federación colombiana y, por tanto, no estaba reconocida por la FIFA en ese momento.

Por eso, los clubes colombianos y la FIFA negociaron un acuerdo por el que en 1954 los futbolistas tenían que volver a sus clubes de origen. Di Stéfano, por tanto, volvería al River Plate. Ya era un futbolista con nombre y el Barcelona, interesado en su fichaje y conociendo el acuerdo de la FIFA, fue a negociar directamente con el River Plate, pese a que el futbolista aún estaba en el Millonarios.

El argentino incluso viajó a Barcelona, donde la figura era Kubala, y tuvo la impresión de que llegaba para ser segunda espada, como que le abandonaban a su suerte. El Real

Madrid reaccionó con rapidez y se puso a negociar con el Millonarios de Bogotá, que aceptó el traspaso del futbolista.

Di Stéfano, el futbolista más importante de la historia del Real Madrid.

Se produjo una duplicidad de contratos: el Madrid tenía un acuerdo con Millonarios y el Barcelona con River. La Federación Española contactó con la FIFA para que hiciese de árbitro. La solución que se adoptó fue que Di Stéfano jugase el primer año en el Madrid como cedido; el segundo, en el Barça; que volviese al Real Madrid, y que, por último, regresase a Barcelona. El Barça pudo haber aceptado y haber tenido a Di Stéfano, pero le faltó paciencia para aguantar la primera temporada y, a cambio, aceptó el dinero que le dio el Madrid por la parte que le correspondía del acuerdo. Aunque es un asunto que ha provocado polémica, no hay que darle más vueltas: es un tema económico y de confianza en el futbolista. Los blaugranas no creían en Di Stéfano hasta el extremo de no querer esperarle un año. Si Di Stéfano no hubiera triunfado, jamás se hubiera dicho nada de este asunto, ni de Franco, ni de otras historias. Pero como acabó convirtiéndose en el jugador más importante de la historia del Madrid y, por consiguiente, del fútbol mundial, pues claro, se sacó el relato de que ayudó al Madrid en su fichaje, cuando la única realidad es que el Barcelona no tuvo fe en el jugador. Tenía a Kubala que era una estrella mundial y entre esperar y el dinero, eligió el *money, money, money*.

Saporta y Bernabéu trajeron a Di Stéfano a Madrid y, a diferencia de lo que pasó en Barcelona, le agasajaron, le tuvieron a cuerpo de rey y el futbolista lo tuvo claro: del Madrid no le movían.

¿Qué tenía Di Stéfano? Lo que cuentan muchos veteranos es que era un «todocampista», el primer jugador total de la historia del fútbol. En su época, el fútbol era un deporte aún muy parado, pero Di Stéfano era un jugador al que de pronto veías apareciendo para rematar los goles, dando una asistencia de gol, recuperando balones, poniendo un pase de 30 metros o achicando balones atrás en defensa cuando hacía falta. Un adelantado a su tiempo, distinto y genial. Enseguida se ganó a todo el vestuario, porque con su carácter convirtió al equipo en campeón. Después de esos 14 años de franquismo sin Ligas, el Madrid conquistó dos consecutivas y así empezó la historia de las Copas de Europa y de los 308 goles que marcaría el argentino.

Pelé podía hacer jugadas más llamativas, más imaginativas, más tipo brasileño, un fútbol más vistoso. Maradona es a quien he visto hacer, en plenitud, cosas que no he visto a nadie. El Maradona del Mundial de México 86 no lo iguala ningún futbolista, y lo escribo desde una visión madridista. Es que no había manera de pararle. O le pegabas un tiro o nada. Además, como los campos y los defensas eran como eran, se llevaba unas patadas salvajes. No solo la famosa de Goicoechea, es que había muchas entradas de ese tipo. Frente a eso, Maradona pegaba un saltito y siempre se libraba.

Pero es que Di Stéfano era algo distinto a ellos, era mejor. Un líder que en el campo se ocupaba de todo: hacía la colada, planchaba, secaba la ropa, más tarde la dejaba dentro del armario y, por último, vestía al niño. Y todo, con un carácter indomable.

Yo lo sufrí en mis carnes, aunque sanamente. Como he escrito, tras la Novena, Gaspart dijo eso de que el Real Madrid solo había ganado tres Copas de Europa, que las anteriores eran robadas. En el *AS*, Alfredo Relaño me pidió que llamara a Di Stéfano para preguntarle qué le parecía esa frase, que igual no le había hecho mucha gracia.

Le llamé y le conté que iba de parte del director de *AS*, que había escrito con Enrique Ortego su biografía.

—¿Qué quiere? —me preguntó nada más coger el teléfono. No parecía estar de muy buen humor.

—Mire, soy Tomás Roncero —le contesté y le conté lo que había dicho Gaspart.

—Y usted, ¿qué quiere? Me llama para pincharme, ¿verdad? Para que raje de él, quiere sacar mañana en el boletín mis palabras rajando, para que montemos pollo, tú buscas morbo.

—Don Alfredo, que me han dicho que le llame, yo no busco nada, usted ganó todas esas Copa de Europa de manera grandiosa y me parece una falta de respeto.

—¡Va, la concha de tu madre!, sabemos que Gaspart es

un forofo y tú me llamas buscando lo de siempre, el titular, todos los periodistas sois iguales.

—Pero don Alfredo... —y me colgó.

Fui después al despacho de Relaño, que me estaba esperando con una sonrisa.

—¿Qué pasa?, que te ha colgado, ¿no?

—¿Cómo lo sabes?

—Por eso te he dicho que le llamaras tú. Si le llamo yo, me hace lo mismo.

Pero a pesar del revolcón que me llevé, pese a que el toro me volteara por el aire y me reventara, me di cuenta de que con ese carácter era lógico que ese tipo hubiera sido el líder de un Madrid imperial. Les gritaba de todo a los compañeros para que ninguno se relajara, para que ninguno dejara de meter la pierna, para que ninguno se durmiera.

Los veteranos, sin embargo, hablan de él con cariño, porque esa forma de ser les ayudó a ganar títulos, prestigio y dinero. Era un tipo al que le arrancarías la cabeza por lo pesado que es, por la bronca que te echa, pero si al acabar el curso tienes las mejores notas y, a cambio de eso, te dan una beca... Pues, mira, cuando la estás cobrando ya no te cae tan mal. Piensas que si no te hubiera apretado tanto, si no te hubiese tocado tanto las narices, hubieras sacado una nota más baja y no habría beca ni nada. Di Stéfano hacía mejores a los demás y ellos lo sabían.

EL GENIAL INVENTO DE LA COPA DE EUROPA

Tenían sus peleas de gallo, pero de ellas siempre se beneficiaba el Real Madrid, porque salía un espíritu ganador, indomable, que ganaría las Copas de Europa, invento que cambió el fútbol y al Real Madrid para siempre.

El Wolverhampton inglés había ganado al Spartak de Moscú y poco después, en diciembre de 1954, derrotó en un amistoso al Honvéd de Budapest, de Puskás, Kocsis y Czibor. Eran la base de la selección húngara que había ganado a Inglaterra, en Wembley, 3-6. La prensa inglesa, que la tenía clavada desde esa ocasión, aprovechó la derrota del Honvéd para sacar pecho y escribir: «El Wolverhampton, campeón del mundo». Pues según su lógica, si había ganado a los rusos y a los húngaros, es que eran los mejores, es que no había rival en el mundo que les igualase.

Entonces, Gabriel Hanot, de *L'Équipe*, aseguró que en vez de autoproclamarse campeones del mundo, a lo mejor, lo que habría que hacer era coger al mejor equipo de cada país europeo y enfrentarlos en una competición. Al director del periódico, Jacques Goddet, la idea le entusiasmó. Curiosamente, antes que al Madrid, en España eligieron al Barcelona. Y es lógico, pues quien venía de ganar más títulos años atrás era el Barcelona de Kubala. Pero no lo vio claro porque le parecía una cosa de aventureros, algo que estaba condenado al fracaso y consideraba que iba a costar mucho dinero.

Entonces se pusieron en contacto con el Madrid, al que sí le interesaba, y mucho, la idea.

La UEFA, sin embargo, tenía más interés en la Copa de Ferias, en la que participarían selecciones o equipos de las ciudades que acogían ferias internacionales, como promoción y para que la competición no fuese tan cara. El Barcelona se unió, por eso en su palmarés tiene Copa de Ferias. El Madrid, no, porque no se le había perdido nada ahí.

El Real Madrid se estrenó en la Copa de Europa jugando contra el Servette, en Ginebra, que fue cuando, en una visita a Lausana, a la residencia de la reina Victoria Eugenia, viuda de Alfonso XIII, se hizo la foto ya contada con don Juan y su hijo Juan Carlos. En la España franquista no se publicó nada. Eso mostró el aperturismo ideológico del Madrid. No consta, por ejemplo, que el Barcelona hiciera nunca nada por ellos.

El Real Madrid ganó 0-2 y el primer gol lo metió Miguel Muñoz. Luego, la vuelta, en Madrid, ganó 5-0 con luz del día, porque no había luz artificial todavía. El primer gol lo consiguió Di Stéfano, como no podía ser de otra manera.

La segunda eliminatoria fue contra el Partizán y en el primer partido, en España, el Madrid ganó 4-0 y se pensaba que ya estaba todo hecho. Pero en la vuelta se encontraron con medio metro de nieve, el suelo resbaladizo y peligrosísimo. Acababa de empezar la competición y como Bernabéu era uno de los ideólogos, no quería dar imagen de tiquismiquis o de quejica, de no jugar porque había nieve, así que en una demostración de nobleza, de no hacer daño al Partizán, decidieron disputar el partido, pese a los nueve grados bajo cero. Fue un desastre, apenas podían mantenerse de pie.

Ellos marcaron uno. Rial tuvo un penalti para empatar, pero se escurrió al tirar y la pelota se marchó por encima del larguero. El Partizán marcó el segundo y cerca del final, el 3-0. Los últimos minutos fueron un asedio, una angustia, porque otro tanto hubiese forzado el desempate. Si el Madrid hubiese perdido, no habría mito ni Copa de Europa ni nada que contar.

Pero era el destino. Sobrevivió a ese calvario porque tenía que escribir la mejor historia del fútbol. No podía fallar ese día. Cuenta la leyenda que hubo varios tiros al larguero y cada vez que pasaba eso, caían bolas de nieve.

Pasó y el siguiente rival fue el Milan, un equipo con gran prestigio. Pero en España, el Madrid ganó 4-2 y en la vuelta, sufriendo, perdió 2-1. Es decir, se clasificaba para la final a la que también había llegado el Stade Reims, uno de los grandes equipos franceses del momento. La final se disputó en París, lógicamente, al ser la competición una idea de *L'Equipe*.

A los diez minutos, el Madrid ya perdía 2-0. Pero la historia del club se ha escrito gracias a su espíritu de combate. Di Stéfano metió uno y Rial, a la media hora, otro. Rial era un centrocampista excepcional. Gento, que llegó al Madrid en 1953, el mismo año que Di Stéfano, corría mucho, era muy bravo, pero ese primer año y medio tuvieron que reeducarle un poco, algo parecido a lo que ha pasado con Vinícius. Aunque era un jugador que tenía un potencial en carrera descomunal, tenía dos problemas: no sabía frenarse y no levantaba la cabeza para poner un centro en condiciones. De hecho, el Bernabéu le silbaba y cuando se ponía a correr, se decía: «Ya está la cabra loca». Por eso, el presidente se planteó que volviera a Santander o venderlo, pero Di Stéfano y Rial le pidieron que no lo hiciese: «Presi, aguante porque este hombre nos va a ayudar mucho, ya le enseñaremos nosotros a centrar y a que ponga bien la pelota. Esa velocidad que tiene no la tiene nadie, solo hay que aprovecharla».

Di Stéfano y Rial, claves del Real Madrid.

En esa final ya estaba más cuajado. Llegó la segunda parte y el Reims volvió a marcar, 3-2. Marquitos, con su espíritu cántabro, lideró el espíritu rebelde, el de no rendirse, y empató. Juanito Alonso, el portero, salvó al equipo con sus grandes paradas y, al final, Gento, en un jugadón de esos suyos, de velocidad, se la pasó a Rial y este marcó el 4-3.

Fue un éxito absoluto: el Real Madrid campeón de Europa, encima en territorio francés, en París, con lo que era el mito de París. Allí fue el no va más.

Antes de esa victoria en la final se celebró un homenaje a Molowny, «el Mangas», que había sido la gran figura del Madrid en sus tiempos de transición, de penuria económica y de hambruna de la posguerra, cuando el Madrid no tuvo nada a favor. Sin dinero y sin poder hacer grandes fichajes, la figura era Molowny. En ese homenaje sucedió un hecho muy bonito que luego se empezó a repetir en aquella época como algo habitual y que ahora sería impensable. Vino el Vasco de Gama, que junto al Santos de Pelé era el gran equipo de Brasil, y con la camiseta del Real Madrid jugaron futbolistas como Kubala, el líder del Barcelona, que es como si ahora Messi hubiese jugado un amistoso en el Bernabéu con la camiseta blanca; Collar, la figura del Atlético, y Kopa, que pertenecía al Stade de Reims, contra quien se mediría en la final. Ese partido fue la base para que Bernabéu fichara a la estrella francesa. Kopa era la gran figura del Stade Reims y quizás la gran figura del fútbol europeo, donde ya estaba empezando a despuntar Di Stéfano.

Bernabéu le fichó en verano porque tenía la idea de que al campeón había que alimentarlo y no parar nunca de ser ambicioso, que esos son los valores del este equipo.

La final de la segunda Copa de Europa se jugaba en el campo del campeón. Es decir, en el Bernabéu. Eso dio una motivación mayor. En la eliminatoria contra el Rapid de Viena fue la famosa santiaguina que hemos contado en el capítulo anterior. Fue tal el ímpetu de Bernabéu, la energía con la que apelaba al sentimiento de los inmigrantes, que Zárraga, que era un jugador muy bravo, le dijo: «No me diga usted eso», y

Bernabéu le soltó: «Calla, que no va por ti». Porque se estaba dirigiendo a los más indolentes. El gol de Di Stéfano tras esa charla de Bernabéu empató la eliminatoria (4-2 a favor en la ida, 3-1 en la vuelta). Fue como el partido del Partizán de la primera edición: el Madrid y su historia se tambalearon en el alambre. El partido de desempate se disputó, tras unas negociaciones, en el Bernabéu y el Madrid lo ganó 2-0.

Los cuartos fueron contra el Niza y el Madrid ganó 3-0 aquí y 2-3 allí. Y en semifinales esperaba el Manchester United. Había ganado al Athletic, que también disputo esa Copa de Europa porque la temporada anterior ganó la Liga. El Madrid no ganó esas cinco Ligas, pero jugaba la Copa de Europa por ser el campeón.

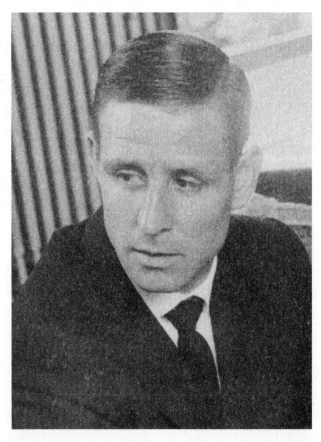

Raymond Kopa, una de las estrellas que fichó Bernabéu.

Contra el Manchester United, en el Bernabéu, en un partidazo, en un campo lleno, se ganó 3-1 y el choque de vuelta lo empezó como una moto para ponerse 0-2. El Manchester empató al final con un tanto de Bobby Charlton. El Madrid se clasificaba para su segunda final consecutiva.

Bernabéu quería jugarla ya con luz artificial porque se iba a hacer la inversión y las obras, pero el entrenador de la Fiorentina, el rival, se negó porque aseguraba que eso favorecía a los madrileños. En aquella época, todos los equipos tenían que estar de acuerdo en las condiciones del partido, así que se jugó con luz, por la tarde, lo que provocó que el campo no se llenase del todo.

Santamaría, clave en la defensa del Real Madrid de los años 50.

La Fiorentina, como buen italiano, tiró del *catenaccio* y aguantó hasta que en la segunda parte, de penalti, dicen que riguroso, marcó Di Stéfano. Es una jugada que estaba en la frontera, pero se podía pitar penalti. Después, marcó Gento el segundo, muy bonito, el que puso el broche a la final. La Copa la recogió Miguel Muñoz y sí es cierto que se celebró menos que la primera.

Bernabéu insistía en seguir cebando la máquina. Fichó a Santamaría, el canciller de la defensa, y al portero Domínguez, dos sudamericanos para dar fuerza a la parte de atrás del equipo. En los octavos de la tercera edición de la Copa de Europa, se enfrentó al Royal Antwerp belga y lo eliminó con facilidad, 1-2 allí y 6-0 aquí. En la siguiente eliminatoria, el rival fue el Sevilla, que había terminado segundo en la Liga tras el Madrid.

Una de las fotos más míticas de Di Stéfano,
hecha por el fotógrafo Agustín Vega.

El Madrid le metió 8-0. Creo que la rivalidad del Sevilla con el Madrid viene de aquella goleada. En la vuelta, quedaron 2-2, pero ya daba igual. Aquello fue una afrenta para ellos, se querían morir porque fue humillante. Luego, llegó la eliminatoria con el Vasas SC de Budapest. Se ganó 4-0 en el Bernabéu en la ida, y lo que más se recuerda es una foto Di Stéfano, hecha por el fotógrafo Agustín Vega, alias «el Lija», en la que el jugador salta con las piernas dobladas y paralelas al césped, en una celebración muy llamativa y de sus favoritas. En el partido de vuelta, el Madrid perdió 2-0, pero en ningún momento peligró la eliminatoria. Se clasificaba, así, por tercera vez para la final.

Fue contra el Milan, en Bruselas, donde se celebraba la Exposición Universal, el año que se inauguró el Atomiun. El Milan, teóricamente, era superior, porque el Madrid llegaba muy castigado tras una temporada muy larga en la que ganó la Liga y llegó también hasta la final de Copa. Era el Milan de Schiaffino y Grillo, que eran de los mejores jugadores del mundo. Fue Schiaffino quien, ya en la segunda parte, marcó el primer tanto. Después, empató Di Stéfano. Grillo volvió a adelantar al Milan y, rápidamente, empató Rial. El marcador no se movió hasta la prórroga. Antes, en una conversación muy llamativa, que después trascendió, Di Stéfano se acercó a Gento y le dijo: «Paco, estamos muertos, reventados, esto solo lo puedes salvar tú». Y efectivamente, Gento protagonizó una prórroga maravillosa y gracias a su velocidad, y de un tiro cruzado, metió el 2-3. Juanito Alonso fue a recoger la Copa y casi no pudo subir porque en Bruselas todos los inmigrantes, al acabar el partido, invadieron el césped. Fue una Copa que se recuerda con mucho cariño por la gran cantidad de españoles en la grada. Ya iban tres de tres. La recibieron otra vez en Barajas, a lo grande. Bernabéu continuó con su plan ambicioso, de no dejar de ganar; por eso fichó a Puskás. Llegó con 11 kilos de más porque se había visto obligado a interrumpir su carrera durante años y tenía ya 31. Era un señor al que supuestamente le quedaba poco para la retirada. Como otros compañeros, estaba con el Honvéd en

Viena cuando las tropas soviéticas entraron en Budapest en 1956. Decidió no volver y se quedó en Italia jugando amistosos o siendo contratado para partidos aislados.

Bernabéu fichó a Puskás, con 31 años y pasado de peso. Se convirtió en un mito.

Cuando llegó al Madrid, el entrenador, Carniglia, se plantó ante Bernabéu y le dijo que no quería un jugador en ese estado, pero el presidente le puso en su sitio: «Usted no está aquí para decir si le quiere o no, está para ponerle en forma, le hemos fichado para que juegue. Su deber es quitarle los 11 kilos». Costó, pero en cuanto Di Stéfano y Rial, que eran los que mandaban, vieron en un entrenamiento cómo le pegaba con la zurda supieron que les iba a ayudar mucho. Después de los entrenamientos, cuando se quedaban a jugar a dar al larguero desde fuera del área o desde el punto de penalti, Puskás apostaba que tiraba diez seguidas contra el larguero y, con su izquierda como un guante, la ponía ahí, una tras otra. «Cómo es posible que pueda ser tan bueno», decían.

El Real Madrid hizo una gira por Sudamérica en la que disputó encuentros contra el River y contra el San Lorenzo de Almagro. Fue en esos partidos donde jugaron los cinco: Kopa, Rial, Di Stéfano, Puskás y Gento. Suena a carril, Kopa, Rial, Di Stéfano, Puskás y Gento. Después, no se repitió tanto.

La cuarta Copa de Europa empezó con una eliminatoria contra el Beşiktaş. En el partido en el Bernabéu, el portero rival Varol Ürkmez hizo paradas fuera de lo común, como si estuviera iluminado por los dioses, y voló de palo a palo: la sacaba con las piernas, con el cogote, parecía invencible. Pero, por fin, metió un gol Santisteban y el Madrid acabó ganando 2-0, con Di Stéfano expulsado en una reyerta al final y con un gol de Kopa tras un lío en la línea de gol en el último segundo. Un desastre que no fue a peor. En la vuelta, el empate a uno daba el pase al Real Madrid.

En la siguiente eliminatoria, el Wiener Sport-Club de Austria logró empatar a cero en su casa, pero se llevó un 7-1 en la vuelta.

Y en semifinales, el Atlético de Madrid, nada menos. Había quedado segundo tras el Madrid en la Liga anterior. Los blancos remontaron el partido y ganaron 2-1 en el Bernabéu. El Atlético venció por 1-0 en el Metropolitano. El partido de desempate se disputó en Zaragoza. Marcó Di Stéfano, empató Collar y un tiro de Puskás, que era ya determinante, significó el 2-1.

La final fue en Stuttgart contra, de nuevo, el Stade Reims. El exequipo de Kopa, que seguía en el Madrid, pero ya tenía nostalgia y por asuntos familiares quería volver a Francia. Aun así, jugó muy motivado ese partido, pero lesionado. Se quedó en el campo, cojo sin apenas intervenir por si le caía «la del cojo», es decir, un remate cerca del área. Fue Mateos quien metió el 1-0 en el primer minuto de partido, pero se creció, le entró un ataque de importancia y, cuando le hicieron un penalti, decidió tirarlo por delante de Di Stéfano, quien siempre los lanzaba. El entrenador había dejado fuera a Puskás, pese al enfado de Bernabéu, otro que también lanzaba penaltis. Mateos tiró: flojo, a las manos del portero y Di Stéfano lo quiso «matar». Fue Alfredo quien hizo el 2-0 en la segunda parte. Fue la cuarta Copa de Europa y la prensa francesa se rindió: «No es normal, da igual contra quien juegue, el Real Madrid siempre acaba ganando».

Bernabéu no paró su política de fichajes y trajo a Didí, la gran estrella de la selección brasileña campeona del Mundial 58, donde apareció un chaval de 17 años llamado Pelé. En ese momento, Didí todavía era mejor. Bernabéu lo quiso juntar con Di Stéfano, pero cl problema es que brasileños y argentinos nunca han encajado bien y, además, Didí era excelso técnicamente, pero no era un jugador de compromiso, de sudar la camiseta y meter pierna. Jugar en barro, por ejemplo, le costaba, y no acabó de encajar. Y eso que Di Stéfano intentó congeniar porque se lo pidió Bernabéu. Al final, Didí solo jugó 19 partidos de Liga y ninguno de la Copa de Europa. Fue protagonista, además, de una movida importante porque su mujer hizo unas declaraciones en un medio de comunicación brasileño diciendo que en el vestuario no le hablaban y que la prensa le trataba fatal. Fue la gota que colmó el vaso.

Esa temporada, Bernabéu empezó a atisbar que había ciertos problemas en la plantilla, que estaba acomodada. En Liga iban regular y por eso, a mitad de temporada, fichó a Del Sol porque se dio cuenta de que necesitaba un centro del campo con más energía. El Madrid despertó muchas críticas y se decía que ya no era el de las cuatro Copas de Europa, que se había acabado la hegemonía.

UN PORTERO QUE CANTA

Años más tarde, por cierto, se dio una situación muy llamativa en la cantera, en el juvenil B: había un chico de portero que se llama Julio Iglesias. En ese equipo estaban Grosso, Velázquez y De Felipe, que curiosamente los tres, pasados los años, iban a ser el Madrid ye-yé campeón de Europa. Pero Julio Iglesias sufrió un accidente de coche que le impidió continuar su carrera deportiva, pero no la musical. Era un buen portero, sin exagerar. Sus compañeros, en broma, decían que había pasado de «cantar», a cantar; es decir, de cantar bajo los palos a los micrófonos. Efectivamente, el segundo cante se le dio bastante mejor. Es parte de la historia de Madrid, al que, en aquellos años, le salía todo bien.

La quinta Copa de Europa comenzó con dos goleadas al Jeunesse (7-0 y 2-5). En la siguiente eliminatoria, se dejó remontar un 0-2 en el campo del Niza, para perder 3-2, pero no hubo perdón en la vuelta, donde ganó 4-0.

Y en semifinales, el Barcelona, que había sido campeón de la Liga anterior por delante del Real Madrid. Era el Barça de Helenio Herrera, que iba muy bien y que ganó esa Liga por 516 milésimas, que es lo que salió del coeficiente de goles a favor y en contra. A la eliminatoria de semifinales llegó el Barcelona como favorito, pero los del Madrid, como siempre, sacaron orgullo y ganaron 3-1 en el partido de ida, jugando fenomenal, y la vuelta, en el Camp Nou, volvieron a conseguir la victoria por 1-3. Era un equipo que llevaba la Copa de Europa en las venas.

De nuevo en la final, se midieron contra el Eintracht de Fráncfort en Hampden Park de Glasgow. Dicen que es la mayor asistencia de público, unos 135.000 espectadores apiñados, pero solo doscientos españoles en las gradas. La gente no viajaba porque no había dinero, pero los extranjeros animaban al Real Madrid porque ya era un mito. Es la final de los 4 goles de Puskás y 3 de Di Stéfano para ganar 7-3. Fue una maravillosa sinfonía de once camisetas blancas y el ataque fue de cum laude. Un encuentro tan legendario que la BBC lo repetía cada Navidad por majestuosidad del espectáculo vivido.

Curiosamente, no hay cómo explicar que el Balón de Oro ese año fuera para Luis Suárez, al que quiero y aprecio un montón, pero no se entiende. El Barcelona había ganado la Liga, pero había perdido en semifinales contra el Madrid. A Di Stéfano se lo habían dado en 1957 y en 1959. Y no se atrevieron en el año 1958, que se lo dieron a Kopa, que como estaba en el Madrid también era prestigio para el club. No se iba a discutir, aunque todo el mundo asumía que lo que no querían era que todos los años lo ganara el mismo, Di Stéfano. Todos los años ganaba el mismo equipo la Copa de Europa y todas las temporadas iba a ganar el mismo futbolista el Balón de Oro.

La velocidad hacía imparable a Gento.

Años después se inventarían la figura del Super Balón de Oro para dárselo a Di Stéfano. Fue el quite del perdón taurino, la mala conciencia por haberle quitado los Balones de Oro que se merecía. En 1960, podía haberlo ganado también. O se lo podía haber llevado Puskás, pero no. Se lo dieron a Luis Suárez. En fin.

Lo que sucedió la noche después de ganar esa Copa de Europa dice mucho de lo que era el equipo de esa época. Los veteranos recordaban que tras la gesta, tras ganar al Eintracht metiendo siete goles, fueron al hotel que estaba a las afueras de Glasgow y, con esa mentalidad tan austera de Bernabéu, el Madrid no les dio permiso para salir. Contaban que despertaron de noche al recepcionista para que les sacara limonadas y alguna cerveza. Pero ni un simple whisky escocés. Todo súper comedido: no había mentalidad de pedir un taxi y celebrarlo en la ciudad porque los futbolistas del Madrid tenían que guardar la compostura. Algunos jugadores hasta se enfadaron por esa austeridad, que consideraban exagerada. Eso sí, cuando volvieron a Barajas, la recepción fue como si fueran las legiones de Roma volviendo triunfales de sus conquistas. Ese Madrid era así, se aceptaba como una obligación ganar y no había motivo para montar fiestas flamencas y nada fuera de contexto.

CAMPEÓN DEL MUNDO

Con esa Copa Europa y con esa manera de ganarla, la prensa mundial se rindió a su fútbol. Se decidió que había que crear una competición para elegir al mejor del mundo, es decir, que había que enfrentar al Madrid con el campeón de Sudamérica, el otro gran fútbol de la época. Tocó el Peñarol, que fue quien ganó la primera edición de la Libertadores. Era un equipazo y en Sudamérica tenían esperanzas de derrotar al Real Madrid. En el partido de ida, en Montevideo, cayó una tromba de agua brutal que dejó el campo totalmente embarrado. Fue un partido espeso, totalmente condicionado por el tiempo, que terminó 0-0.

El partido de vuelta fue en septiembre de 1960. Lo que cuentan los que estuvieron, como mi padre y las crónicas, es que los primeros diez minutos fueron el mejor fútbol que se ha hecho nunca jamás. «Hijo, lo que yo viví ese primer cuarto de hora no lo ha vivido nadie en un campo de fútbol». Fue un ataque continuo y hermoso. En el minuto 10, ya iban 3-0 porque era un aluvión de goles y ocasiones falladas. Cada jugada era de gol. Antes del descanso, marcó el Madrid el cuarto y, en la segunda parte, Gento hizo el quinto. Si el Peñarol logró un tanto fue porque el Madrid levantó el pie del acelerador y no quiso hacer sangre. Si el fútbol es una obra de arte, ese partido, que acabó 5-1, es un cuadro del Museo del Prado.

Además, se vio por televisión, no como las otras finales del Madrid. Esta la dieron en 13 países y la vieron cientos de millones de aficionados. Y vino muy bien para que el mundo entero conociese en directo al campeón del mundo. Fue tan grandioso que Franco, por fin, le concedió una audiencia. Ese hombre que era tan madridista y que nunca recibía al equipo…

DOS ÁRBITROS INGLESES

Vamos a suponer que la UEFA no hizo nada raro en el sorteo, que fue limpio, pero en la primera ronda de la sexta edición de la Copa de Europa tocó el Barcelona. El partido de ida fue en el Bernabéu y míster Ellis, inglés, el colegiado. Es muy importante saber quién era el árbitro porque fue decisivo. Con el partido 2-1 y a falta de tres minutos, en un contraataque blaugrana, Kocsis recibió en flagrante fuera de juego, el linier hizo que levantaba la bandera para señalarlo, pero Mr. Ellis indicó con aspavientos que siguieran. Entonces, Vicente, el portero del Real Madrid, al que llamaban «el Grapas» porque atrapaba los balones y los dejaba pegados a los guantes, salió fuera del área y derribó a Kocsis, que se iba solo. Repito, fuera del área. Pues el árbitro inglés, que vio que con no pitar el fuera de juego no había sido suficiente, decidió meterlo dentro. El penalti lo marcó Luis Suárez y el partido acabó 2-2. A Mr. Ellis le debió de parecer un rollo que el Madrid pasase de nuevo o quizá es que tuviese alguna sugerencia de la UEFA. Así lo escribo y como ha prescrito, no creo que me vayan a demandar.

En la vuelta en el Camp Nou, el Madrid hizo un partidazo, una exhibición total con la que atropelló al Barcelona. Se lo comió... y perdió 2-1. ¿Cómo puede ser? Porque sucedió algo que no tiene precedentes en el fútbol mundial. Otro árbitro inglés, Míster Leafe, ¡anuló cuatro goles legales! Uno a Canario, que marcó después de un penalti a Del Sol, al aprovechar la ley de la ventaja. El árbitro, sin embargo, convirtió el penalti en falta en ataque. Es decir, pitó miedo y todos, estupefactos. Hubo un segundo gol, de Di Stéfano, de cabeza, que lo anuló por fuera de juego; los que vieron la imagen dicen que estaba como medio metro en posición legal. Dio igual. El tercero fue de Pachín que, medio lesionado, metió el heroico gol del cojo. El árbitro lo anuló sin que aún se sepa por qué. Debió de pensar que un gol de un lesionado no valía. Y hubo otro más de Gento, que disparó y Gracia, que era un defensa del Barcelona, la sacó de dentro de la portería, claramente. El árbitro, ante la duda, decidió que el partido siguiera sin señalar gol. Ya al final, en el minuto 87, sí que permitió un gol de Canario, cuando el Barcelona ya había metido dos y los jugadores azulgranas se quedaron con ganas de sacar al árbitro en hombros. Hay una imagen de Di Stéfano hablando con el entrenador, Miguel Muñoz, en la que se le ve como rezando, como implorando y diciendo: «Pero ¿esto ha podido ocurrir, pero esto existe?». Es inexplicable cómo una organización tan seria como la Copa de Europa permitió un arbitraje tan sectario. La prensa inglesa y la prensa francesa dieron caña al arbitraje, diciendo que fue una vergüenza, que condicionó toda la eliminatoria, que no interesaba que siguiera el Madrid.

A las dos semanas se volvieron a enfrentar en Liga, también en el Camp Nou y, como puede que la justicia divina exista, el resultado fue 3-5 a favor de los blancos. La diferencia fue que se metieron cinco goles, como el día de la Copa de Europa, pero no los anularon, pese a ser tan legales como habían sido semanas antes. Con un arbitraje normal, si metes cinco goles ganas, que es lo que hubiera pasado si no llega a estar el ínclito Mr. Leafe.

Ahí se interrumpe ese periodo hegemónico histórico. Siempre quedará la duda de si el Madrid hubiera ganado la sexta Copa Europa. También es cierto que como Dios castiga sin piedra ni palo, el Barça acabó jugando esa final en Berna ante el Benfica. Es la famosa final de los postes, que la perdió por venganza divina. Si has pasado como has pasado, de manera totalmente amoral y sabiendo que no debías estar ahí, te voy a esperar a la final y te voy a dar donde más te duele. Luego, el Barça se quejó tanto de los postes cuadrados que a partir de entonces son redondos. Eso demuestra que el Barça es especialista, desde tiempos inmemoriales, en quejarse de cosas complementarias al fútbol, que todo el mundo las acepta, menos ellos. Porque nadie se queja porque el césped tenga un centímetro más, como Xavi, o en aquel momento nadie se quejaba de que los postes fueran cuadrados. Es como si alguien empieza a protestar porque los aros de baloncesto son redondos y quiere que los hagan triangulares porque tiene más gracia para meter canasta.

EL FINAL

Después de ese año, el dominio fue del Benfica, con Eusebio, «la Pantera». Era nombrarlo y los aficionados blancos entraban en pánico. Y llegó 1964. Quizá por no ganar en Europa el Madrid se había centrado en la Liga. La de los sesenta fue la década prodigiosa del Madrid, que ganó 8 Ligas de

10, algo inaudito, porque incluso el Barça de Messi, del que tanto han hablado, no ha llegado a ganar 8 de 10, ganó 8 de 11. En los 60, el Barça no ganó ni una, porque las otras dos de esa década se las llevó el Atlético. Mucho Barça, mucho nombre, pero al final pasa lo de siempre, que no tiene ese carácter competitivo que tiene al Madrid.

En 1964, en fin, el Madrid tuvo una oportunidad de resarcirse y llegó a la final de la Copa de Europa, contra el Inter en Viena. Pero perdió 3-1 y fue un punto de inflexión definitivo. Después de ese partido, se disputaron los cuartos de Copa contra el Atlético y Miguel Muñoz no contó con Di Stéfano porque en la final contra el Inter habían discutido y lo dejó fuera de la convocatoria. Y fue cuando estalló todo.

El Madrid, ese año, ganó la Liga, llegó a la final de la Copa de Europa y tenía que jugar ese partido contra el Atlético. Si se analiza con cuidado, estaba siendo una gran temporada, pero Miguel Muñoz, lo que hubiera dado para 30 portadas del *AS* y 20 *Chiringuitos*, decidió prescindir del mito.

Di Stéfano se fue en 1964, Gento se quedó y ganó la Sexta.

Di Stéfano, al ver la convocatoria, pensaba que había sido un error. Preguntó, pero le dijeron que era verdad, que estaba fuera. Subió hecho un basilisco a las oficinas del estadio para hablar con Saporta y el presidente. Ambos intentaron tranquilizarle. Alfredo Di Stéfano iba a cumplir ese verano 38 años y ya tenía hasta barriguita. Le dijeron: «Alfredo, tú aquí eres Dios, vas a ser lo que quieras: secretario técnico, director deportivo, encargado de los fichajes, inventamos una figura para ti. Embajador, lo que tú quieras ser en el club y vas a ganar dinero. No te va a faltar nada, vas a tener eternamente nuestro reconocimiento y el de la afición. Quédate aquí en el concepto que quieras». Pero a Di Stéfano le salió el orgullo del futbolista que piensa que del fútbol se retira cuando uno quiere, que no le podían decir a él que no podía jugar. Era el número uno y tenía derecho a eso.

Ese orgullo le mató, porque además acabó en el Espanyol jugando con el número 6. Relaño cuenta que fue a verle en el Bernabéu un partido de Copa de desempate entre el Espanyol y el Sporting. Que fue solo para ver jugar a su ídolo y que le vio humillado, perdido en el centro del campo, sin tocar el balón, lento.

Es bueno que las leyendas se vayan por la puerta grande, pero Di Stéfano tenía un cartel por el que no podía asumir que le pusieran la fecha de caducidad, como al yogur. Sin embargo, Miguel Muñoz tenía razón: en el Espanyol nunca ofreció el mismo rendimiento, aunque es verdad que no tenía los mismos compañeros de viaje que en el Madrid.

Fue el final de una generación que cierra una etapa histórica del club. Para Bernabéu fue tan duro de asumir que cambió el nombre de su famosa barca en Santa Pola, una barca modestísima, que se llamaba La Saeta y que pasó a llamarse Marizápalos, el apodo de su mujer cuando era niña.

Así acaba la historia de Di Stéfano como jugador del Real Madrid. Fue el más grande por ser el más completo, no el más espectacular. Era el que tiraba de todos y decidía. En las cinco finales que ganó, en todas marcó. Nadie ha conseguido algo así. Messi no marcó en una, Cristiano hizo gol en la Décima, de penalti en la Undécima, y también en Cardiff, pero no en Kiev.

Los madridistas nunca olvidaremos a Di Stéfano.

Amancio y la Sexta
de los aldeanos

En el verano de 1962, el Madrid llevaba ya dos años sin ganar la Copa de Europa y daba la impresión de que la época esplendorosa estaba llegando a su fin. Una de las frases favoritas de Santiago Bernabéu era: «Me gustan los futbolistas que levantan al público de sus asientos». Con Vinícius, por ejemplo, hubiera gozado porque le gustaban los jugadores diferentes, atrevidos, los que, en definitiva, son unos genios.

Había un chico así en el Deportivo de La Coruña, Amancio Amaro Varela. Ese Dépor se salió en la temporada 1961-62 de Segunda, en la que Amancio acabó como pichichi con 25 goles, lo que era mucho, porque antes no se metían tantos goles como ahora. Era un futbolista muy pequeñito, con las piernas muy fuertes, un gallego recio, que consiguió que su equipo subiese a Primera y del que Bernabéu se enamoró. El Barcelona, el Sevilla y el Oviedo también le querían, pero en Galicia había mucha tradición con el Madrid y Amancio, de pequeño, era blanco. Además, era el equipo que había ganado las Copas de Europa y donde querían ir los futbolistas. El Real Madrid ganó la puja por diez millones de pesetas y a cambio de Miche, Betancort, que en ese momento era suplente de Vicente, Cebrián y Antonio Ruiz. El Dépor apretó mucho porque sabía que vendía una estrella.

El Madrid estaba muy contento con Antonio Ruiz, un mediocentro con energía y que daba mucho al equipo, pero para el presidente del Dépor era innegociable: sin Antonio Ruiz no se cerraba el negocio. Raimundo Saporta le llamó para explicárselo: «Mira», le dijo, «queremos que sigas, eres muy importante para nosotros, pero es que si no te vas al Deportivo de La Coruña no se puede venir Amancio porque no se hace el trato». Y Antonio Ruiz, que siempre ha sido muy madridista y ponía al Madrid por encima de casi todo, le respondió que si había que sacrificarse por el bien del club, lo hacía, pese a la tristeza que le producía abandonar el sueño de su vida. Desde entonces, Santiago Bernabéu y Saporta veneraron a Antonio Ruiz. Luego, fue entrenador del Castilla, estuvo en Las Palmas y ahora es un hombre que trabaja en el club ayudando a los chavales y visitando las peñas.

Amancio llegó del Deportivo de La Coruña. Un futbolista enorme.

Esto dejaba claro el interés que tenía el Real Madrid por Amancio y el esfuerzo y sacrificio que hizo para ficharle cuando era un futbolista de Segunda División. Pero ya entonces, jugando en esa categoría, fue preseleccionado por Hernández Coronado, el entrenador nacional de aquella época, para ir al Mundial de Chile de 1962. Sin embargo echaron a Hernández Coronado y su sustituto, Helenio Herrera, quizá por estar en el Barcelona o por lo que fuera, ya no contó con Amancio.

Para él, claro, fue una frustración. Tenía ya 22 años, ya era un futbolista en ebullición, con edad para ir a la selección. Sin ir más lejos, hay ejemplos en el Real Madrid, Raúl con 17 debuta y con 22 es una estrella mundial consagrada.

Amancio fue un futbolista que llegó con buen pie al equipo, porque subía el nivel. En su primera temporada, los blancos ganaron la Liga, él metió 14 goles y compartió estrellato con los grandes: Gento, Di Stéfano y Puskás. Iba para figura y llevaba los dorsales 8 o 7, el número de los futbolistas clásicos del club. Él puso su semilla para dar significado a ese último número que luego llevarían Juanito, Butragueño, Raúl o Cristiano Ronaldo.

Su gran año es 1964 porque España gana la Eurocopa en el Bernabéu contra la Unión Soviética, con todo lo que supone eso para el franquismo de aquella época. En esa selección, el Madrid, a pesar de lo que era el Madrid, solo tuvo a dos jugadores: Zoco y Amancio, porque Gento había tenido un bajón. Amancio, además, acabó siendo elegido Balón de Bronce. El de Oro lo ganó Denis Law, que jugaba en el Manchester United, y la segunda posición fue para Luis Suárez, que ya estaba triunfando en Italia con el Inter. En el Real Madrid, el Balón de Oro lo habían ganado Di Stéfano y Kopa y el mérito de Amancio era meterse en esa pelea. Se convierte, así, en la década de los 60, en la gran estrella del equipo, que además tapa el agujero de Di Stéfano cuando se fue en 1964. A pesar de que aún estaban Gento y Puskás, Amancio fue, en esos años, la bandera del equipo.

Era un fichaje español y Santiago Bernabéu se dio cuenta de que eso fidelizaba a mucha gente: cuando iban a La

Coruña a jugar el Trofeo Teresa Herrera todo estaba lleno de banderas del Madrid y era por él. Ahora sería impensable ese apoyo al equipo blanco. Seguramente, le pitarían por haberse ido al Madrid. Pero en aquella época que un jugador tuyo estuviera en el Madrid era un honor y un orgullo.

Esa españolización del equipo hizo que también en 1962 se fichase a Zoco, de Osasuna. Bernabéu entendió que con la crisis económica que sufría el club ya no podía ir al mercado internacional a fichar una gran figura, como había hecho los veranos de las Copas de Europa. Cambió el plan para rebuscar en el mercado nacional los jugadores emergentes y diferenciales que luego pudieran triunfar y dieran títulos.

Amancio puso la semilla del nuevo rumbo: estuvo 14 años, ganó 9 Ligas, 3 Copas y la famosa Copa de Europa de 1966. Era un regateador nato, de los que dejaba sentado a su marcador. El problema de ese estilo de jugar era que le daban unas patadas brutales. En el fútbol de ahora eso serían 4 rojas, ya no se hacen faltas criminales porque la tele te delata.

Por ese estilo de jugar, Amancio sufrió lesiones muy graves. Por ejemplo, una que le causó Torrent, un jugador del Barcelona, que en un partido en el Camp Nou le hizo una entrada alevosa y obligó a Amancio a estar cinco meses de baja. Torrent reconoció que le entró así porque era la única manera de pararle: «Había que darle una patada y mandarle a la enfermería, porque si no, era imposible», decía.

Pero la más sonada fue la patada brutal que le dio Fernández, futbolista del Granada, en 1974. Fue en un partido de ida de la Copa en la ciudad andaluza, que tenía un equipo muy duro, o por lo menos tenía fama de eso, sobre todo los defensas sudamericanos, entre ellos un paraguayo apellidado Fernández. Desde 1971, estaba picado con Amancio por un partido en el Bernabéu en el que también se habían golpeado y Amancio, según Fernández, se había burlado. Como el fútbol del delantero era de caracoleos, de amagar, de pasar la pierna por delante del balón, un poco tipo Vinícius ahora, los rivales sentían que se estaba burlando de ellos, aunque no era así.

Fernández se la guardó para cuando el Madrid fuese a Granada. Amancio tardó en volver: que si tenía una molestia, que si ponía pegas, el caso es que evitaba ese enfrentamiento, pero Fernández tenía memoria, porque cuando se volvieron a encontrar en ese choque de Copa le dio una de las patadas más salvajes que se ha visto en el fútbol.

Le esperó al borde del área, mientras Amancio llegaba en carrera, como hacía siempre. Y ahí estaba Fernández, como si fuera un poste de la luz. Cuando le tuvo a medio metro, sacó la plancha y le clavó todos los tacos en el cuádriceps, como si fuera la cornada a un torero. Y no es una comparación más, es que los especialistas dijeron que la pierna había sufrido como la de un torero en faena. Tenía un costurón, una raja de arriba abajo, como si le hubieran clavado un cuchillo. Fue una operación tremenda y se tiró ocho meses sin jugar al fútbol porque le abrieron en canal el cuádriceps. Fue una escabechina, una barbaridad.

Amancio, Miguel Muñoz, el entrenador, y Zoco, otro de los grandes de los años 60.

Pasados los años, en el diario *AS* intentamos juntarles porque Fernández quería disculparse y Amancio nos respondió que lo respetaba mucho, pero que no tenía ningún interés en ver a ese señor. Nunca quiso hacer las paces porque consideraba que fue con mala intención. Siempre se puede ir fuerte, se puede hacer daño y, por mala suerte, romper la pierna por tres sitios, por un choque fortuito o porque no has medido, pero sin maldad. Para Amancio esa patada no fue así. Decía que Fernández le esperó: «Para mermar», que es una expresión muy de Amancio. «Quería mermarme y me mermó. Yo no puedo perdonar eso», decía.

Si en esa época hubiera habido la televisión que hay en la actualidad y la repercusión mediática del fútbol en España hubiese sido como en estos días, Amancio habría ganado algún Balón de Oro porque era un espectáculo y la gente pagaba la entrada del Bernabéu por ver sus regates. Incluso Gento, que era muy rápido y una leyenda, no era tan espectacular.

Amancio era un artista, porque además de tener regate, era un virguero con el balón. Se parecía a un futbolista brasileño con esos regates diabólicos en carrera y esos cambios de ritmo. Era un jugador que daba gusto verle.

Con Amancio recién llegado al equipo se celebró una gira en verano por Marruecos, donde jugaron la Copa Mohamed V. Cuando Amancio fue a ponerse la camiseta, vio que la suya no tenía el escudo del Real Madrid. En esa época no había nombres atrás, solo números, pero sí que todas llevaban su escudo. Menos esa. Aunque es un gallego tímido, se atrevió a decir que le habían dado una camiseta sin escudo. Entonces saltó Di Stéfano, con su carácter de siempre: «Para ganarse la camiseta del Madrid llevando el escudo, primero hay que sudarla». Amancio aseguró después que guardó un respetuoso silencio, porque en ese momento entendió lo que eran los valores y el ADN en el Real Madrid. Le pareció bien, además. Es una de esas cosas que solo podían suceder en esa época y que ahora no se pueden ni imaginar. Si estos días, un chaval joven que viene pegando fuerte llega al Madrid y un veterano con nombre le dice una cosa así, se armaría un follón en el que todos protestaríamos por tratar de ese modo a un joven, por esa falta de respeto. Pero Amancio se ganó el escudo por lo bueno que era.

LOS YE-YÉS

Su fichaje fue otro de los grandes aciertos de Bernabéu, que supo ver que era el momento de un relevo generacional. Así, solo dos años después de irse Di Stéfano y de manera inesperada para todo el mundo, el Real Madrid volvió a ganar la Copa de Europa, la famosa Sexta, la de los ye-yés. Eran los años de los Beatles y Félix Lázaro, un periodista del *El Alcázar*, tuvo la ocurrencia de ir un día a El Arcipreste de Hita, el hotel donde se concentraba el equipo, para hacer un reportaje que haría historia. Era un hotel que estaba, y que está, en Navacerrada, donde hacían las concentraciones porque estaba en mitad de la sierra, entonces no tan masificada como ahora. Lo único que hacían allí era comer muy bien, porque en aquella época lo de comer bien era una cosa muy valorada y había que estar bien alimentados por encima de todo. Se metían sus buenos lechazos, sus judías, nada de ensaladas y cosas así. En esas concentraciones se dedicaban a descansar, a jugar al fútbol, al tenis o a dar paseos por el lago que hay en Navacerrada y oxigenarse. El Madrid recluía a los jugadores dos días antes de los partidos de Copa o de Liga, por tanto, se tiraban la mitad de la semana ahí. Con los dueños del hotel tenían una relación como de segunda familia. Ahí es donde se cimentaba todo: la convivencia, el grupo y el espíritu de las victorias.

Entonces, los periodistas del *El Alcázar* fueron a hacer un reportaje y compraron unas pelucas porque era la moda de las melenas al viento de las chicas y de los chicos con flequillo y el pelo largo como síntoma de rebeldía. Era cuando Concha Velasco cantaba la mítica canción *La chica ye-yé* (curiosamente, Concha Velasco fue la primera chica del *AS* cuando se inauguró en 1967).

Félix Lázaro, sin que el Real Madrid lo supiese, les puso las pelucas y les hizo el reportaje antes de la final de la Copa Europa de 1966 contra el Partizán. Cuando el club se enteró, utilizó toda su maquinaria para pararlo porque le parecía una cosa casi grotesca: «Qué es esto de los jugadores con melenas, si nuestros futbolistas son unos tipos serios, que somos el Real Madrid y parece que se está tomando a cachondeo», pensaban. Los jugadores se llevaron una buena bronca por haber aceptado participar, pero ellos eran chicos jóvenes, esa era la moda la época y les parecía lo más normal del mundo. Así que el Real Madrid llegó a un acuerdo con *El Alcázar* para no publicarlo, pero cuando ganó la Copa Europa más inesperada, con la euforia, a los cuatro o cinco días, el reportaje vio la luz. El Madrid hizo la vista gorda.

En esa foto se ve el alma y el compañerismo del equipo que levantó este trofeo contra todo pronóstico. Esa Copa de Europa contaba todavía con Puskás y Santamaría, dos de los míticos, en el equipo. Santamaría, el central uruguayo, el cacique poderoso, y el gran Puskás, que tenía una tripa por la que algunos en el Bernabéu decían que estaba embarazado. Era una barriga ya de deportista retirado, pero seguía teniendo esa zurdita, el cañoncito que tan buenos resultados dio. De hecho, su mote era «cañoncito pum» porque le pegaba con la zurda y la reventaba, la metía por la escuadra de un golpe seco.

La primera eliminatoria fue contra el Feyenoord holandés y, allí, Puskás marcó el primer gol, pero el equipo local remontó para dejar el partido 2-1. En la vuelta, Puskás, con sus kilos de más, en su último año, metió cuatro goles. Grosso hizo otro y el Madrid ganó 5-0. En ese encuentro se pudo ver la dimensión de lo que era Puskás, que en su declive, en un partido del máximo nivel, metió, él solo, una goleada. Pero el ocaso era imparable y además arriba apareció Grosso, un jugador de la cantera, muy vitalista, al que querían señalar como sucesor de Di Stéfano; también estaba Amancio, que ya había roto en estrella; Gento, que todavía aguantaba con sus carreras por la banda. Serena, un madrileño de la cantera, que también jugó en el Osasuna y que tenía mucha calidad en el ataque. Se dieron cuenta de que ya que no había sitio para Puskás y, aunque sería duro de asumir, le fueron apartando. No jugó el final de la temporada y tampoco lo hizo Santamaría, porque atrás empezaron a aparecer unos jóvenes como De Felipe. Era un equipo con futbolistas muy talentosos, como Velázquez, que es un 10 histórico del Real Madrid, uno de los jugadores más elegantes que se ha puesto la camiseta blanca.

La foto de los ye-yé. El Madrid paró que el reportaje saliese antes de la final de 1966.

En octavos, en la segunda eliminatoria, el rival fue el desconocido campeón escocés, el Kilmarnock, que logró empatar a dos el partido de ida en su casa, aún con Puskás en el once. En la vuelta, los blancos ganaron 5-1 con un once formado ya por españoles. Al no haber cambios, ni siquiera estuvieron de suplentes Santamaría o Puskás. Si viajaban más jugadores a los partidos fuera de casa era por si alguno se ponía malo en el hotel y no podía jugar al día siguiente.

En cuartos, el rival fue el Anderlecht belga, y el Madrid continuó con su plan de españolización en el once. Era un equipo inexperto, pero tenía las ideas muy claras. Perdió 1-0 en un partido defensivo.

En la vuelta, se vio al Madrid de las grandes ocasiones, el que tiene en su ADN la Copa de Europa. Los chicos de la cantera lo habían mamado de pequeños y sacaron esa raza y ese fútbol para pasar por encima del rival. Ganaron 4-2. Los dos goles del rival llegaron en los últimos minutos, con el partido ya totalmente decidido y el Madrid muy relajado.

El once del Real Madrid de los ye-yé, en 1966.

En la semifinal, el rival más temido, el Inter. Todos pensaban que el conjunto italiano era el gran favorito, que los jóvenes españoles lo tenía imposible frente a un rival con futbolistas como Mazzola o los españoles Peiró y Luis Suárez, entrenados, además, por Helenio Herrera. El Madrid ganó

1-0, con gol de Pirri, en el primer partido en el Santiago Bernabéu. Un choque feo, con rebotes, con dos equipos con muchas precauciones y en el que, además, se lesionó Betancort, el portero canario del Real Madrid. Cojo, siguió en el terreno de juego, pero su lesión obligó a que el equipo de Miguel Muñoz se replegase aún más en su área para evitar los remates del rival.

En la vuelta (y también en la final), Betancort seguía lesionado y jugó Araquistáin, un portero vasco. En el minuto 20, marcó Amancio y eso puso la eliminatoria muy de cara. El equipo iba madurando según avanzaban los partidos y contra el Inter demostró que ya sabía manejarse en situaciones complicadas. Aguantó hasta el minuto 78 sin recibir un gol. Ahí empató Facchetti, pero después el Inter, pese a jugar en casa, ya no tuvo fuerzas para hacer más y el partido terminó 1-1.

Fue una eliminatoria que decidieron las dos figuras del Madrid. Amancio y Pirri, que era el líder atrás y en el centro del campo, el pulmón del equipo. Fue el jugador por el que yo me hice del Madrid de niño, porque representaba al jabato, al titán que nunca se rinde en el campo, con esas piernas arqueadas, que parecía que se acababa de bajar del caballo. Estaba en todas, era el que tiraba la faltas, los penaltis, el que saltaba a rematar los córneres como un león, el que tuvo muchas lesiones porque entraba a cortar los balones dejándose el alma. Era un futbolista que consiguió la laureada del Real Madrid porque en la final de 68, la de las botellas, él se rompió la clavícula y aun así aguantó todo el partido. Él era coraje, todo pundonor, una maravilla.

La final fue contra el Partizán de Belgrado, de Yugoslavia, un gran equipo que había eliminado al Manchester. Como contra el Inter, la sensación general era que no había nada que hacer frente un rival más experimentado. El Madrid parecía más limitado, un once que dependía de las genialidades de Amancio o del pundonor de Pirri.

El equipo estaba formado por Araquistáin, Pachín, De Felipe, Sanchís, el padre del jugador de la Quinta del Buitre, Pirri y Zoco que hacían un tándem en el centro del campo y eran muy buenos, Velázquez, Serena, Amancio, Grosso y Gento, todos españoles. Ellos mismos lo recuerdan como el equipo de los once aldeanos, cada uno de un lugar de España, gente humilde que estaba cumpliendo su sueño de jugar en el Real Madrid y que esa temporada peleaba con los mejores por ganar la Copa de Europa. El entrenador era Miguel Muñoz, que ya había sido campeón y que había toreado con mitos como Di Stéfano.

El Partizán empezó mejor la final, dominando y moviéndose por el campo con más soltura que el Real Madrid, pero no marcó hasta el minuto 55 de la segunda parte. Entonces, apareció el mejor Madrid, el que nunca se rinde y es competitivo. Apareció, además, el genio, Amancio. A falta 20 minutos, se hizo un jugadón a la contra y metió un golazo. Después, Serena, canterano del Madrid, metió otro de medio volea como no se había visto en otra; 2-1. El partido fue en Bruselas, como la final de 1958 que también se ganó, y se tenían buenos recuerdos de haberla disputado ante muchos españoles, pero esta vez había incluso más.

Pirri, por él me hice del Real Madrid.

Fue espectacular, apenas había yugoslavos, muchos belgas y miles de inmigrantes españoles que, según iban pasando los últimos minutos, con el equipo aguantando el marcador, se fueron acercando al césped para terminar invadiéndolo cuando el árbitro pitó el final. Esa final, además, sí se pudo ver bastante por la televisión. Por eso fue la Copa de Europa más celebrada y por la que al Real Madrid ya se le volvió a ver como el gran embajador de España en el mundo. Al ser once españoles y que encima tuvieran ese carácter ejemplar, pues no iban de favoritos, provocó que todo el país estuviera orgulloso del triunfo.

Fue un equipo que generó mucha simpatía porque no era el Madrid que fichaba a los mejores y ganaba, eran once chavales que encima no cobraban mucho dinero. El primer sueldo de Amancio en el Real Madrid fue de 750.000 pesetas de ficha anual y un sueldo mensual de 7.000 pesetas, que no estaba mal, pero proporcionalmente no aguanta ninguna comparación con lo que se gana ahora.

UN CLUB PATERNAL, QUE ACONSEJABA INVERSIONES Y CON ESPÍAS EN LA NOCHE

Nunca fueron millonarios y, de hecho, los veteranos cuentan que Raimundo Saporta se reunía con ellos a nivel particular, también con la familia, la mujer o la novia, les preguntaba por sus fondos en el banco y les aconsejaba para invertir en un par de pisos, por ejemplo, para sus hijos, y otro más para alquilar. Los futbolistas eran chavales jóvenes, sin conocimientos económicos y los que sí tenían, también se dejaban asesorar. Muchos reconocen que ellos lo único que sabían era de jugar al fútbol y que no hubiesen sido capaces de invertir bien si no llega a ser por los consejos que les dio el club.

Se defendía unos valores, no se quería juguetes rotos y Bernabéu estaba obsesionado con que los futbolistas no dieran mala imagen. No quería golfos. El club, además, tenía espías en la noche de la ciudad. A los que le gustaba salir y tenían algún *affaire* amoroso, Bernabéu les llamaba al orden. Santamaría contaba que una vez salió con su mujer de toda la vida, a un cabaret, a cenar, muy tranquilito, pero que al día siguiente recibió una llamada del gerente. «Usted es un hombre serio, ¿qué hacía ayer con su mujer cenando fuera? Sé que su comportamiento fue muy tranquilo, pero usted representa al Real Madrid y no es bueno que le vean por la noche». Santamaría le respondió: «Usted tranquilo, que no me va a volver a hacer esta llamada». Y no volvió a salir, nada más que iba a comer o a cenar, a las 8 h de la tarde, porque entendió que en el Madrid había que dar cierta imagen. Pero no lo contaba con amargura, consideraba que era el precio de ser jugador de este club.

El gol de Serena, que dio la Copa de Europa de 1966.

El Madrid era una escuela de valores y se los transmitía a los jugadores. Y por eso choca un poco que el Barcelona presuma de sus *valors*, de la Masía y eso, cuando el Madrid tiene unos valores arraigados más profundos. No es un club que haya hecho historia diciendo: «Soy el rico del barrio y tengo el mejor coche». Al revés, siempre ha querido transmitir que el espíritu de lucha por llevar la camiseta del Real Madrid supera todas las adversidades. La idea fundamental del estilo blanco es: tenemos una buena casa, tenemos un buen sueldo, aunque otros son más ricos que nosotros. Sin embargo, por nuestra manera de comportarnos, de ser y de actuar, somos los más ejemplares del barrio. Y eso hace que en todo el mundo muchos futbolistas quieran venir al Madrid, porque aquí está la leyenda, aunque en otro sitio se pague más dinero. No les importa ganar la mitad o tres veces menos, lo que quieren ser es parte del club legendario por antonomasia.

Por eso, la Copa de Europa de los ye-yés, aunque pueda dar una imagen de grupo frívolo por lo de las pelucas, lo que demuestra, en realidad, es que los jugadores tenían la sensación del peso de la historia en su camiseta, lo que les hacía dar mucho más de lo que darían en otro equipo. Había un nivel de compromiso emocional con ese escudo que les hacía sentirse no invencibles, pero sí que no podían traicionar la leyenda. Los ye-yés fueron el ejemplo a seguir: no es necesario tener a los más grandes por nombre y por precio para ser el mejor.

CUANDO EL GRAN RIVAL ERA EL ATLÉTICO

Esa década de los 60, el Madrid ganó ocho Ligas y de ahí nace el pique con el Atlético, el rival en el campeonato esos años. Por eso los veteranos, incluido el presidente Florentino Pérez, siempre han considerado al Atlético el enemigo. El Barça ganaba alguna Copa, pero no tenía regularidad, iba a muerte contra el Madrid y con eso se conformaba, pero después iba a Elche, a Granada o al campo del Racing y palmaba porque no tenía ese espíritu de equipo ganador que siempre ha acompañado al Real Madrid.

Cuando inauguraron el Calderón, en 1966, hubo una pancarta que se hizo muy famosa. «Ya estamos en nuestra casa y nadie nos ha humillado; mientras ellos van de pie, nosotros todos sentados», porque es verdad que el nuevo campo rojiblanco era para que todos estuviesen sentados, mientras que solo un tercio del Bernabéu tenía asientos. El resto era de pie y esa también era la razón de que entrase tanta gente, con el famoso «Gallinero».

Desde la afición del Madrid se respondió a esa pancarta, porque la rivalidad entre los dos clubes de la capital era tremenda: «Si pretendéis conseguir / lo que aquí hemos logrado / no podéis estar de pie / tenéis que esperar sentados». Absolutamente genial.

Ese Madrid sobrevivió al final de los Galácticos de la primera época gloriosa, se reseteó y salió airoso con un equipo de españoles. Lo único que se le resistió es la Copa, que casi nunca se le ha dado bien. Pero es que para el madridista lo importante es la Liga y la Copa de Europa, la Copa está bien como complemento o como consuelo, que es lo que consigue el Barcelona. Bien para ellos, pero cuando ha habido un duelo a muerte en la Copa, en la final, por ejemplo, las dos últimas, las ha ganado el Real Madrid en Mestalla, que cuando se pone serio...

Un jugador fundamental de esta época, que une a este equipo de los sesenta con el Real Madrid de la cinco Copas de Europa, es Paco Gento, el único futbolista de la historia que puede presumir de ganar seis Copas de Europa. Ni Maldini, ni Cristiano, ni Modrić, ni Carvajal, ni Nacho, ni Casemiro, ni Benzema, ni Marcelo, ni Bale, ni Kroos, llegan por, ahora a tantas.

Y es que Gento estuvo en dos generaciones triunfadoras. Él era un aldeano de verdad, de Guarnizo, en Cantabria. Un hombre muy tranquilo, de una familia ejemplar de ganadores y deportistas (la familia de los Llorente, que han jugado y juegan al fútbol y al baloncesto) y Gento era el gran icono, el gran patriarca. Era, además, la sencillez hecha persona. Costaba mucho sacarle en los reportajes, porque en el fondo era muy tímido. Cuando estabas con él era muy simpático, pero le costaba salir, porque lo que le gustaba era estar en su casita, cerca del Bernabéu, donde siempre vivió. Bajaba al bar de siempre, a jugar su partida de dominó o de cartas con sus amigos.

Con la presidencia de honor del Real Madrid se le reconoció algo que no tuvo en su vida. A Di Stéfano se le reconocía casi todo, a Gento, menos; y eso provocaba una pequeña pena de los «gentistas» porque siempre había sido leal al Madrid, mientras que Di Stéfano se fue como se fue, enfadado con Bernabéu y, luego, entrenó a varios equipos, como el Valencia, con el que ganó títulos al Madrid. Claro que es el alma y la bandera del Madrid, pero había tenido sus divorcios con el club; sin embargo, Gento, que solamente tuvo una carrera corta de entrenador, siempre estuvo vinculado al Madrid y costó reconocer que era un ejemplo para la entidad.

Illa, illa, illa, Juanito, maravilla

Estamos en 1973, en otoño, en el mes de noviembre. Yo, que nací en mayo de 1965, tenía ocho años y me emocioné cuando mi padre me dijo: «Oye, me ha llamado el tío Luis» (mi tío Luis, que era muy, muy del Madrid, estaba casado con mi tía Josefina, no tenían hijos y sí algún dinerillo), mi padre me dijo entonces: «Juega el Real Madrid contra Las Palmas y me ha dicho que vayamos para que conozcas el Bernabéu».

Fuimos el 18 de ese mes. Fue mi primer día en el Bernabéu y recuerdo casi todo. De pequeño me gustaban los porteros, porque yo era portero, y ver a Junquera, muy alto, vestido de negro, como la Araña Negra —Lev Yashin—, fue inolvidable. El lateral derecho era José Luis Peinado, que es muy amigo, también conocido como Pepe Goles, el mote que le puso Tony Leblanc. Era lateral derecho, muy a su pesar, porque tenía vocación de atacante. Por su fuerza física se convirtió en el primer carrilero del fútbol español. En la izquierda estaba Touriño, que era argentino. A los sudamericanos les buscaban abuelos gallegos y madres extremeñas para que no ocupasen plaza y así jugaban como españoles. Y junto a ellos, mis prime-ros ídolos: Benito, Pirri, Zoco, Velázquez y Günter Netzer. En la delantera, Ico Aguilar, el gran Carlos Alonso Santillana y el argentino Óscar Más, que sí contaba como extranjero. Ese fue mi primer once del Real Madrid. No estaba Amancio porque se había lesionado (había dos extranjeros, porque desde ese verano podían jugar dos por equipo. Antes, desde 1953, el franquismo había prohibido traer futbolistas extranjeros para intentar potenciar el fútbol español).

El Madrid venía regular, de una sequía goleadora y con dudas, pero ese partido lo ganó 5-0 a Las Palmas. Mi primera impresión al entrar al campo fue oír el ruido de la multitud, algo que solo percibí luego, cuando ya de mayor viajé a Nueva York y al llegar a la Quinta Avenida volví a escuchar ese ruido incansable y ensordecedor, que te abruma un poco y no sabes de dónde sale. Pues ese sonido lo tengo en la cabeza de ese día en el estadio del Madrid, lleno con 80.000 aficionados. Asombroso.

Estuve muy nervioso al entrar, primero porque había mucha gente y yo nunca había estado en una multitud. Estábamos abajo, muy cerca del césped, y se escuchaba lo que se decían los futbolistas. Si miraba hacia arriba, enfrente, estaba lo que se conoce como el gallinero y veía una multitud de personas, de pie, apiñadas. Mi padre me dijo que no corrían peligro, que había vallas, pero yo alucinaba. Estaba excitado y nervioso al mismo tiempo. Estaba, además, como a unos 20 metros del palco, donde vi a Santiago Bernabéu. Es la única vez que he estado tan cerca de él. Una de mis grandes frustraciones vitales es no haberle conocido personalmente. Yo, con ocho años y por lo que escuchaba en la radio y oía a mis padres, sabía que era una persona muy importante. Y ahí estaba con un traje gris, un sombrero impecable, alto, grande, impresionante.

No olvido tampoco a los señores que iban vestidos con la bata blanca vendiendo carajillos de Veterano por la grada: «¡Una copita de coñac!», decían. «¡Una copita de coñac!». Mi padre no tomó; mi tío, sí. No había refrescos para niños. Nos sentamos en las almohadillas que patrocinaba el tabaco Rex, mullidas y perfectas para evitar el frío, porque en esa época todos los asientos eran de cemento, aunque fueras a preferencia.

Hubo un momento en el que Netzer levantó la cabeza y dio un pase sensacional desde el centro del campo al extremo derecho, de unos 45 metros, con el balón volando por arriba y que llegó a la bota de Ico Aguilar. Yo pregunté a mi padre: «¿Cómo lo ha hecho?», porque nunca había visto algo así. Mi padre me miró: «Hijo, es alemán». En aquella época, todo lo alemán se valoraba más: los coches, los electrodomésticos…, todo lo que viniera de Alemania parecía que era como de otra dimensión. Netzer había ganado la Eurocopa del 72 y ganaría el Mundial de 1974. Vino un poco mayor, con 29 años, pero era ya una gran figura. Y también se fichó a Óscar Pinino Más, un zurdo muy bueno, que en el River Plate había metido muchos goles, pero aquí fracasó. De hecho, solo estuvo ese año. Sin embargo, tuve la suerte de que ese día metió dos, el cuarto y el quinto, con su especialidad: la volea con la izquierda. Le pegaba sin caer la pelota: ¡pum! Le salía pocas veces, pero cuando le salía eran goles de esos que te ponen de pie. Marcaron Velázquez, Santillana, Aguilar y, después, Más.

Junquera, uno de mis ídolos porque yo de pequeño era portero.

Para un niño de ocho años ir por primera vez al Bernabéu y ganar 5-0 era vivir un sueño en el que todo sale redondo. Si tú tienes una primera experiencia traumática, te cambia la vida, porque coges otra ruta, porque no quieres saber nada de eso nunca más. Me pasó al revés: el 5-0 me impactó y volví a casa como en una nube. Encima, el rival era Las Palmas, que jugaba con los mismos colores que Brasil, que tenía a Carnevali de portero, a Tonono, a Castellano, que era un equipazo muy vistoso. Eran muy técnicos, pero no tenían el físico del Madrid, que se los comió por eso.

Un once del Real Madrid en 1970, con Amancio,
Pirri, Velázquez, Gento y Zoco.

Todo lo que recuerdo fue fascinante: Velázquez con el 10, los saltos de Santillana, cómo se suspendía en el aire, los movimientos de Ico Aguilar, la sabiduría de Zoco, la contundencia de Benito. Las paradas de Junquera; Peinado subiendo y bajando. Inolvidable.

Ahí empezó mi idilio con el Bernabéu, porque me impactó estéticamente: todos de blanco impoluto, camiseta blanca, pantalón blanco, medias blancas, sin publicidad y el portero vestido de negro. Desde ese momento quise volver muchas veces, pero mi padre tuvo bastantes problemas porque se tiró varios años apuntándome para que nos hiciéramos socios sin éxito. No lo pudo conseguir hasta 1981 y fue porque habló con el alcalde de mi pueblo natal, Villarrubia de los Ojos, de Ciudad Real, que conocía a un directivo del Real Madrid. «La última bala, hijo», me dijo. A la semana nos llamaron a casa para que fuéramos al Bernabéu con fotos y para rellenar impresos. Como se vino arriba, para no ir de pie, cogió el abono en el primer anfiteatro. Yo sentadido, con la almohadilla, todo de ensueño. Han pasado 41 años, sigo siendo socio y nunca me he dado de baja. Tengo la insignia de plata y me quedan nueve para lograr la de oro (allá por 2031). Solo espero tener vida para conseguirla y llegar a estar entre los 5.000 primeros socios.

Cuando trabajaba en *El Mundo,* en la época de los noventa, había compañeros que me decían que como Pedro J. se enterase, me echaba, pero yo me empeciné en seguir, porque si te sales, aunque vuelvas al año siguiente, pierdes la antigüedad. Me la jugué porque en aquella época estaba muy mal visto que un periodista fuera de un equipo... ¡Y yo, además, era socio! Ahora todo el mundo es periodista de bufanda e incluso es conveniente si quieres progresar en la profesión, pero en los noventa ser periodista de bufanda y del Madrid era peligroso. Estoy orgulloso de habérmela jugado.

También me enamoré futbolísticamente de Pirri, que, como he escrito, fue mi primer ídolo, Juanito es el segundo. Pirri me enganchó porque vi que era el líder en el campo y un tipo que, aunque acabó de central con Benito, o de líbero, en realidad empezó en el ataque y, luego, fue centrocampista porque tenía siete pulmones.

Esa es la temporada 1973-74 y es cuando empezó el declive de Miguel Muñoz. El Madrid venía de una crisis de goles y aunque ganó a Las Palmas, después se volvieron a acumular malos resultados. Llegó el mes de enero, el Madrid perdió en Castellón 2-0 y se colocó séptimo en la tabla, por detrás de equipos como el Málaga o el Granada. Miguel Muñoz, que llevaba ya 14 años, presentó su dimisión. Esa noche, la directiva del club, con Bernabéu al frente, le ratificó una vez más (porque lo había hecho ya varias veces), pero al día siguiente, por sorpresa, anunció su destitución, es decir, que aceptaba la dimisión presentada. Aquello creó el latiguillo que se repite ahora de que si ratifican a un entrenador es el anticipo de que lo echan seguro. Fue un episodio muy sonado con el *AS* y *Marca* publicando por la mañana que seguía y, al poco, saliendo la noticia de que estaba en la calle.

Luis Molowny, «el Mangas», jugador y después entrenador del Real Madrid.

Cogió el equipo Luis Molowny, a quien Bernabéu había fichado de futbolista en los años cuarenta cuando se enteró de que el Barcelona lo quería. Pero el emisario del club azulgrana, para ahorrarse dinero, fue en barco a las Islas Canarias para hacer la operación y eso lo aprovechó Bernabéu para mandar a su hombre en avión y, claro, llegar antes. Cuando el emisario culé se presentó allí, le dijeron que ya está fichado por el Madrid. Siempre hemos ido por delante.

Molowny, que no tenía experiencia, cogió el equipo. El problema fue que en uno de esos partidos llegó el Barcelona de Johan Cruyff, ese fichaje de 100 millones de pesetas, el mejor jugador del mundo, acompañado, además, de Sotil. Y tenían también a Asensi o Rexach, un gran equipo. Fue, en fin, la noche de autos famosa del 0-5.

Prometo que ese partido no lo he visto. Yo no tengo recuerdos de ese encuentro, solo lo que los resúmenes que, pasados los años, ha puesto la televisión y es chocante, porque de esa época sí me acuerdo de ver los pocos partidos que televisaban. Menos ese, no sé qué pasaría, estaría leyendo un cuento de *Pulgarcito* o algo así… Hay gente culé que me dice que lo que pasa es que me cuesta reconocerlo, pero es que no es mentira, es que no lo vi. No me lo explico, la verdad, porque además era un Real Madrid-Barcelona. Creo fue el destino que eligió por mí, por si no podía superarlo. Tenía ocho años, era cándido, ver eso podía haber sido como sufrir un politraumatismo. Sí recuerdo, por ejemplo, preguntar a mi padre cómo era posible que nos hubiesen metido cinco goles y mi padre me explicó que era cosa de Cruyff, que era el mejor del mundo. Toda la derrota se centró en Cruyff y la cabeza de ese niño de ocho años, en la que se estaba creando un madridismo enfermizo, se quedó con que el mejor del mundo nos había ganado, pero también que nos tomaríamos la revancha. Y desde entonces utilizo esa frase mucho porque ocurrió: hubo revancha. El fútbol siempre te da revancha.

Tras ese partido, Zoco se sintió como uno de los grandes culpables, pensaba que podía haber hecho mucho más para evitar los goles y le dijo a Bernabéu que renunciaba porque le estaba haciendo daño al Madrid. «Anda», le respondió Bernabéu, «tómate tres días de descanso, vete con tu mujer, (María Ostiz), y despejas la cabeza». Limpió su cabeza, volvió e insistió en que él iba a entrenar, pero no quería jugar al fútbol.

Aunque esa temporada se abrió la veda con los extranjeros, en la Copa se mantuvo la regla de que solo podían jugar españoles. Y el Madrid, sin Netzer ni Más y el Barcelona sin Cruyff ni Sotil, avanzaron y llegaron hasta la final en el Calderón. El favoritismo era para los azulgrana. Rinus Michels era el entrenador, pero estaba preparando con Holanda el Mundial del 74 y el que se sentó en el banquillo fue Rodri. Aunque Michels cogió un vuelo privado para ver la final, no llegó para dirigir al Barcelona.

Ramón Grosso, delantero al que un cáncer
se lo llevó demasiado pronto.

El Madrid salió con un afán de revancha brutal liderado por Pirri. Iban como motos y el primer gol lo metió Santillana, pero no de cabeza, de tacón. A Santillana le pusieron la cruz de que era muy malo con los pies, pero con ese tanto demostró que hacía bastante más que meter goles con la cabeza. Se desató el Real Madrid. Rubiñán, Aguilar y Pirri marcaron los otros para el 4-0 en total, una fiesta en el Calderón.

Y este partido, que también lo televisaron, sí lo vi. Y recuerdo más una imagen fuera de los goles, porque me llamó la atención por cómo representaba el señorío del Madrid. A falta de cinco minutos, Grosso, que era el capitán, pidió el cambio y le comentó al entrenador: «Dile a Zoco que salga él y que recoja la Copa». Grosso se sacrificó porque sabía que Zoco, que se retiraba ese año, había dado mucho al Real Madrid y se lo merecía.

A mí eso de ver a Zoco recoger la Copa me impactó. Es lo de los famosos valores, que presumen otros. La diferencia es que el Madrid no presume, en el Madrid se aplican. Zoco luego me ha contado que sufrió mucho cuando el cáncer se llevó a Grosso tan joven, porque había sido su mejor compañero.

MILJANIĆ Y LA PREPARACIÓN FÍSICA A LA EUROPEA

El Madrid fichó para la siguiente temporada al entrenador Milan Miljanić, yugoslavo, que lo cambió todo, sobre todo físicamente. Vino con Radišić, su preparador físico, que obligó a los futbolistas a hacer una preparación que no se hacía. Antes, y eso lo ha contado Alfredo Relaño, el partido era el domingo; luego, lunes, descanso; martes, masaje y relax en la piscinita que tenían; miércoles, a jugar una pachanga. El jueves jugaban un partidito con los juveniles; el viernes, uno de baloncesto o lo que fuera y a viajar. Hacían un día de entrenamiento. Radišić les metió una preparación europea y los jugadores alucinaban. Amancio cuenta que les hacían subir los escalones de las gradas de la vieja Ciudad Deportiva de uno en uno saltando y, a veces, les hacían bajar de espaldas y se les agarrotaban los gemelos. Una burrada entonces y ahora. Les metía unas palizas tremendas, pero ese año el Madrid ganó la Liga y la Copa.

Esa final de Copa de 1975 fue maravillosa, en el estadio Vicente Calderón contra el Atlético de Madrid. Yo creo que es la mejor final de Copa que he visto en mi vida y eso que quedaron empate a cero. Fue un partido acojonante, con perdón. Es que hay que escribir la palabrota, porque no se puede jugar más bonito. Los porteros, Miguel Reina y Miguel Ángel, tuvieron una actuación de Guante de Oro. Paradas increíbles, volando de palo a palo, parando mano a mano, con autoridad, sacando balones con los pies… Era un partido de 3-3 tranquilamente, pero acabó empate a cero y se fue a la prórroga. No se rompió el empate y, en la tanda de penaltis, Miguel Ángel paró dos, uno a Irureta y otro a Salcedo, y el Madrid solo falló uno, Del Bosque. Ico Aguilar metió el definitivo. Fue la locura, ganar al Atlético en el campo del Atlético.

Miljanić, el entrenador que cambió, físicamente, los entrenamientos.

En la Copa de Europa de la temporada siguiente (1975-76) se hizo una cosa grandiosa, que es protagonizar la primera de las grandes remontadas europeas en su eliminatoria contra el Derby County.

Antes, el Madrid había eliminado al Dinamo de Bucarest (4-1 en la ida y perdió 1-0 en la vuelta). El primer partido de la siguiente eliminatoria se jugó en el campo del Derby County. El Madrid iba de azul en un encuentro escandaloso por el arbitraje. Le pitaron dos penaltis en contra, que sobre todo el que hizo Camacho no lo fue de ninguna manera. Además, le anularon un gol a Pirri por fuera de juego que si se viera ahora por el VAR se comprobaría que estaba un metro en posición legal.

Pero ahí se empezó a ver el espíritu europeo, porque ese 4-1, que para otros equipos hubiera tenido un efecto disuasorio, en el Madrid provocó que en el partido de vuelta se montase un ambiente en el Bernabéu como nunca se había visto, con más de 100.000 personas, una hora y pico antes, llenando las gradas, con el gallinero a reventar. Todo el mundo estaba convencido de que se iba a conseguir. Y eso que había habido movida porque Netzer y Amancio no jugaron el partido de Liga, castigados tras criticar el planteamiento del entrenador en el 4-1 contra el Derby County. Pero como los necesitaba, los recuperó para la remontada. Santillana, que estaba con molestias musculares, le dijo que iba a jugar sí o sí. Jugó también Roberto Martínez y el equipo salió al ataque, desaforado. Roberto Martínez metió el primero en el minuto 2 y el segundo al comenzar la segunda parte. En el minuto 54, Santillana hizo el tercero, que daba la clasificación.

Pero de pronto, el golpe: marcó Charlie George, la estrella del Derby, y solo quedaba media hora. Había que meter otro para ir a la prórroga, por lo menos. Con el tiempo corriendo, con el cansancio, a falta de cinco minutos, pitaron un penalti, que era claro, a favor del Madrid. Se miraron Amancio y Pirri y este dijo: «Lo tiro yo, tranquilo». Si fallaba, la remontada se iba al carajo. Pero lo metió y desató la locura en el Bernabéu, mientras el partido se iba a la prórroga. Yo tenía 10 añitos y por desgracia no estuve, porque mi padre, aunque lo intentó todo, no me consiguió entrada. Así que escuché cómo narraba el partido Héctor del Mar por la radio y recuerdo que me emocioné hasta llorar, porque la pasión que le puso no la oiré jamás en mi vida. Con esos motes que les ponía a los jugadores... Era tremendo.

Santillana celebra un gol en la mítica
remontada frente al Derby County.

En la prórroga, el público animaba sin parar, una locura, el Bernabéu abrumando. Y en una de esas jugadas, Santillana, dentro del área, hizo un sombrero a un central del inglés y, según caía la pelota, sin dejarla botar, pegó un voleón. Un golazo con el que volvió a dejar clara su clase, porque ese gol es de artista. El Derby se hundió. Fue la primera gran gesta del Madrid en Europa. Luego, contra el Borussia Mönchengladbach, el Madrid empató a dos en Alemania y a uno en el Bernabéu. Y en las semifinales, el Bayern: 1-1 en el Bernabéu, sin Pirri; pero dos goles de Müller allí eliminaron al Madrid (2-0).

EL LOCO DEL BERNABÉU

«El loco del Bernabéu» me llamó un día
para contarme toda su historia.

En el partido de ida contra el Bayern sucedió el episodio de
«El loco del Bernabéu»: hubo un penalti a Amancio que no se
pitó y un codazo que le rompió la nariz a Roberto Martínez y
por el que no expulsaron a nadie. Fue un arbitraje tan malo
que un señor en la grada se volvió loco y bajó al césped para
agredir al colegiado. Fue tal el follón que hasta el portero
alemán, Mayer, tuvo que ir a pararlo. El caso es que por esa
locura sancionaron al Madrid y le cerraron el campo dos
partidos. Eso nos costó la Copa de Europa del año siguiente
(en Málaga no pasamos de un empate contra el Brujas).

Un día, cuando yo llevaba sólo dos semanas trabajando
en el *AS*, en 2001, «el loco del Bernabéu», un tal Jaime,
me llamó. No le creí, pero él me dijo que me seguía en los

medios desde hacía tiempo, que yo era muy madridista y me lo quería contar. Solo me puso una condición: que si se le hacían fotografías, solo podían ser de espaldas, porque no quería que le echasen del trabajo, así que le nombré como Jaime y, luego, sus iniciales. Lo contó todo, con pelos y señales: que fue al fútbol con su novia embarazada y con su cuñado, cómo se escabulló de la policía cuando le detuvieron… En fin, que a veces las mejores exclusivas llegan por donde menos te esperas.

En el partido de vuelta de esa eliminatoria, Amancio fue expulsado y tuvo la despedida más triste del Real Madrid de la Copa de Europa. Se retiró esa temporada y su último encuentro en Europa fue esa expulsión.

JUAN GÓMEZ «JUANITO», MI ÍDOLO

El verano del 1977 es clave en mi vida madridista. En ese mercado, Bernabéu fichó a Juanito. Era un chico de Fuengirola que se había criado en la cantera del Atleti, donde jugó en su juvenil. Juanito era un poco «bala», las cosas como son, y tenía, además, la mala suerte de que sufrió una lesión muy grave de tibia y peroné. Él notaba que el Atlético no le arropaba en ese momento tan duro y, por si fuera poco, lo cedió al Burgos, como a quien destierran. Pasó ahí cuatro años y se salió. Jugó un partidazo en el Calderón, que ganó 0-3 y que fue el que provocó que el Madrid lo fichara como fuera. Hizo lo que quiso, con su desborde y su velocidad. Fue una actuación tan excelsa, que Héctor del Mar le puso el mote de «supersónico Juanito», porque efectivamente parecía supersónico. Como si llevase unos cohetes en las botas. Para mi gozo de chaval, ya tenía 12 años, el Madrid le contrató.

Pasado el tiempo, Antonio Martínez Laredo, presidente del Burgos en aquellos tiempos, me contó su verdad del fichaje. La cifra oficial que se publicó fue que el Madrid había pagado 27 millones de pesetas al Burgos y se dijo también que el Barcelona había pujado muy fuerte. Él me cuenta que realmente cobró 31, pero es que el Barça llegó a ofrecer 70. Es una locura que rechazase eso pero, como me lo dijo él, lo tengo que escribir. Como era muy del Madrid, quería que se fuera al Madrid, además, era lo que también deseaba el futbolista. «Y como yo era presidente del Burgos, ahí mandaba yo», me decía. Mientras me lo contaba pensé que si los socios del Burgos se enteraban, lo matarían por el pastón que se atrevió rechazar. Pero Martínez Laredo, lo cual le agradeceré toda la vida, antepuso su madridismo a su negocio.

Bernabéu fichó a Juanito porque como el de Amancio le había salido tan bien, buscaba otro futbolista diferente. Es verdad que le llegó algún informe que decía que era un poco díscolo y que le gustaba salir por la noche. Pero Bernabéu no hizo caso y ordenó al entrenador: «Arréglelo usted, necesitamos un jugador que recupere la ilusión». Porque el Madrid había acabado noveno en la Liga y no participaba en competiciones europeas, por primera vez en su historia, un desastre muy duro de asumir. Como necesitaba revulsivos, fichó a Juanito e hizo otro fichaje verdaderamente emblemático: se trajo a Stielike, que jugaba en el Borussia Mönchengladbach.

Bernabéu se fue Alemania con un directivo y con Antonio Ruiz, de quien se fiaba mucho, para ver a Wimmer, pero alrededor del minuto 30, Bernabéu dijo: «Wimmer, no; yo quiero al otro. A ese (señalando a Stielike)». Le explicaron que no era a quien habían ido a ver. Pero Bernabéu siempre tuvo muy buen ojo para los futbolistas. Lo demostró cuando fueron a fichar a Ico Aguilar, a un partido del Racing en Alicante contra el Hércules. Bernabéu, viendo el encuentro, confirmó el fichaje y añadió que también había que contratar al portero, Corral, que no tuvo suerte y al nueve, a Santillana, un delantero tosco, rudo, que iba bien de cabeza y que se convertiría en una leyenda.

El caso de Stielike fue igual, le ficharon pese a que no iban a por él y el Borussia, al no ser la estrella, no puso pegas. Y era buenísimo. Le juntaron con Juanito y con Quique Wolff, que era la estrella argentina de Las Palmas. Esa temporada no fue fácil. A Miljanić lo echaron en la primera jornada tras una derrota en Salamanca y tuvo que coger el equipo Molowny, que acabó ganando esa Liga 1977-78, la última de Bernabéu.

El presidente más grande de la historia murió en el mes de junio de cáncer y eso conmocionó tanto al fútbol que en el Mundial de Argentina, que se estaba disputando cuando fallece, se guardó un minuto de silencio en todos los partidos que se jugaron ese día y en el siguiente, también en el de España. Algo que no había sucedido nunca por nadie.

Stielike, un fichaje para dar pulmones al Madrid.

Juanito era un futbolista que funcionaba con el corazón a pesar de que tenía una técnica y un talento para haber sido uno de los mejores jugadores del mundo. Y su corazón le jugaba malas pasadas, como él reconocía. Era un genio para mí, un futbolista totalmente diferente a todo lo que yo había visto. Hacía unos recortes en carrera increíbles. Era imaginativo. Pegaba unos espectaculares pases con el exterior, que aprendió de Cunningham, uno de los grandes fichajes de la temporada 1979-80, por el que pagamos 195 millones al West Bromwich, y que sacaba los córneres dándole con el exterior para que el que llegara de cabeza, le viniera de frente y fuese más peligroso. Juanito consiguió también unos pases maravillosos así.

Cada vez que iba al Bernabéu, yo sentía una emoción especial al verlo, por esa manera que tenía de transmitir, por cómo celebraba los goles, puño en alto. Era todo sentimiento y, como buen madridista, para él, jugar contra el Atlético y el Barcelona era algo especial. Me acuerdo de aquel partido en el Bernabéu, el anterior a un derbi, cuando estaba a una tarjeta amarilla de la suspensión. Por una protesta, Andújar Oliver, que era el árbitro, le sacó la amarilla. En la imagen que ha pasado a la historia se ve a Juanito de rodillas, pidiéndole por favor que se la quitara, pidiéndole clemencia. «Quítamela, quítamela, quítamela que me pierdo el derbi contra el Atleti», y Andújar le respondió: «Pues no haber protestado».

Esa era la genialidad de Juanito, que produjo una fragmentación en la grada del Bernabéu entre juanitistas y no juanitistas, que eran los que no aguantaban esa forma de ser.

Porque es verdad que era polémica: en la primera edición de la Copa de Europa sin Santiago Bernabéu, el Real Madrid se enfrentó, en la segunda ronda, al Grasshopper suizo, al que ganó 3-1 en el partido de ida. Pero en la vuelta, el encuentro se complicó porque los suizos marcaron en el minuto 8 y el Madrid se puso nervioso. El árbitro Adolf Prokop, de la Alemania Oriental, tomó, además, decisiones que no favorecieron al Madrid y a tres minutos del final, el Grasshopper marcó el segundo que le daba el pase, aunque fue con un clamoroso fuera de juego. Juanito, el que más, se encaró airadamente con el linier. El partido se reanudó, pero enseguida se acabó y Juanito, muy excitado, fue a protestar al árbitro. Amagó con un cabezazo en medio del enfado. El caso es que le metieron dos partidos de sanción. Enseguida se arrepintió, pidió perdón y reconoció que se había equivocado. Juanito puro.

Y yo, que entonces era un chaval, en lugar decir eso no se puede hacer, le daba la razón y me indignaba con el colegiado y pensaba que nos habían robado. Pero es que Juanito reaccionaba como aficionado, no como jugador de fútbol. Por eso quiero comprenderle, aunque no lo justifico. En ese momento no era Juanito, jugador del Madrid; era Juanito aficionado acérrimo del Madrid, que ve que un árbitro nos ha echado de Europa con una decisión indigna. Los aficionados también habríamos ido a hablar con el árbitro, a pedirle, sin violencia, explicaciones por no anular ese gol.

La conexión emocional entre Juanito y el Bernabéu era increíble.

Emocionalmente, Juanito siempre conectó con la grada del Bernabéu. Era uno de los nuestros, como si lo hubiéramos tenido de prestado en el campo, como si fuera un aficionado privilegiado al que le ha tocado la lotería y puede jugar con el equipo de fútbol. No, no era un futbolista más, era un aficionado que jugaba en el Real Madrid.

El vínculo, que era insostenible para los que no le querían, era innegociable y sagrado para casi todos nosotros, aunque tuviera un mal día o fallara un penalti. Era nuestro. De ahí esa frase, por la que fue muy criticado, pero que yo entendí porque en ningún caso hacía referencia a la violencia. Le preguntaron qué hubiera sido de no haberse convertido en futbolista y él contestó: «Me hubiese metido con los Ultrasur para animar al Real Madrid». Ahí está la clave de lo que era Juanito, un aficionado apasionado que disfrutaba viendo a su Madrid, pero que no podía hacerlo ¡porque era jugador!

Siempre me quedaré con las cosas buenas, aunque se quieran anteponer las malas. Por Juanito me sucedió una cosa de la que no estoy orgulloso, y que no me ha vuelto a ocurrir. Fue en un partido, posiblemente contra el Zaragoza de Liga, por la tarde. Yo fui a verlo con mi padre y con mis siete u ocho amigos con los que siempre iba al Bernabéu. Estábamos al lado de un señor que todo el rato gritaba a Juanito: «Golfo, sinvergüenza, borracho, siempre de juerga, te estás riendo del Madrid, vete de aquí». Y yo, por dentro, hervía porque era mi ídolo, pero mi ídolo de verdad. Le amaba, como he amado a Cristiano, a Raúl o a Sergio Ramos en su momento, o a Modrić, Benzema y Vinicius ahora. Me pasó lo que nunca me ha vuelto a pasar, porque yo tengo más autocontrol de lo que parece: perdí la cabeza y me lancé sobre él, le agarré de la pechera, le tiré contra el suelo, lo que no es fácil porque estábamos en la grada de pie, y solté el brazo, le iba a dar un puñetazo…, pero me lo paró uno de mis amigos, lo cual le agradeceré toda la vida porque nunca he pegado un puñetazo a nadie y me hubiera dolido hacerlo. Empecé a gritarle: «No te metas más con mi Juanito, me tienes harto. ¿Quieres dejarle en paz? ¡Vete de aquí, vete tú, vete tú de la grada, que él es el Madrid!». Recuerdo que se quedó impávido: «Pero tranquilo, chaval, pero te has vuelto loco. ¿Estás loco?, perdona, joder, pero ¿cómo te pones así?».

Después, el hombre no abrió la boca durante todo el partido y me sentí fatal porque yo no soy violento, de verdad. «¿Qué has hecho, pero, Tomás, qué has hecho?», me decía, pero es porque no podía más. Me di cuenta, entonces, de lo que yo sentía por Juanito, porque solo por Juanito se me puede ir la cabeza de esta manera.

Pasaron muchos años, llegó el Mundial de 1990 y tuve la fortuna y el privilegio de poder acudir como periodista. Estaba trabajando en Colpisa, que es una agencia de noticias que sirve a periódicos regionales y mi firma salía en esos diarios, en *El Comercio, Las Provincias, El Diario Vasco, El Diario Montañés...* aunque en Madrid no era muy conocida, solo en el *YA*. Me acreditaron para el Mundial de Italia, en 1990. Mi primer gran acontecimiento periodístico. Estaba temblando de emoción. Además, era en Italia, la Meca del fútbol en ese momento, donde se gastaba el dinero y estaban todos los buenos, como Maradona, Rummenigge o Platini. Recuerdo que me llamó José Damián González, que por entonces era subdirector de *Diario 16*, esos días uno de los grandes periódicos de España. «Tommy, ya sé que estás en Colpisa, pero te quiero fichar». Me ofreció un sueldo bastante aceptable, pero con una condición: que durante el Mundial me tenía que quedar en Madrid, ayudando en la redacción, porque como a Italia iban él y otros dos más, alguien tenía que editar y hacer trabajo de redacción. Así que yo, ni corto ni perezoso, le contesté que rechazaba la oferta. Él no daba crédito porque era un salto profesional muy importante, pero le expliqué que el Mundial de Italia no me lo perdía ni de coña: «Ni por todo el oro del mundo, aunque me pagaras tres veces más», le dije. «Yo voy al Mundial, que eso no me lo quita nadie». Acerté de pleno.

De comentarista de Televisión Española, con José Ángel de la Casa, iba él, Juan Gómez, «Juanito». Así, llegué al hotel de concentración y le vi en una mesa. Solo me atreví a saludarle. «Juan», le dije. «Sí, ¿qué pasa?», me contestó. «Solo venía a saludarte». «Muy bien, chaval, adiós, adiós».

No fui ni capaz de decirle ni mi nombre porque me quedé cortado, como nadie puede imaginar. «Soy tonto», pensé, «la oportunidad que tenía de haber estado hablando con él un rato, ¡con mi ídolo!».

Empezó la competición: empatamos contra Uruguay a cero, lo que fue una decepción. Ganamos 1-3 a Corea del Sur, cuando el famoso grito de Míchel: «Me lo merezco». El tercer partido fue contra Bélgica, en Verona. Era necesario ganar para pasar a octavos y lo hicimos, 2-1.

Al ganar, estábamos felices. Dormimos en Verona y una vez acabado el trabajo, salimos a tomar algo. Entonces llegamos a la discoteca, la B, a la que fuimos los periodistas poco conocidos. Luego, nos enteramos de que los conocidos, los consagrados, fueron a otra a la que también habían ido los jugadores más famosos de la selección. Nosotros estábamos en la discoteca de la clase turista y ahí bailaban futbolistas suplentes como Rafa Paz o Jiménez, majísimos con los periodistas jóvenes que les dábamos la brasa intentando sacar alguna información... Y de pronto apareció Juanito en la barra. Fue como si yo hubiera visto a Sophia Loren. Me dije: «Esta es la mía». Esta vez, sí me atreví.

«Juan, mira, me presento, el otro día te saludé y no lo hice: soy Tomás Roncero, trabajo en la agencia Colpisa, es la primera vez que viajo, pero tranquilo, que no voy de periodista. Es que yo soy muy hincha del Madrid, pero por encima de todo soy juanitista. Eres mi ídolo como no te imaginas, yo es que mato por ti».

Dos horas y cuarto después, cerraba la discoteca y Juanito me dijo: «Venga chaval, vete ya, que hablas de goles míos de los que yo ni me acuerdo». Porque yo enloquecí y me puse hablar del Madrid y de todos sus partidos. Estaba deslumbrado. Creo que Dios me dio esa oportunidad de conocer a mi ídolo, lo que no pude hacer con Bernabéu.

Dios me dio la oportunidad de conocer a Juanito,
lo que no pude hacer con Bernabéu.

Si yo hubiera aceptado la oferta de *Diario 16*, no hubiera ido a Italia y no hubiera conocido a Juanito, que era fascinante. Ahí entendí una de sus cruces: su generosidad. No hace falta escribir que esa noche él pagó todo, pero por esa generosidad excesiva acabó arruinado. Además, le estafó un socio cuando abrieron una tienda de deportes en Madrid. Por aquella época los jugadores no cobraban como ahora. Ganaban un buen dinero, pero si invertían mal, tenían que empezar otra vez cero y eso fue una pena.

Juanito tendrá gente que le querrá para siempre, por eso existe la Fundación Juanito Maravilla y varias peñas del Madrid dedicadas al genio de Fuengirola, porque los que le conocieron bien le tienen que amar eternamente, por mucho que muchas veces fuera un incomprendido.

La etapa de Juanito acabó en 1987 por la famosa noche del Bayern. Yo ese día estaba con Jesús Alcaide, ahora comentarista de Real Madrid Televisión y, en su momento, mi compañero a muerte en *El Mundo*. Somos muy amigos, porque hicimos la carrera de periodismo juntos en la Complutense, en los primeros años 80, cuando la movida madrileña, en la que a nadie le gustaba el fútbol y menos después del fracaso del Mundial 82. Ser futbolero era algo retrógrado. Todo el mundo iba a ver conciertos de Siniestro Total, Nacha Pop o Gabinete Caligari. Solo cinco alumnos de una clase de 220 hablábamos de fútbol, por eso nos hicimos íntimos hasta el resto de los días.

Siempre veíamos los partidos juntos en una casa que tenía él en la calle México y ahí quedamos para ese encuentro contra el Bayern. No voy a negar que estábamos bebiendo un cubatita, yo un Ballantines con Coca Cola light, y escribo la marca porque el árbitro se llamaba Robert Valentine, una casualidad que no he olvidado.

Mucha gente no se acuerda de lo que ocurrió con detalle en ese partido, pero yo, sí. Juanito perdió la cabeza en un acto totalmente deleznable, reprochable, que no se puede hacer, como fue agredir y pisar el cuello a Matthäus. Eso es lo que ha quedado, como si no hubiera sucedido algo antes.

Quizá la gente imagina que Juanito estaba repeliendo una agresión, devolviendo un golpe anterior, pero lo que de verdad sucedió es que Matthäus había dado una patada, que para mí era roja directa, a Chendo, una patada en el tobillo que lo levantó por los aires, que ya es difícil, porque Chendo era una roca. Y Juanito, por ese instinto que tenía, por esa generosidad, muchas veces malentendida por desgracia, va a por Matthäus. Defiende a los suyos, algo que apenas se hace ya. La gente ahora repele agresiones, pero no se pone como loca por defender a un compañero.

Fue a por Matthäus y le pisó. Y menos mal que le dio en el hombro y no en el cuello. Lo más increíble, lo que demuestra que estaba sufriendo una enajenación mental transitoria, es que el tal Valentine, el árbitro, fue a pararle y Juanito le apartó. ¡Al árbitro! Es como si tú estás cometiendo un robo y llega la policía para detenerte. Tú le apartas para continuar con tu delito. Inaudito, pero es la verdad.

Otra cosa que pasó ahí, que la gente también ha olvidado, es que Manolo Sanchís apareció en ese momento y, como quien no quiere la cosa, metió un pisotón en la rodilla a Matthäus, cuando estaba en el suelo. El alemán se retorcía de dolor. No es que pida la sanción de Sanchís, ni mucho menos, pero es que me vale como ejemplo para demostrar que la mala fama de Juanito también jugaba en su contra.

Jesús Alcaide me ha confesado que él, en ese momento, me vio pisando la moqueta y gritando: «Písale, él se lo ha buscado». Dice que yo estaba haciendo exactamente lo mismo que Juanito, los mismos movimientos. Estaba escenificando la escena en tiempo real. Según Alcaide, salté del sillón como un resorte, como Juanito, con la patada de Matthäus a Chendo y me puse a gritar como un loco, al igual que Juanito. Hasta ese extremo llegaba mi mimetismo con Juanito. Y reconozco, insisto, que no estuvo bien, que no se debe hacer.

Pasado el tiempo, el diario *AS* juntó, con un capote, a Matthäus y Juanito. Demostraron que eran buenas personas y cerraron la herida. La verdad es que Juanito se arrepintió enseguida. Al acabar el partido solo le faltó suicidarse en directo porque, con una pena que enternecía, repetía continuamente: «Mi otro yo me ha vuelto a traicionar, no tengo perdón, merezco el mayor de los castigos, no merezco esta camiseta y no puedo manchar así la camiseta del Real Madrid, no me lo perdonaré en la vida». Y lo soltó con una sinceridad tan desgarradora que solo podías pensar que todo el mundo tiene derecho a equivocarse. A pocos, a nadie en realidad, he visto arrepentirse así. La jugada, por supuesto, le costó salir del Real Madrid.

El *AS* juntó a Matthäus y Juanito con un capote. Cerraron la herida.

No fue la primera vez que la armó. Diez años antes, en 1977, recién fichado por el Madrid se disputó el famoso partido de la selección española en Belgrado por el que teníamos que, al menos, empatar para clasificarnos para el Mundial de Argentina. Recuerdo que a los escolares nos dieron la tarde libre. Fue el encuentro del gol salvador de Rubén Cano (aunque nos bastaba el empate, pero la leyenda queda como queda). Yo, como crío loco del fútbol, quería que pasara España porque ya nos habíamos perdido el Mundial de Alemania por culpa de aquel gol de Yugoslavia de Katalinski en el partido de desempate años atrás. Así que para ese choque de Belgrado de 1977 no podía ni imaginar que los yugoslavos nos pudiesen echar otra vez. Como pasara, iba a odiarles toda la vida (aunque luego, con el gol de Mijatović, no fuese posible).

Juanito participó en el gol de Rubén Cano y cuando Kubala le sustituyó, ante el pequeño Maracaná (donde había casi 100.000 personas, casi todos bebidos porque en Yugoslavia dieron dos días de fiesta para que fuese al estadio con ánimo de todo), con el pulgar hacia abajo, como los romanos, indicó al público que estaban eliminados. Era un estadio con una pista de atletismo, por lo que había que tener mucha puntería para que alguien desde la grada, a más de 20 metros de distancia, le lanzara una botella de vidrio que se estampase sobre su cabeza. No le rozó un poco, le estalló, literalmente. La imagen, que vi en directo por la televisión, fue brutal, porque en cuanto le dio la botella, cayó fulminado al suelo y ni pestañeaba. Yo, que en ese momento tenía 12 años y estaba viendo el partido con mi padre, me puse a llorar desconsolado porque, lo escribo muy en serio, pensé que estaba muerto. «Papá, papá, le han matado», grité a mi padre.

«Hijo, es un golpe muy fuerte, ahora reaccionará», pero veía que mi padre también tenía dudas, porque es que Juanito no se movía, estaba tieso.

Después, la radio nos contó que había sufrido una brecha con sangre, pero que no era más. Para mí fue un respiro. Le llevaron por el fondo y parece que hasta hizo amago de bajarse de la camilla porque le empezaron a tirar más objetos.

SU MUERTE

El día que murió yo ya estaba trabajando en *El Mundo* con Jesús Alcaide, Rafa José Álvarez y Carlos Carbajosa. Los cuatro éramos una piña, siempre estábamos juntos e incluso las informaciones las firmábamos a medias, por parejas. Esa noche había partido de Copa de la UEFA en el Bernabéu, del Real Madrid contra el Torino, y Juanito, que entrenaba al Mérida, vino para ver, sobre todo, a su amigo Rafa Martín Vázquez, que había fichado por el Torino (aunque los madridistas estábamos un poco enfadados con él porque el tema económico había sido decisivo en su salida. Luego, hablé con Rafa y sé que tuvo sus razones, por lo visto Mendoza estuvo intransigente en la negociación).

El Real Madrid ganó 2-1 y cuando acabamos de cerrar la edición del periódico nos fuimos a tomar unas cañas a un sitio que al que íbamos siempre porque tenía futbolín. Nos gustaba seguir con nuestra tertulia futbolera y jugar, muy picados.

Recuerdo que el dueño siempre estaba detrás de la barra y hablábamos de fútbol con él. Y esa noche hablamos de Juanito: «Ha venido a ver al Madrid, pese a que mañana entrena con el Mérida y eso que el partido lo televisaban. Eso es un madridista», decíamos, sin saber que probablemente, a esa hora, Juanito ya se había matado en la carretera.

Me enteré por la mañana. Yo aún vivía con mis padres y mi madre me despertó a las nueve:

—Tomás, Tomás —me dijo.

—¿Qué pasa mamá?

—Se ha matado Juan.

Yo tengo un primo hermano que se llama Juan.

—No jodas, ¿el primo?

—No, no, el primo no: Juanito.

Casi me dio un vuelco el corazón.

Me explicó que se había matado en un accidente de coche, cuando volvía del partido del Real Madrid. Se me cayó el mundo encima. Me quedé en shock y estuve todo ese día como si me hubieran sacado la sangre o como si estuviera narcotizado. No me lo podía creer porque veía a Juanito como una especie de divinidad y, además, yo tenía una fijación obsesiva: que Juanito, un día, se convirtiera en entrenador del Real Madrid. Como estaba enamorado del temperamental jugador que era, me imaginaba cómo iba a ser de entrenador en el Bernabéu, las ruedas de prensa que protagonizaría. Por eso, me reí después con las que se armaban con Mourinho. Juanito sí que iba a ser la caña, ante la prensa, en el banquillo y con los jugadores que se le pusieran tontos. Sería como Luis Aragonés con Eto'o, cogiendo de la pechera al primero que fuera indisciplinado. Estaba convencido de que Juanito iba a ser un entrenador legendario en el Madrid.

Así quedó el coche en el que murió Juanito.

Todas esas frustraciones se me juntaron con su muerte. Fue terrorífico. Pero también es cierto que si lo hubiera visto envejecer, ponerse gordito, incluso fracasar con el Madrid, porque habría sido entrenador del Madrid, pero, como todos, hubiera perdido alguna vez, ya el mito no sería el mismo. Es como le pasó a James Dean o a Marilyn Monroe, es gente que ha nacido para ser leyenda y morir joven.

BOŠKOV: FÚTBOL ES FÚTBOL

En 1979 vino el entrenador Vujadin Boškov, que era un revolucionario, un hombre entrañable, como conocí después. Llegó con la misión de ganar la Copa de Europa, que empezaba a doler porque hacía mucho tiempo que no se ganaba. Era un hombre que ha pasado a la historia por dos frases, para mí maravillosas, por simples que parezcan. La primera es la de «fútbol es fútbol», que es tan simplista como ingeniosa y nadie había dicho hasta el momento. Efectivamente, fútbol es fútbol. Y hay otra gloriosa, que la soltó un verano jugando un partido de pretemporada contra el Bayern, una de las bestias negras del Madrid, por varios episodios: por lo del «el loco del Bernabéu» y también porque, en 1978, había venido a jugar el primer Trofeo Bernabéu, un trofeo que era una maravilla, de 63 kilos de plata. Era en honor de Bernabéu y en nuestro homenaje a nuestro presidente, lo ganaron ellos (encima, años después el *AS* descubrió que lo tenían debajo de una escalera, en un hueco, tirado de mala manera. Luego, ya le buscaron un sitio en el museo).

En ese partido amistoso de 1980, el Madrid estaba en pretemporada y el Bayern ya jugaba la Bundesliga. Estaban como motos y nos metieron 9-1. El portero era García Remón, que me reconoció que si hubiesen querido, nos podían haber metido 20, que cada jugada era una ocasión de gol. Los futbolistas del Madrid estaban muertos, no podían con las botas porque apenas habían entrenado y ellos eran aviones. La frase de Boškov frenó cualquier crisis. Era duro, pero era un amistoso y dijo: «Más vale perder un partido por nueve que nueve partidos por uno». Tenía razón, era mejor quitarse las goleadas así, en un día. Y sirve también para conocer a ese entrenador que enseguida se ganó al vestuario.

La final de Copa de Europa del año anterior tenía el aliciente de que se jugaba en el Bernabéu y había obsesión por llegar a ella. El Madrid ganó la primera eliminatoria al Spartak de Sofía (0-1 y 2-1) y, luego, llegó el Oporto: 2-1 allí y 1-0 aquí. Fue con un golazo salvador de Goyo Benito de cabeza, entrando como un obús, todo corazón. Benito contaba que fue él quien le dijo a Boškov que subía a rematar, pero este, como tenía miedo a una contra del Oporto, le contestó que no. «Que sí, que sí, que subo», le dijo Benito. Metió el gol. «Lo ves como sí», le dijo después al entrenador yugoslavo.

Después tocó el Celtic, que ganó al Madrid 2-0 en su campo y puso la eliminatoria muy complicada. En la vuelta, con el público lleno de fe y con luz natural el día de San José, al Madrid le costó. Al final del primer tiempo, Santillana hizo el primero. En la segunda parte, Stielike marcó el segundo, el que empataba la eliminatoria, y, en el minuto 84, Juanito consiguió, de cabeza, la locura de la remontada.

Boškov, el entrenador de las grandes frases.

La semifinal fue con el Hamburgo de Kevin Keegan, el Balón de Oro. Pérez García le hizo, en el Bernabéu, un marcaje antológico y dos goles de Santillana convencieron a todos los madridistas de que nos íbamos a clasificar para la final en casa. En la vuelta fue el famoso 5-1. Los alemanes pasaron al Madrid como aviones, con Hrubesch, que era una bestia parda, y un tal Manfred Kaltz, que jugaba de lateral derecho, con las medias bajadas, que era una máquina que subía y bajaba. García Remón cuenta que, en una jugada, saltó con Hrubesch y del golpe que se dio se quedó desorientado. Hasta el extremo que fue a sacar de portería y no se dio cuenta de que estaba detrás de ella. Pirri y Benito le avisaron, pero él ni idea de dónde se encontraba.

García Remón, uno de los grandes porteros del Real Madrid.

Fue una de las mayores frustraciones de mi adolescencia, pero a cambio ganamos esa Liga en la que el Madrid se tiró treinta y tres jornadas por debajo de la Real Sociedad de Arconada, que era el mejor. Yo, de hecho, de pequeño, como era portero, el único ídolo que tuve fuera del Madrid era él. Y como mi primer apellido es Gómez, en el colegio me llamaban Arconada Gómez, y aunque está mal que lo deje escrito, me hacía mis buenas paradas, pero como tenía miopía y entonces no se operaba la vista, no pude ir a más.

La Real fue en cabeza hasta la penúltima jornada, cuando se jugó un Sevilla-Real Sociedad en el Pizjuán, mientras que el Madrid jugó y ganó en Las Palmas. El Sevilla, con nueve, ganó 2-1 a la Real Sociedad, con gol de Bertoni en el minuto 81 y el Madrid pasó a ser primero y a depender de sí mismo para el último día. El partido fue contra el Athletic en el Bernabéu y yo, que aún no era socio, entré dos horas antes porque mi padre me había conseguido una entrada infantil, que costó 25 pesetas. Metió un gol Ángel, otro Juanito y, el último, Pirri, de penalti, en su último partido de Liga con el Real Madrid. Me acuerdo de una entrada de Benito a Dani que lo sacó del campo y lo estrelló contra la publicidad de Soberano. Ahora sería roja seguro, pero entonces fue solo amarilla. Fue un partido muy emocionante para mí, con Juanito consagrado y Pirri marcando un gol en su despedida. Luego, el jugador por el que me hice del Madrid se fue al Puebla de México.

Pero faltaba la Copa de Europa. El año siguiente, que fueron a por todas, fue la de los García. El Madrid eliminó al Limerick danés en la primera ronda (1-2 y 5-1), después al Honvéd de Budapest (1-0 y 0-2) y al Spartak de Moscú (0-0 y 2-0). Llegó la semifinal con el Inter, que fue durísima, con Agustín, que era un chico de cantera, de portero, porque se había lesionado García Remón. En la ida, el Madrid ganó 2-0, pero en la vuelta, Bini marcó el 1-0 en el minuto 57 y ahí apareció Agustín para salvar al menos tres ocasiones de gol y clasificar al Real Madrid, por fin, para la final de la Copa de Europa.

Agustín jugó también la final contra el Liverpool, en París, por delante de García Remón. Fueron titulares García Navajas y García Cortés, y en el banquillo estaba García Hernández. Por eso lo del Madrid de los García. Era un equipo de transición, sufrido, pero que tuvo mucho mérito. En esa final, a la impoluta y sagrada camiseta blanca se le añadieron las tres bandas Adidas, así como el logotipo de la marca alemana en el pecho a la derecha, en el lado contrario al del escudo. Yo sabía que aquello iba a dar mala suerte. Además, Stielike y Cunningham estaban lesionados, pero Boškov no se atrevió a dejarles el banquillo por ser quienes eran.

El Real Madrid de los García jugó la final
de la Copa de Europa en 1981.

El gol del Liverpool fue por mala suerte: el balón botó en la cal cuando lo fue a despejar García Cortés e hizo un extraño. Le quedó a Kennedy, quien no falló. Fue un partido sin ocasiones, pero en la segunda parte Camacho hizo un desmarque de ruptura y se quedó solo. Como vio al portero adelantado, le intentó hacer una vaselina: se marchó fuera por poco. En el banquillo estaban Pineda e Isidro, quienes me confesaron después que si hubieran jugado ellos se hubiera ganado el partido, porque habrían reventado a correr. Stielike y Cunningham apenas tocaron el balón.

Eran ya 15 años desde la Copa de Europa de 1966 y ahí ese niño, que era yo y que no era tan niño, empezó a entender que ganar la Copa de Europa iba a costar mucho. Pero quién me iba a decir a mí que iba a tener que esperar otros 17 años más.

La Fábrica, mejor que La Masía

En los últimos 20 años hemos vivido bajo el relato de La Masía, del Barcelona de Guardiola y los éxitos de la selección española, que se quieren atribuir a ese modelo de cantera. En el fondo todo es ficticio, porque el modelo del Barcelona era el de un club acostumbrado a tirar de talonario y fichar al mejor que había en el mercado, al más rimbombante. Por eso tuvo a Kubala, a Schuster, a Maradona, a Hughes... A partir de la llegada de Cruyff al banquillo, cambió un poco la filosofía y se tomó como si fuera el modelo del Barcelona de toda la vida. Y no es verdad. Es el modelo Cruyff y dura lo que dura. Porque lo de La Masía y Guardiola es que, por azar, coincidió una generación irrepetible. Fueron Víctor Valdés, Puyol, Piqué, Busquets, Pedro, que aunque fue fichado del Tenerife, jugó en el filial azulgrana y Messi, que llegó con 13 años y también se puede considerar que es de la cantera. Fueron jugadores de una misma hornada que hicieron pensar que La Masía siempre había sido así de productiva.

Yo tengo tres puntos para medir el valor de las canteras. Tres hitos que jamás podrá tener ningún equipo de La Masía, jamás. Por eso, el Madrid gana 3-0. La Fábrica 3-La Masía 0.

Primer punto: que un filial juegue la final de Copa, como hizo el Castilla en 1980. Algo que ya no va a poder ser. Mucha gente cree que a partir de esa final cambiaron las normas, pero la verdad es que la prohibición de que los filiales disputen la competición es de 1990. Y hay otro año en el que el Castilla llegó a cuartos otra vez, así que el filial del Barcelona tuvo tiempo para conseguirlo y fracasó en el intento. El caso es que el único equipo filial de la historia que ha jugado una final de Copa es el del Real Madrid.

Valdebebas, la heredera de la Ciudad Deportiva,
es el hogar de La Fábrica, de la cantera.

Segundo: que un filial juegue una competición europea, algo que tampoco hará ningún equipo de La Masía. El Castilla, por haber llegado a la final (el Madrid jugaba la Copa de Europa), empezó en la Recopa la temporada siguiente.

Y tercero: una cosa que un equipo de La Masía puede hacer, pero no lo ha hecho ni creo que lo haga, es quedar campeón de Segunda División. El Castilla de la Quinta del Buitre lo consiguió en 1984.

Por tanto, ha ganado en Segunda, ha jugado la final de Copa y ha participado en una competición europea. Por más vueltas que se le dé, La Masía está por detrás de La Fábrica. Hay que desmitificar la propaganda culé que funciona muy bien, aunque cuando les dices esas tres cosas agachan la cabeza.

En la cantera del Madrid, La Fábrica, es donde se hornean todos los chavales y donde adquieren el ADN del club, que no es ni un modelo de juego ni tocar la pelota porque sí o tener la posesión como orgullo. No. El modelo es ser ejemplares como deportistas y ganar. En la cantera se les enseña que hay que ganar porque es lo mejor que te puede pasar, siempre que sea con dignidad, no a cualquier precio y, por supuesto, si se pierde, como dice el himno histórico, se da la mano.

Santiago Bernabéu, en los años 40 y 50, empezó a promover que hubiese algo de formación e incorporó al club a Miguel Malbo, el gran forjador de la cantera del Madrid. Un hombre muy perseverante, trabajador, que fue jugador del Madrid aficionado y que creó una infraestructura y un equipo juvenil del que saltaron varios jugadores al primer equipo, como Santisteban o Antonio Ruiz, entre otros. Eran chavales que llegaban de provincias, que empezaban en la cantera y si valían, seguían.

En 1963 se inauguró la Ciudad Deportiva, que se convirtió en un vivero con varios campos, donde todo iba cogiendo forma. Es verdad que el Madrid no tenía un equipo filial al uso, pero tenía una colaboración con el Plus Ultra, al que se cedían jugadores y el que destacaba, terminaba jugando en el Real Madrid. Aunque muchos no lo sepan, no era el único club con el que tenía un acuerdo. También con el Rayo Vallecano, por ejemplo. Ahí jugaron De Felipe, Velázquez, Grosso o Peinado.

El Madrid creó un equipo de Tercera al que llamó «Madrid aficionado», pero cuando el Plus Ultra tuvo problemas económicos, Bernabéu compró sus derechos federativos y en 1972 nació el Castilla. Iba de morado, el color de los castellanos, y a veces jugaba en el Bernabéu, para que la gente fuera a verlo y comprobara qué futbolistas podían subir.

Antes, en los años 60, se hicieron muy famosos los partidos de los jueves en los que el Madrid disputaba un partido de entrenamiento con público, contra otros equipos. Como los transportes eran muy lentos en aquella época, los rivales aprovechaban para parar en Madrid y jugar contra los blancos. Si, por ejemplo, el Sporting tenía que jugar en Cádiz, partía días antes y el jueves se entrenaba en ese partido amistoso contra el Real Madrid, con público. Y a lo mejor iban entre 25.000 o 30.000 personas a verlo. Solían jugar los suplentes, por eso, el aficionado del Madrid sabía que Manolín Bueno, el eterno suplente de Gento, que casi nunca podía jugar en los partidos porque no había cambios, era un grandísimo extremo. Y los chavales que salían de La Fábrica también jugaban esos partidos, que les servían para darse a conocer.

Miguel Malbo, cogiendo con solo una mano un trofeo.

LA FINAL DE COPA

El mejor año de la cantera fue 1980, en la Copa. El Castilla eliminó con facilidad al Extremadura, con un 1-4 y un 6-1; después, al Alcorcón (1-0 y 1-4); el siguiente fue el Racing: 3-1 en casa y, luego, 0-0. Eran rivales de Segunda, pero en la siguiente eliminatoria ya se midió al Hércules, un buen equipo, que estaba ya en Primera, con Kustudić, un delantero muy potente. El primer partido, además, en el Rico Pérez, el Castilla perdió 4-1 y aquello parecía definitivo, pero en la vuelta, al descanso y pese al poco público que había ido a verlo, el Madrid ya iba 2-0. Con un gol (no valían dobles los tantos en campo contrario), empataba la eliminatoria. En el descanso, Luis de Carlos, el presidente, dio la orden de que se abrieran las puertas del Bernabéu, por lo que entró un montón de gente, se llenó la grada y los jugadores se vinieron arriba. Gallego marcó el tercero cerca del final y, en la prórroga, Cidón hizo el 4-0, que clasificaba al Castilla. Ese equipo empezaba a hacer mucho ruido.

Jueves, 13 de marzo de 1980   EL MUNDO DEPORTIVO   Pág. 9

San Mamés se quedó boquiabierto

1-2: EL CASTILLA HUMILLÓ AL "REY DE COPAS"

1-0: UN GOL DE CLARES DIO EL TRIUNFO AL RAYO

El mundo del fútbol asombrado ante lo que hacía el Castilla.

113

En octavos, el Athletic, el Rey de Copas, la semilla del equipo que después ganaría la Liga. Era imposible soñar con la victoria. Y más tras el empate a cero en el Bernabéu. Pero en la vuelta, frente a Dani, Argote y, también, Sarabia, Pineda marcó dos goles en la segunda parte y, solo al final, el Athletic hizo el suyo (1-2). Esa gran victoria en San Mamés conmocionó al fútbol español y los madridistas nos emocionamos con ese Castilla. Como en los sorteos no podía coincidir con el Madrid, el primer equipo iba por su ruta.

En cuartos de final, nada menos que la Real Sociedad de Arconada, Satrústegui, Zamora o López Ufarte, un equipo invencible, que no había perdido aún en la Liga. Nadie le metía mano, ni siquiera el Real Madrid. El Castilla jugó en Atocha y perdió 2-1, después de haberse adelantado en el marcador y tras un partidazo de Agustín, que sería el portero de la final de la Copa de Europa del año siguiente. En la vuelta, en mayo, me saqué la entrada infantil, en el segundo anfiteatro, porque se veía perfecto y había un entradón en el Bernabéu. El filial del Madrid llegó al descanso con 2-0. En la segunda mitad, sin embargo, se pitó un penalti a favor de la Real Sociedad. Lo tiró López Ufarte, pero Agustín consiguió arañar la pelota con los dedos, una parada antológica que valió la clasificación. Eso le generó tal shock a la Real, que después, en Liga, perdió su único partido esa temporada contra el Sevilla y el Real Madrid le adelantó. Los del Castilla les decían a los del primer equipo que gracias a ellos, gracias a que habían dejado tocada a la Real, habían conquistado la Liga.

En semifinales, el Madrid de los mayores jugó contra el Atlético y el Castilla, contra el Sporting, un equipazo de Quini, Joaquín, Cundi o Ferrero. El Sporting ganó 2-0 el partido de ida en El Molinón. Pero en la vuelta, el Bernabéu, lleno, ya esperaba cualquier cosa. Antes del descanso, en un partido memorable, el Castilla se puso 3-0. En la segunda parte, marcó otro y después el Sporting acortó, pero no le dio para igualar la eliminatoria y perdió 4-1. El Bernabéu enloqueció, mientras los mayores, los del primer equipo, sufrían un ataque de celos al ver que la afición iba a muerte con el Castilla.

Los jugadores del Castilla esperaban y rezaban para que la otra semifinal la ganase el Atlético, pero no para fastidiar al Madrid, sino porque sabían que una final contra el Madrid era como si un hijo se enfrentase a su padre. En cambio, si hubiese sido el Atlético estaban convencidos de que ganaban. Fue una pena, era una oportunidad histórica de que en una final de Copa el filial del Madrid ganase al Atlético. No puedo ni imaginar la chulería con la que viviríamos la rivalidad eterna entre los dos equipos.

Del Bosque consuela a algunos jugadores
del Castilla en la final de Copa.

Pero pasó el Real Madrid y el primer equipo, liderado por Juanito, era inmisericorde. En los entrenamientos daba cariño a los chavales y les conocía, pero como era un animal competitivo, fue el primero que en el vestuario dijo: «Como nos ganen estos niñatos, me pego aquí con todos, vamos a ganar a estos cabrones». Le daba igual que fueran los pequeños, casi sus «hijos». Era la Copa y la iban a ganar sin piedad. Y efectivamente, salieron al campo con sangre en los ojos y fue Juanito quien metió el primer gol y el último. Marcaron Santillana y, también, Del Bosque, que demostró que era un caballero, como luego se vio de entrenador, y no lo celebró. Pero Juanito, que fue a abrazarle, como veía que no lo celebra, le metió un empujón para que lo hiciese. Quería sangre.

Sabido y García Hernández hicieron los otros del primer equipo y Álvarez, el único del Castilla, para el 6-1. El filial estaba muy tocado y su portero, Agustín, acabó enfadadísimo, no quería ni salir en la foto. Tiró la camiseta, para no guardarla ni de recuerdo.

Para los jugadores del Castilla fue un partido dificilísimo porque se enfrentaron a sus ídolos. Pineda, el delantero estrella, contaba que Pirri le dio tal patada, que, contra otro rival, se hubiera encarado y revuelto, pero que como era un mito del Madrid, un ídolo para él, no se atrevió a nada. No le dio las gracias por golpearle, pero casi. Los jugadores estuvieron anulados por el rival y el descaro y el desparpajo con el que fueron eliminando rivales, desapareció. Una pena porque fue una historia preciosa, con una guinda amarga. Con cualquier otro equipo, la hubieran liado.

El entrenador fue Juanjo, que murió prematuramente de cáncer. Era un poco como Molowny, que les dejaba hacer, les decía que disfrutasen de la experiencia y que tenían que ganar por su calidad. No era un loco de la pizarra, pero sí un entrenador que supo convencerles de que eran capaces de todo.

Ese Castilla finalista entró en el sorteo de la Recopa, donde le tocó el West Ham. La ida fue en el Bernabéu, lleno, con 2.000 *hooligans* ingleses borrachos perdidos, haciendo pis y tirando cosas a las gradas más bajas, pero el Castilla ganó 3-1 en un partidazo brutal. Como el Madrid protestó por el comportamiento de los hinchas rivales, el West Ham tuvo que jugar la vuelta a puerta cerrada, lo que en principio sería una ventaja para el filial blanco, sin la presión de los hinchas. Pero los jugadores del Castilla reconocieron después que se habían acostumbrado a jugar con público, incluso con público en contra, como en Atocha, en El Molinón o San Mamés.

La sensación en el campo del West Ham fue muy rara y el silencio les abrumaba, era como estar en un entrenamiento, lo que hizo que les costase entrar en el partido. Al descanso, el West Ham ganaba 3-0, pero en la segunda parte el Castilla reaccionó y Bernal puso el 3-1, que empataba la eliminatoria. El partido se fue a la prórroga. Ahí el equipo inglés marcó dos tantos más y el encuentro terminó 5-1.

Pero el Castilla dejó ese legado y al primer equipo subieron Agustín, Gallego y Pineda: portero, centrocampista y goleador.

Ese Castilla jugó la Recopa, pero fue eliminado por West Ham.

Mi voto en las elecciones generales de 1986: «Viva Duckadam, forza Butragueño»

En la Liga 1980-81, la temporada de la final de los García, se repitió la lucha heroica contra la Real Sociedad de Arconada y Zamora, entre otros. El Madrid jugó en la última jornada en Valladolid: tenía que ganar y que la Real perdiese en el Molinón. El partido del Madrid acabó 1-3, con dos goles de Santillana y Stielike, mientras que en el otro, el Sporting iba ganando a la Real y la radio y el público de Valladolid anunciaron que ese encuentro había acabado e incluso que el Sporting había marcado otro gol. Y como Juanito no podía esperar, se puso a andar de rodillas desde el centro de campo para cumplir la promesa que había hecho. Pero de repente marcó Zamora, empató la Real y eso la convirtió en campeona de Liga. A Juanito le pidieron que se levantara.

Fue una frustración porque no es que te quedes cerca, es que cuando lo estás celebrando, cortan la luz y la barra libre. Eso ocurrió poco antes de la final de París y fue muy frustrante porque hasta entonces teníamos la sensación de que en los momentos importantes la moneda caía del lado del Real Madrid.

Ese verano fue muy duro, en vez de un doblete, no se consiguió nada y nacieron muchas dudas, porque el club ya no era como antes y el presidente De Carlos no tenía el temperamento que se le suponía. Eran los primeros ochenta, los de las Ligas de los equipos vascos, dos de la Real y dos del Athletic.

Para mí, la temporada 82-83 fue de las más duras de asumir, porque el entrenador era Di Stéfano, la leyenda. Tenía ya experiencia en los banquillos y había ganado la Recopa y la Liga con el Valencia. Su regreso era como, por fin, perdonarse todo.

La temporada iba bien, tan bien que compitió por todos los títulos, que esa temporada eran cinco: La Liga, la Recopa (que era el único título que en ese momento no tenía y que nunca se tendrá. Son muchos los culés que, para intentar presumir, nos echan en cara que nunca hemos ganado esa competición. Pues para ti la perra gorda: el Real Madrid se dedica a ganar Copas de Europa), la Copa del Rey, la Copa de la Liga y la Supercopa de España. Si me dicen que el Madrid iba a estar en las cinco finales no me lo creería.

Di Stéfano, entrenador del Real Madrid, quedó
subcampeón en cinco competiciones.

EL DÍA QUE APLAUDÍ AL BARCELONA

La Supercopa fue contra la Real. En la ida, en el Bernabéu, ganó el Real Madrid 1-0. En la vuelta en Atocha, marcó la Real y los noventa minutos acabaron 1-0, por lo que se disputó la prórroga, que fue un desastre, un follón de lanzamiento de objetos, los jugadores encendidos y un arbitraje calamitoso de Pes Pérez. Era imposible escapar de ahí y la Real metió tres goles más.

La Liga, otra vez, se decidió en la última jornada, pero esta vez el Real Madrid dependía de sí mismo. Le valía hasta un empate en Mestalla, contra el Valencia, que necesitaba ganar porque si no, se marchaba a segunda. Miguel Tendillo, que acabaría jugando en el Real Madrid, metió el único gol de cabeza. Ese tanto crearía un conflicto entre Di Stéfano y Del Bosque, entre los que nunca hubo química. El entrenador consideraba que Del Bosque, en ese salto con Tendillo, podía haber hecho más para no dejarle rematar. Me acuerdo escuchar el partido por la radio y tras perder, me puse a llorar como pocas veces, porque intuí que era el principio de muchos desastres.

La final de la Recopa se disputó días después de perder la Liga. El rival en Goteborg, fue el Aberdeen que entrenaba un joven Alex Ferguson. No empezó bien: Eric Black adelantó al rival pero, al cuarto de hora, Juanito empató de penalti. No hubo más goles y el choque se fue a la prórroga. En el minuto 113, un cabezazo de John Hewitt dio la victoria al Aberdeen.

La final de la Copa del Rey fue contra el Barcelona de Maradona, en Zaragoza, en la que Camacho le hizo un marcaje brutal. Víctor adelantó al Barcelona, Santillana igualó el marcador y parecía que el duelo se iba a la prórroga. Pero en el último minuto, centró Julio Alberto y Marcos Alonso, el hijo de Marquitos, metió un cabezazo que derrotó al Madrid. Encima, Schuster se puso a hacer cortes de mangas a la afición blanca.

Y por último, la Copa de la Liga. También la final, a doble partido, fue contra el Barcelona. Se empató a dos en el

Bernabéu y se cayó 2-1 en el Camp Nou. La ida fue el encuentro en el que, en una contra, marcó Maradona su famoso gol. Fue un pase de Carrasco, que ahora dice que fue una asistencia, pero se lo dio muy lejos de la portería y Maradona recorrió 30 metros en solitario y encaró a Agustín. Al regatearle, como era muy grande, se escoró mucho y necesitó volver hacia la portería. Ahí es cuando apareció Juan José «Sandokán»: llegaba tan rápido que Maradona se percató de que si chutaba, el defensa del Madrid la sacaba.

Butraguero, Pardeza, Míchel, Sanchís y
Martín Vázquez, la Quinta del Buitre.

Entonces, de una manera inaudita, esperó y cuando apareció Juan José, le hizo un recorte en seco, brutal. Sandokán pasó de largo, se estrelló contra el poste y a puerta vacía, Maradona, de un toque marcó. Tengo que confesarlo: es la única vez en mi vida que he aplaudido al Barcelona, la única vez. Estaba de pie, en la grada lateral, cerca de la jugada y me pudo la fascinación del mago. Por eso siempre defiendo a Maradona por encima de Messi. Ganó el Mundial de México él solo, cosa que Messi nunca hará. Y ese día me quedé fascinado, preguntándome qué había hecho y me puse a aplaudir. Para mi tranquilidad, vi que no era el único que lo hacía, había más gente en el Bernabéu como yo. Mucha más gente que con Ronaldinho, pasados ya los años. Aquella tarde, por supuesto, no aplaudí porque el pique con el Barcelona ya era más fuerte. Es más, me puse de muy mala leche.

Era un momento de zozobra y el Madrid decidió tirar de los chicos del Castilla: fue cuando irrumpió la Quinta del Buitre. Todo empezó en el juvenil, cuando jugaron un partido contra el Barcelona, que ganaron 8-1 y se salió Pardeza. Míchel, que era algo mayor, ya estaba destacando. Y también se vio que Martín Vázquez y Sanchís tenían algo distinto.

El recorrido de Butragueño fue diferente, le descubrieron muy tarde. Además, no pasó una prueba para entrar en el Real Madrid, que solo le fichó cuando el Atlético se interesó por él. El Buitre le había dicho a su padre: «Pero, papá, ¿cómo vamos a ir al Atlético, si somos del Madrid?», y su padre le respondió con sinceridad: «En el Madrid no nos quieren». Fue Juan Gea, un técnico de la casa, quien consiguió que rectificaran para que le cogieran.

Era un Castilla con un centro del campo formado por Sanchís, Míchel, Martín Vázquez y arriba con Butragueño, Pardeza y De las Heras. Yo me sabía el calendario del Castilla, porque ir a verlo nos costaba menos que ir a ver al primer equipo, de quien nos comíamos muchos «pestiños», con muchos balones a la olla. Era con el Castilla con quien recuperábamos la ilusión. Hubo dos partidos cumbre de ese Castilla. Uno contra el Atlético Madrileño, filial del Atlético, y en el que jugaba Tomás Reñones y otro Tomás, Tomás II, un futbolista de mucha calidad técnica. Ese día nos frieron a patadas, Tomás fue expulsado y el Madrid acabó ganando 6-1, con la gente coreando con olés las jugadas y el Atlético, humillado. Marcaron Francis, De las Heras, Martín Vázquez y tres del Buitre. El otro partido fue más icónico aún: fue cuando el Castilla se jugó el título de Segunda contra el filial del Athletic. En un Bernabéu lleno, un gol de Butragueño dio la victoria.

Después de eso, era imposible que no subieran al primer equipo.

En realidad, el primero en debutar fue Míchel, en 1982, cuando hubo una huelga de futbolistas para que se les pagase el dinero que se les debía. Como los clubes apretaron, las plantillas fueron cediendo, todas menos cuatro: Castellón, Valencia, Zaragoza y Real Madrid. Tanto que dicen el equipo de la derecha, del poder y al final es de los pocos que aguanta una huelga. Así que jugó contra el Castellón y Míchel metió un gol de penalti. En diciembre de 1983, en La Condomina, debutaron Martín Vázquez y Sanchís. Ganó el Real Madrid 0-1 con gol de Sanchís.

Y en febrero de 1984, en Cádiz, fue cuando Butragueño jugó por primera vez. El partido lo estaba perdiendo el Real Madrid 2-0 al descanso y Di Stéfano le llamó y le dijo: «Nene, tu turno». Empieza el mito: marcó el primero, Gallego empató el partido y, al final, Butragueño logró el tercero.

La temporada siguiente, la 1985-86, se dio un volantazo en el banquillo y se nombró a Amancio, que los subió a todos, también a Míchel. Al ver que tardaban tanto en contar con él, pensó irse al Málaga. ¡Lo que hubiese cambiado su vida y la historia del Madrid si eso hubiera sucedido!

LAS REMONTADAS, EL MOMENTO MÁS INCREÍBLE DE NUESTRAS VIDAS

En la Liga las cosas no iban bien, el Barcelona estaba muy fuerte y fue en la Copa de la UEFA donde se vio el espíritu del Madrid de siempre. En la primera eliminatoria, superó al Innsbruck (5-0 en el Bernabéu y derrota sin peligro 2-0 allí). En la siguiente, tocó el Rijeka yugoslavo, que ganó 3-1 en la ida. En la vuelta, el Real Madrid consiguió un 3-0, pero aquí se vio la leyenda que se construye contra el Madrid. Expulsaron a un jugador del Rijeka, Desnica, que es sordomudo y que según la versión de José María García, entonces el gran periodista de la época, le habían echado por protestar... siendo sordomudo, lo que, según él, era indignante. La verdad fue que le expulsaron porque, muy enfadado, pegó un patadón al balón y lo mandó contra la valla. Fue por eso, por tirar el balón, pero contra el Madrid ya sabemos lo que pasa, ya sabemos cómo se construye la historia. Yo vi ese partido y hubo un hecho que desde entonces me hace pensar que Dios es del Madrid. Estuvo dos días lloviendo a cántaros y la predicción decía que iba a llover durante el encuentro y, también, al día siguiente. Pero a falta de 40 minutos, paró de llover, el Madrid ganó y, después, volvió a llover.

Camacho, con su ánimo, y Butragueño, con su fútbol,
eran fundamentales en las remontadas.

Y llegó el Anderlecht de Scifo, uno de los mejores jugadores del momento, un artista con el balón. El Madrid perdió 3-0 el partido de ida en Bruselas. Tocaba remontada.

Fue la noche de Butragueño, más que nunca, tocado por los dioses. Sanchís hizo el primero; el Buitre, el segundo, y Valdano igualó la eliminatoria a la media hora. Sin embargo, sucedió lo peor: un gol de Scifo, del Anderlecht, que obligaba a meter cinco para ganar. La palabra imposible no se manejaba.

Valdano hizo el cuarto antes del descanso y Butragueño, dos en la segunda mitad, el último, al final, de un chutazo muy fuerte, un gol que no parecía suyo. Fue un partido sin épica, porque el Madrid metió el quinto muy pronto y, al final, todo estaba decidido. Así, a falta de cinco minutos, la megafonía puso el «himno de las mocitas» para animar el ambiente y recordar a todos que estaba siendo una remontada histórica (6-1).

El siguiente encuentro fue contra el Tottenham. El Madrid ganó 0-1 en Inglaterra y con el empate a cero en el Bernabéu se clasificó para las semifinales contra el Inter.

Otra vez la eliminatoria empezó con una derrota en la ida, en San Siro (2-0) y el miedo a que si te marcaban en la vuelta en el Bernabéu, tenías que meter cuatro, pero como ya había pasado lo del Anderlecht, la liturgia volvió a lo grande al estadio madridista.

Ramón Mendoza, el padre de la Quinta.

Había una serie de reglas para las remontadas. La primera era que, como la mayoría del campo era de localidades de pie, o ibas pronto o no tenías sitio. Había que estar allí hora y media antes. Pero es que los sentados también iban antes por el ambiente y para ponerse a cantar. Después, el Madrid no salía a calentar, dejaba solo el rival, para que se llevase la bronca del público.

Al empezar el encuentro, se hacía una falta alevosa y, después, el primer balón tenía que ser un chutazo brutal, que retumbase contra la valla y crease un clamor, que el rival no supiera dónde meterse.

Contra el Inter, el Madrid remontó con dos goles de Santillana y uno de Míchel. Fue cuando Juanito dijo su famosa frase: «Noventa minuti en el Bernabéu son molto longos».

Pese a las remontadas, el Madrid era un club con problemas institucionales y, por eso, Mendoza fue elegido presidente en mayo de 1985. Que había problemas se reflejó muy bien en lo que sucedió en el hotel la noche después de perder la ida contra el Inter. En la habitación de Juanito y Lozano se organizó una fiesta con mujeres, en la que también estaban Valdano y Butragueño. Un emblema del Madrid y el nene, la figura. ¿Cómo podía estar en una de esas? Valdano lo explicó después: él había quedado con Menotti y como el Buitre quería conocer al campeón del Mundial de 1978, le dijo que le acompañase. Valdano aseguraba que no tomó más que un zumo de piña, y que luego fueron a ver a Juanito a su habitación.

Fue ahí cuando llegó Amancio, el entrenador, y vio lo que pasaba. Cuenta la leyenda que se dio cuenta de que había unas zapatillas tras la cortina porque estaba el Buitre escondido detrás. Amancio no acabó la temporada y fue sustituido por Molowny.

La final de la Copa de la UEFA fue contra el Videoton de Hungría y, en la ida, el Madrid ganó muy bien, con solvencia 0-3, con goles de Míchel, Santillana y Valdano. Todo estaba preparado para una fiesta en la vuelta del Bernabéu, para una goleada con la que celebrar el primer título europeo tras veinte años.

«Hugo, Hugo» fue, durante mucho tiempo,
el grito de guerra del Bernabéu.

Pero hay un *interruptus* que nunca olvidaré. En los primeros minutos, un penalti a favor del Madrid, lo tiró Valdano y lo paró Péter Disztl, un portero con una barba pobladísima con pinta de leñador de los Urales, del que me acordaré toda la vida. Al parar el penalti, rompió un poco la magia. El partido fue cero a cero, hasta que al final el Videoton marcó un gol. Sí, ganamos el título y se celebró, pero todos los que estuvimos en la grada tuvimos una sensación de gatillazo. El campo lleno, esperando una fiesta de goles, y no hubo ni uno del Madrid. Es una de las cosas más raras que he vivido en el Bernabéu.

La Liga la ganó el Barcelona tras el penalti que Urruti le paró a Mágico González, en Valladolid. Fue cuando nació la frase del periodista Joaquim María Puyal: «Urruti t'estimo». Urruti, luego le conocí, era un hombre amable, honesto, que te contaba todas sus historias del fútbol. Me dolió mucho su muerte. El Madrid, en fin, sumaba cinco años sin ganar Ligas, aunque la UEFA era suficiente.

Mendoza cambió las cosas ese verano y por 400 millones de pesetas fichó a Hugo Sánchez, del Atlético de Madrid, el pichichi; a Rafa Gordillo, el gran futbolista del Betis y de la selección, y a Maceda, el gran central del Sporting. Los dos últimos habían sido de los héroes del 12-1 a Malta.

A Hugo yo le vi con mi gran amigo Enrique Hernández Hernández, gran hincha del Atlético. Me pidió que le acompañara a la final de Copa del Atlético contra el Athletic en el Bernabéu, con una condición: que yo luego podría elegir a qué partido del Real Madrid me tenía que acompañar. Acepté porque el encuentro era en el Bernabéu, para mí, como en casa. Como el Athletic nos había quitado dos Ligas hacía poco, yo quería que ganara el Atlético, además ya se decía que el Madrid iba a fichar a Hugo Sánchez. Así que yo vi el partido con la mirada perversa y malvada del madridista encubierto, como un caballo de Troya que va a espiar a quien sabe que va a ser un goleador de época de su equipo. Ganó el Atlético de Madrid 2-1 y los dos goles fueron de Hugo Sánchez. Así que yo grité: «Hugo, Hugo» con toda mi fuerza pensando: esto es lo que vamos a cantar muchos años en este estadio.

Mendoza lo trajo al Madrid haciendo el paripé con el equipo Universidad de México. Se supone que este equipo lo fichó del Atlético por 200 millones de pesetas. Era una triquiñuela para que así nadie echara en cara a los dirigentes atléticos que lo habían vendido al Madrid. Enseguida se anunció que el Madrid lo fichaba del Universidad por 220 millones.

Antes, hubo un momento doloroso porque se decidió que Uli Stielike, el pulmón, bandera, una especie de Casemiro, a la alemana, no debía seguir. El Madrid jugó la Copa de la Liga en el Bernabéu y como no había un homenaje previsto para su despedida, sus compañeros lo subieron a hombros. Yo estuve allí, llorando de rabia porque pensaba que así no se podía marchar un futbolista que se había partido el pecho por el Madrid, que había sido el sucesor Pirri. Pero es que estaba llegando un nuevo Madrid.

Tras esa mala racha, la primera Liga (1985-86) la ganó Molowny porque mezcló veteranos, la Quinta y los grandes fichajes. Además, también se ganó la segunda copa de la UEFA con una eliminatoria que es lo más grande que he vivido en Europa, solo comparable a los goles de Mijatović y Sergio Ramos en las finales de Champions.

El Real Madrid había eliminado al AEK de Atenas y al Chornomorets. Y llegó la eliminatoria contra el Borussia Mönchengladbach. En el partido de ida, el Madrid se llevó una goleada histórica: 5-1, encima Chendo y Hugo Sánchez no podían jugar la vuelta por amonestación, tampoco Gordillo, y Sanchís, por si fuera poco, se lesionó.

Yo fui al Bernabéu, de pie, con mis amigos, los ocho de siempre, con los que aún quedo a comer, cada uno distinto, ahora uno es arquitecto, otro médico, otro ingeniero, otro trabaja en una multinacional... y recordamos esos años y esos partidos como los mejores de nuestra vida. Íbamos con mi padre dos horas antes y el estadio estaba a reventar. Ir al servicio era una odisea, porque en la vuelta había que abrirse paso a codazos para recuperar tu sitio. Por mucha cerveza que bebieses, era mejor no moverse.

Salió la mística: en el hotel de concentración, Camacho llevaba la voz cantante y empezaba a gritar: «A los alemanes nos los comemos, están acojonados». En el túnel de vestuarios, los dos equipos estaban separados por una valla algo tosca, pero por la que se veían las caras y Juanito, allí, se encaró con un central alemán más alto que él: se puso a dar cabezazos a la valla gritando: «¡Estáis muertos, os vamos a matar, estáis muertos!», como un loco, gritos y cabezazos y el alemán, en vez de reaccionar, ni se movía, pálido, totalmente amedrentado. El resto de los futbolistas también se quedaron en shock ante la locura del Madrid. Cuando el Borussia salió a calentar, solo, porque el Madrid se esperó, se llevó una bronca de varios minutos. Era la táctica de las remontadas.

Y cuando ya salieron los blancos, se oyó un rugido, se encendieron las bengalas, la ovación fue eterna. Llevábamos dos horas esperándolos... Era una locura que desataba la adrenalina de los jugadores. La primera jugada fue una patada bestial de Gallego al rival, que era, seguramente de roja, pero es que mientras el alemán estaba en el suelo, retorciéndose de dolor, Gallego le empezó a gritar de todo y el árbitro, en vez de avisar al jugador que había dado la patada, llegó apresurado para decirle al alemán que se levantara.

Después fue el chutazo de Juanito contra la valla. Fue también Juanito quien dio dos de sus pases maravillosos para dos remates de Valdano, que pusieron el 2-0 ya en el minuto 17. Fue la locura. Todos pensábamos que estaba hecho. Pero como ese Madrid jugaba por impulsos y con corazón, llegó un momento en el que no podía más y se paró.

La segunda parte siguió a ese ritmo, más tranquilo, y la sensación en el Bernabéu era de que nos quedábamos al borde. Pero a falta de quince minutos, Santillana metió una volea que entró pegada al palo y ese último cuarto de hora fue como si se hubiese encendido la voz de arrebato en la grada. No olvidaré nunca cómo se animaba al equipo sin parar. Los jugadores, que estaban exhaustos y reventados, renacieron en ese cuarto de hora ante el empuje del Bernabéu. Eran diez futbolistas locos, corriendo, buscando la portería, pero sin hacer ocasiones claras. Se llegó al último minuto: una volea de Míchel rebotó en el pecho del portero y la pelota se quedó en el área pequeña. Fueron los dos centrales alemanes, que teóricamente partían con ventaja, pero Santillana se metió entre los dos y estiró la pierna. En esa estirada, 100.000 personas empujaron la pelota y el balón entró, hoy todavía no sé cómo.

Fue el delirio. El momento más increíble de nuestras vidas. Me enajené, nuestra fila debía ser la número 15, pero recuerdo que se montó una oleada, como un corrimiento de tierras y no sé cómo acabé pegado a la valla de abajo, abrazado a un señor, que luego me dijo que era de Alcobendas, gritando los dos: «¡Este es el Madrid!» y como no había móviles, ya no encontré ni a mi padre ni a mis amigos y me quedé con ese señor viendo los últimos minutos. Entonces cambiaron a Juanito por Martín Vázquez y salió del campo en plan aficionado, pegando botes, como estábamos todos en la grada. Cuando volví a casa, mi madre me recibió asustada porque mi padre, claro, había vuelto sin mí y nadie sabía dónde estaba. «Le he perdido», decía mi padre. Pero llegué y era la felicidad hecha persona. Supimos que eso iba a acabar bien.

En la siguiente eliminatoria, el Madrid ganó 3-0 al Neuchâtel suizo y empató en su campo. Y en semifinales, de nuevo el Inter. Era imposible que pasara otra vez lo mismo. Pero pasó. En la ida el Madrid perdió en Italia 3-1. En la vuelta, en el Bernabéu, otra vez la misma liturgia. El primer gol tardó en llegar. Lo consiguió Hugo, de penalti, antes del descanso. Gordillo metió el segundo, en el minuto 64, pero uno después, de penalti, marcó el Inter (2-1). A quince minutos del final, Hugo empató la eliminatoria, que se fue a la prórroga.

Ahí apareció Santillana, siempre Santillana, los italianos aún deben de tener pesadillas con él. Metió dos goles más en un partido que acabó 5-1 y en el que es verdad que el Madrid dio muchas patadas porque jugaba con una fiereza y con una pasión que no era normal. Eran partidos casi ilógicos con una atmósfera en la que todo era posible, donde la irracionalidad mandaba, donde hablar de pizarra y de táctica era absurdo e infantil.

La táctica y la pizarra eran el Bernabéu, lo eran el corazón de diez futbolistas vestidos de blanco (todos menos el portero) que jugaban con el ímpetu y la convicción innegociable de que lo iban a conseguir. Con una complicidad de 100.000 aficionados en la grada que sabíamos que no nos iban a fallar. Ellos iban en avión, sus botas volaban y no había ni dolor ni cansancio. Sabían que iban a remontar a cualquier precio, de manera más estética o menos, con patadas, pues sí, con patadas, que a veces en el fútbol hay que darlas, pero también con fútbol, porque si ves los goles, compruebas que son golazos. Los rivales estaban amedrentados por completo, no sabían lo que pasaba, lo que les venía encima.

No es fácil explicar qué sucedía en las remontadas europeas, eran un ejercicio de irracionalidad racional. Porque los que estábamos ahí sí le veíamos sentido. Los de fuera dirían: esto es una jauría de locos, una chaladura, un disparate o un sinsentido, pero los que las vivimos éramos cómplices de lo que sucedía e íbamos convencidos del éxito. Por eso, los jugadores tampoco pensaban que fuera un milagro: no, era algo que iba a pasar.

La final fue contra el gran Colonia de Allofs, Littbarski y Schumacher, el portero de la selección alemana. Un equipazo. Y para colmo, en la ida en el Bernabéu, se adelantaron en el marcador con un gol de Allofs. No lo voy a negar, yo estaba ese día en la portería del fondo sur. No soy Ultrasur, pero ese día mis amigos no consiguieron entrada y para no estar solo, por curiosidad, porque nunca había vivido un partido en esa zona, me fui hacia allá. Me acuerdo de que con 0-1 empezamos a animar como locos, como si no pasara nada. Y tuvo premio: marcaron Hugo y Gordillo antes del descanso y, después, Valdano dos y Santillana otro (5-1). Esa UEFA no se nos podía escapar.

La vuelta fue en Berlín, a menos de 1.300 kilómetros de Chernóbil y se decía que la radiación quizá podía llegar allí. Agustín, portero de la cantera, fue titular y tuvo una actuación tan colosal que, gracias a él, no remontaron. El Madrid perdió 2-0 y no olvido cuatro paradas, una a bocajarro, que si entra nos remontan. Al Madrid no le salió nada, estaba gafado, y era un partido que tenía la misma pinta de aquel de Hamburgo, de que la pifiábamos. Pero no hubo más goles.

Ese año, la felicidad fue completa porque el Barcelona jugó la final de la Copa de Europa en Sevilla contra el Steaua de Bucarest, justo cuando se cumplían 20 años desde que el Madrid había ganado la última. Los madridistas estábamos un poco descolocados porque ya habían empezado a presumir de que iban a ganar la primera en color. El rival era el Steaua y en Sevilla, es decir, que todos los aficionados que fueron eran del Barcelona.

Lo vi por la tele: el partido acabó empate a cero, llegó la prórroga y yo me puse a rezar. Venables, el entrenador del Barcelona, había sustituido a Schuster que, muy cabreado, se marchó directamente al hotel.

Duckadam, portero del Steaua, que ganó
la Copa de Europa al Barcelona.

La final se decidió en los penaltis y ahí apareció un portero llamado Duckadam, un bigotudo al que tengo en mis altares. No es que parase un penalti, no es que parase dos, no es que parase tres, es que paró cuatro y mi amigo el Lobo Carrasco, que se había pedido el último, el de la gloria, no pudo ni tirarlo. Y eso que el gran Urruti cumplió con su parte y paró dos al Steaua, más no podía hacer.

Poco después hubo elecciones generales en España y se contabilizaron 2.512 votos nulos. Uno de ellos fue el mío. Mis padres, que vinieron conmigo a votar, me echaron una bronca de órdago porque decían que en la vida hay que ser serio. Yo, antes de meter el voto en el sobre, escribí en él: «¡Viva Duckadam, forza Butragueño!». Me parecía más fiable votar a mi héroe y a mi Buitre, que a un partido político que no sabía si iba a cumplir. Además, yo siempre he sido muy descreído. Ese verano, además, me corrí unas juergas… Habíamos ganado la UEFA, la Liga, teníamos a la Quinta del Buitre y el Barcelona se había quedado sin su primera Copa de Europa.

LA COPA DE EUROPA QUE NO GANAMOS

Como se ganó la Liga, el año siguiente se fue a por la Copa de Europa. Además, llegó Leo Beenhakker, con un estilo más moderno. Pero el gran objetivo no se consiguió con él ni con nadie. Para mí, la derrota más dolorosa fue la de la temporada 1987-88, porque el Madrid hizo un ejercicio heroico cuando el calendario parecía diseñado para que no la ganara.

En la primera ronda, tocó el Nápoles de Maradona. El primer partido fue a puerta cerrada en el Bernabéu y yo, como hacía prácticas en Colpisa, pedí permiso para acreditarme. De las 243 personas que hubo en el Bernabéu, una de ellas era yo. Ahí entendí lo bonita que es esta profesión y el orgullo que era estar ahí. Vi el famoso caño de Chendo a Maradona y un pase de Janković, raso, de 45 metros, en el que el balón no se levantó ni dos centímetros del suelo. Nunca he visto una cosa igual. Por eso, aunque luego llegó Schuster, que era muy bueno, a todos los madridistas nos dio pena que se fuera Janković.

El Real Madrid ganó 2-0, un partidazo de intensidad y calidad, y en la vuelta nos cargamos al Nápoles, con una jugada mágica, con un pase de Hugo Sánchez a Butragueño (normalmente, era al revés) y Butragueño, con esa sutileza que le caracterizaba, picó la pelota ante Garella. Ellos habían marcado al principio y el estadio estaba enloquecido, no salíamos vivos, pero el Buitre les calló con ese 1-1 definitivo.

El entrenador holandés Leo Beenhakker.

En la siguiente eliminatoria, el Oporto, que en la final del año anterior había ganado al Bayern. Aunque ya no tenía a Futre, seguía siendo un equipazo y los blancos jugaban desterrados en Valencia porque en el partido contra el Bayern del año anterior se habían tirado cosas al campo y se tenía que cumplir sanción. Mis amigos y yo no perdimos la ocasión de ir a Valencia: Chato, Toñín, Agustín «el Apimpanao», Javi, Miguel, Juanillo, Chule, Alfredo y yo.

Madjer nos marcó el primero, en la segunda parte. Pero enseguida, Paco Llorente, que el Madrid había fichado del Atlético por el Decreto 1.006 y 50 millones de pesetas, empezó la revolución con sus jugadas por la banda, de extremo puro. Llegaron los dos goles: Hugo, en el minuto 81 y Sanchís, en el 90 (2-1).

Para la vuelta en Oporto conseguí dos entradas y le dije a mi amigo Enrique Hernández Hernández, que en paz descanse, que le tocaba saldar la apuesta, que si yo fui al Bernabéu a ver a Hugo con la camiseta del Atlético, él se venía conmigo a Oporto, a ver al Real Madrid. «No me jodas, que vais a pasar, llévame a un partido de Liga», me dijo. Pero no cedí. Fuimos en un autobús de la empresa Ruiz: salimos a las 11 de la noche desde la Glorieta de Embajadores a Galicia y, de ahí, a Oporto. Un viaje de nunca acabar: llegamos por la mañana, sin hotel y todo el día nos lo pasamos allí, con los 5.000 aficionados del Madrid, creo que el mayor viaje de la afición quitando las finales de Champions. Nos pusieron en un córner, en la portería que fue decisiva. Ahí vimos el gol de Sousa, del Oporto, de falta. Con ese resultado, estábamos fuera.

Pero en la segunda parte, como en Mestalla, salió Paco Llorente, hizo dos jugadas mágicas que acabaron en dos goles de Míchel. Terminamos el partido (1-2) entre olés. Los 5.000 madridistas vibrando, abrazándonos entre nosotros y media hora final de éxtasis y de orgullo, de ganar al campeón de Europa en su infierno de Das Antas. El campo estaba en una especie de montaña y a la salida, en lo alto, nos esperaban los ultras rivales. Nos hicieron una emboscaba y nos empezaron a tirar piedras, como en la batalla de las

Termópilas. Nosotros no teníamos más escudos que nuestras cazadoras. Yo me libré, pero alguno se volvió con una brecha. Dio igual, estuvimos todo el viaje de vuelta cantando, pese a estar agotados físicamente porque eran ya muchísimas horas sin descansar, sin ducharnos, pero también con la felicidad de ganar al Oporto. Mi amigo, con todo lo atlético que era, me reconoció que estaba orgulloso del Madrid. Y para mí el orgullo era doble, mi amigo no se había blanqueado, pero sí se había rendido a la leyenda europea.

Van Breukelen, el portero del PSV que dejó
sin Copa de Europa a la Quinta.

Yo tenía veintipocos años y no podía aspirar a más en la vida. Empezaba las prácticas de periodismo en Colpisa, no ganaba mucho pero tenía la ilusión de un joven que cree que todo es posible, como hace su Real Madrid.

Quedaba el más difícil todavía, en cuartos, el Bayern, que nos había echado la temporada pasada en semifinales. Me consolaba pensar que si también eliminábamos al Bayern todo estaba hecho. En la ida, en Múnich, en un campo nevado y a falta de un cuarto de hora, íbamos perdiendo 3-0: ¡qué asco le tenía al Bayern!, nos iba a pasar lo de todas las veces.

De pronto, un balón en profundidad al desmarque de Butragueño, que la picó y marcó. Faltaban cinco minutos y había vida para la vuelta. Casi al final, una falta lateral, cerca del área del Bayern, pero con muy poco ángulo, Hugo Sánchez la pegó con el empeine, Pfaff, el portero, se confió y se la comió. 3-2. ¡Lo teníamos!, en la vuelta, Janković y Míchel marcaron y con el 2-0 nos sentimos campeones virtuales porque habíamos echado a los más fuertes. Por narices, teníamos que ganar.

En las semifinales tocó el PSV, neerlandeses, equipo de pueblo. Pensamos que estaba hecho. Hugo marcó de penalti en el Bernabéu nada más comenzar el partido de ida. Pero Linskens tuvo un remate franco en la frontal del área, como si fuera un penalti, algo más atrás. Le dio mal, como con el tobillo, y salió centrado, cuando Buyo ya se había vencido a la izquierda. Un gol tonto, pero con el que el Bernabéu se quedó congelado. Fue como recibir una patada en la tripa. Ya no nos valía el 0-0 allí.

La vuelta es para mí, con las Ligas de Tenerife, el partido más duro como madridista. Pudimos ganar 0-5, el Madrid arrasó, se los comió, partidazo, pero el portero, Van Breukelen, al que despreciaré toda mi vida, y lo siento, pero es que me traumatizó mi juventud salvaje, lo paró todo. No fue normal, hizo una parada increíble a una chilena de Hugo Sánchez y también a un cabezazo de Butragueño al palo, picado, imparable. Su estirada me recordó a la parada de Zamora en 1936. Y encima el árbitro suizo Bruno Galler pitó el final en el minuto noventa, a pesar de que se habían perdido más de cinco minutos. Míchel y Hugo protestaron con rabia, perdieron los nervios, hasta le quitaron la pelota. Le cayeron tres partidos de sanción, a Hugo, uno.

Y LLEGÓ EL MILAN DE SACCHI

La frustración fue total. Era la verdadera Séptima, la de la Quinta del Buitre y la de los machos: con Buyo, Hugo Sánchez y Gordillo (Maceda ya se había lesionado) y los veteranos, Camacho, Santillana... Tenía que haber sido un equipo invencible. Además, la UEFA debería reclamar el trofeo al PSV: no puede ser campeón un equipo que desde cuartos no gana un partido. El PSV los empató todos y la final la ganó al Benfica en los penaltis.

Me sentí ultrajado, era nuestra Copa de Europa y encima se estaba germinando el Milan de Sacchi, con los holandeses: Gullit, Van Basten, Rijkaard y los italianos Baresi, Maldini, Costacurta y un tal Carlo Ancelotti. El destino nos hizo cruzarnos con ellos los dos años siguientes. Ganábamos las Ligas, pero vivíamos con el trauma del PSV en Europa. Si hubiésemos ganado ese partido estoy convencido de que también hubiésemos derrotado al Milan.

En la temporada 88-89, el Madrid pasó dos eliminatorias sin problemas y se enfrentó, otra vez, al PSV, su rival, su fantasma. Marcó Butragueño y un tal Romario empató en la segunda parte. En la vuelta, en el Bernabéu, marcó Hugo de penalti y, antes del final, Romario llevó el partido a la prórroga. Martín Vázquez hizo el 2-1 que clasificó al Real Madrid.

En las semifinales, el Milan. En la ida, el Madrid iba ganando 1-0, pero Van Basten nos metió un gol con un escorzo de cabeza que dio en el larguero y rebotó en Buyo.

Según un comentario de un amigo mío, Aguilera, en Onda Madrid, había sido un gol picassiano.

Schuster había llegado ese verano, en un fichaje genial de Mendoza que se lo quitó al Barcelona. No pudimos quitarles a Maradona, pero sí a Schuster, y el centro del campo y de mitad para delante era espectacular: Míchel, Schuster, Martín Vázquez, Gordillo, Butragueño y Hugo. No se podía jugar mejor al fútbol, pero el Milan de Sacchi lo desactivó todo con la pizarra y su defensa adelantada, que era aborrecible.

En el Bernabéu, vi a un Butragueño impotente, continuamente en fuera de juego. Él era muy eléctrico, pero lo tenían tan bien organizado, con Baresi al mando, tan sincronizado, que eran infalibles. De hecho, Buyo daba patadones para pasar el centro del campo y aún así se adelantaban para dejar a los delanteros en fuera de juego.

Lo recuerdo como una pesadilla. La vuelta fue el famoso 5-0, nada que hacer, imposible. Un gol, por cierto, de Ancelotti.

En la siguiente edición (89-90), después de eliminar muy fácil al Spora Luxembourg, otra vez tocó el Milan, aunque algo había cambiado: el Madrid estaba mejor y fue el año de la Liga de los 107 goles. La ida fue en San Siro y nunca me olvidaré de este apellido: Schmidhuber, el árbitro. En una salida, Buyo derribó a Van Basten fuera del área y va el árbitro y pita penalti. Hubo, además, un gol de Paco Llorente que anuló por fuera de juego que no era. El Madrid perdió 2-0, con sensación de que le habían robado y la esperanza de que si con robo solo había sido 2-0, el Bernabéu podía hacer la magia.

Con otro llenazo, Butragueño marcó un gol tras un rechace del poste de un remate de Julio Llorente justo antes del descanso. Durante la segunda parte, el Bernabéu enloqueció, pero no hubo manera. El partido acabó en un injusto 1-0, insuficiente para clasificarse.

En la Liga, el Madrid era una máquina y consiguió la quinta consecutiva. Pero llevábamos tantas Ligas y tantas frustraciones en la Copa de Europa, que esa Liga no se celebró, nadie salió a la calle. Y fue cuando Míchel dijo: «Algún día la gente valorará lo bonito y lo difícil que es ganar una Liga».

Esa Liga terminó con un partido contra el Oviedo, con el campeonato ya ganado y con el objetivo de que Hugo Sánchez, además del pichichi, consiguiese la Bota de Oro al mejor goleador en Europa. Normalmente, los pichichis españoles eran cortitos, de unos 20 goles, pero Hugo llegó a ese partido con 35 y se jugaba la Bota de Oro con Stoichkov, que jugaba en el CSKA de Sofía. En ese momento, los madridistas no sabíamos que iba a ser uno de nuestros azotes y que le íbamos a tener un «cariño» especial. Hugo metió tres goles para igualar la Bota de Oro. El Madrid, además, acabó la Liga con 107 goles, una cifra que solo la ha superado los 121 de la Liga de Mourinho.

Ese Madrid dejó un legado para la historia: cinco Ligas seguidas, un fútbol maravilloso, ese récord de goles, una fiesta continua cada jornada y solo ese agujero negro, que ya está perdonado, porque para los madridistas esa Copa de Europa de 1988 es nuestra. Cuando se habla de las mejores épocas del Real Madrid, entre la de las primeras Copas de Europa, la de los galácticos o esta última de las cinco Champions, los madridistas incluimos de manera innegociable el Madrid de la Quinta del Buitre. Es el equipo más brillante de todos los que ha habido, no se podía jugar mejor, con goleadas en casi todos los partidos. Eran los Globetrotters llevados al fútbol. Por eso, cuando hablaban del Dream Team, nos reíamos: el fútbol de ensueño era el de la Quinta del Buitre.

Los dos escándalos de Tenerife: qué fácil es pitar contra el Madrid

Toshack, el entrenador de la Liga de los 107 goles (1989-90) y de la segunda eliminación contra el Milan, fue despedido en la jornada 11 de la siguiente temporada porque el Madrid empezó muy mal. Di Stéfano le sustituyó algunos partidos y después llegó Antić. La Liga la ganó finalmente el Barcelona, la única digna de todas las que ganó Cruyff. Antić consiguió que el equipo reaccionase para acabar la temporada más o menos bien. En la Copa de Europa fue un desastre: tocó el Spartak de Moscú en cuartos. Empate a cero allí, con Jaro de portero y el Real Madrid aguantando. En la vuelta, en casa, creíamos que se iba a conseguir el pase sin más problemas, y más cuando el Buitre marcó en el minuto 9, pero Rádchenko, que hizo dos goles, Shmarov, que marco otro, y compañía nos metieron un baile, una soba espectacular. Es una de las veces que me he sentido más barrido, parecida a otra del Ajax años después.

Aunque acabó sin títulos, Antić tuvo otra oportunidad el curso siguiente (1991-92). El Madrid mejoró, con un fútbol muy solidario, muy europeo, aunque no muy brillante, la verdad. La gente estaba acostumbrada al caviar, porque había visto a los mejores futbolistas en plenitud, y este Madrid era más industrioso, eficiente y eficaz. Pero todo se jorobó la noche en la que Mendoza se cabreó y cometió un error grave y definitivo, pese a ganar 2-1 al Tenerife. Tenía a Beenhakker de director deportivo y en el fondo se notaba que el neerlandés ambicionaba el puesto de entrenador. El Madrid era el líder, pero Mendoza no tuvo paciencia con que lo que yo llamo el tendido 7 del Bernabéu, y que pitase al equipo cuando el Tenerife apretó un poco en ese partido.

Yo respeto a esa gente que pita al equipo, pero me parece que son personas insatisfechas, que trasladan los problemas de su casa al estadio. Son como los que insultaban a Juanito. Pase lo que pase, aún ganando su equipo, se dedican a insultar y a abroncar. Si me dijeran que son hinchas del Atlético o del Barcelona disfrazados, que son caballos de Troya en el Bernabéu, me lo creería, aunque estoy convencido de que los hinchas de esos equipos se cortarían más.

Esa temporada hubo pitos, que a lo mejor no llegaban a 1.000 personas los que protestaban, pero sonaban mucho. Mendoza, que no soportaba que se volvieran al palco después de haber ganado cinco Ligas, tomó esa decisión populista de echar a Antić.

La primera Liga que se perdió en Tenerife.

Fue el lunes 27 de enero, la noche que se celebraba la Gala Anual de la Prensa, a la que pertenezco, como muchos periodistas deportivos. Esa velada fue en la discoteca Joy Eslava y a la una de la mañana tuvimos que volver a la redacción de *El Mundo*, cambiar la portada y regresar a la fiesta, ya horas después.

Esa noche, Mendoza se cargó esa Liga y, en mi opinión, también la siguiente. Porque echó a Antić, puso a Beenhakker y finiquitó el buen *feeling* que había en el vestuario. Antić era un estudioso del fútbol que sabía llegar a los futbolistas y les sacaba lo mejor. A pesar de que era muy exigente en el aspecto defensivo.

Se perdió la química del vestuario y aun así se llegó a la última jornada, la primera de las terribles tardes de Tenerife, con la posibilidad de ser campeón si se ganaba. El Tenerife, que entrenaba Valdano y cuyo portero era Agustín, no se jugaba nada. Pero desde la prensa antimadridista se insistió en que, por Valdano, el Tenerife se iba a dejar. Como reacción, se tomaron el partido a vida o muerte.

El Madrid empezó muy bien, mentalizado, y Hierro, de cabeza, en el segundo palo, marcó el primer gol. Para Agustín fue imposible llegar, pero en la grada comenzaron a oírse pitos, como dando a entender que se lo había dejado, lo que, evidentemente, no era cierto. Hagi metió antes de la media hora un golazo, una falta de lejos, un zurdazo descomunal, que pegó primero en el larguero. Imparable para cualquier portero. En el minuto 36, Quique Estebaranz hizo el 1-2.

Después, en una jugada maravillosa, Butragueño adivinó el desmarque de Luis Milla a tiempo y este marcó el 1-3, con lo que hubiese acabado el partido y se hubiese ganado la Liga. Puentes Leira, el linier, levantó el banderín y señaló un fuera de juego inexistente... y por mucho. Anuló ese gol y, luego, García de Loza, el colegiado, no contento con eso, expulsó por dos amarillas, la segunda muy rigurosa, a Villarroya.

El Tenerife, con la prima que tenía, y el empuje de la afición, apretó, gracias a su ventaja numérica, y ocurrió la debacle: un autogol de Rocha y una extraña cesión de Sanchís, desde 50 metros. Buyo, que iba con la gorra por el sol, quiso querer sacar rápido, como hacía siempre, y en lugar de tirarla hacia la derecha, donde no había peligro, empujó la pelota hacia el otro lado, al área, porque creía que no había nadie. Sí lo había: apareció Pier y la enchufó. Se acabó: 3-2. Derrota no dolorosa, lo siguiente.

En *El Mundo*, como Pedro J. sabía que yo era muy madridista y había que hacer una edición especial con la victoria del Madrid (llevábamos 16 páginas del Madrid campeón), me pidió hacer la crónica. Y yo, entre el arbitraje, el gol anulado, las expulsiones, la mala suerte, que habían echado a Antić, me escribí una crónica de la amargura...

Al año siguiente llegó Benito Floro con un psicólogo, que a principios de los noventa era una figura extrañísima en el fútbol e incomprendida. A algunos futbolistas les molestaba y cuando el psicólogo le pidió a Chendo que se imaginase mordiendo un limón, Chendo le contestó: si quiere me quedó en calzoncillos, pero cómo me voy a imaginar que me como un limón, si no tengo un limón. Si quiere, deme uno y me lo como.

Fue increíble perder dos Ligas seguidas en el mismo campo.

Eso provocó las risas del vestuario y el psicólogo se dio cuenta de que no tenía nada que hacer. Esa Liga acabó de nuevo en Tenerife, donde, esta vez, al Madrid le valía con el empate para ser campeón. Es diabólico el destino, otro año jugándote la Liga en el mismo escenario y casi a la misma hora. El Tenerife disputaba estar en la UEFA. Nos ganaron 2-0, pero en la primera parte hubo varios penaltis que no pitaron al Madrid. Dos iguales, además, en los que Zamorano regateó al portero y este le derribó. Fueron clarísimos, pero Gracia Redondo, el arbitro, al que conocí pasados los años y su trato personal conmigo fue muy cariñoso pese a la caña que le había dado, no sé si por miedo o por qué, no pitó ninguno. Y el tercero fue un remate de Hierro, que iba a entrar, pegado al larguero. Lo evitó Chano, un centrocampista, que sacó la mano, la rebañó y tiró la pelota fuera. Era penalti y tarjeta roja, pero Gracia Redondo dijo que la había dado con la cabeza, supongo que con el flequillo. Se repitió la estafa. Como el cartero que siempre llama dos veces. El Tenerife siempre llama dos veces.

Era increíble, encima tuve la mala suerte de que Pedro J. Ramírez, en *El Mundo*, repitió experiencia y me puso a hacer la crónica de nuevo. Yo hacía las crónicas de baloncesto, pero no de fútbol, y como un mamón, en vez de lucirme en esas dos, escribí otra vez con amargura. Me pellizcaba porque era una pesadilla en la que, además, la televisión nos mostraba las imágenes del Barcelona abrazándose, a toda la culerada celebrando ese título.

Esas tardes confirman que es una mentira eso de que es fácil ser del Madrid, algo que se repite mucho. Esos partidos ejemplifican el sufrimiento, el sentirse humillado, la amargura de perder, que solo es comparable a las cinco finales de Di Stéfano, que me tocaron de chaval. Que no me digan que es fácil ser del Madrid. Es sencillo cuando ganas, pero el Madrid también pierde porque si no tendría 40 Copas de Europa y 80 Ligas... También perderemos, pero es que, además, como en Tenerife, fue de una forma muy cruel.

Con esas dos Ligas, hubiésemos ganado 7 de 8. No lo hicimos pero es que, encima, retroalimentamos al enemigo. Al Dream Team de Cruyff se le recuerda por las cuatro Ligas seguidas. Como hemos escrito, ganó bien la primera, pero las dos de Tenerife fueron con dos arbitrajes indignos. Me recuerda a la película *JFK*, cuando la CIA tiene un archivo con los documentos acerca de lo que de verdad le ha pasado a Kennedy. Son *top secret*, definitivos para esclarecer el asesinato, pero solo se desclasificarán hasta pasados muchos años, cuando ya no importe y se pueda saber la verdad. Confío en que alguna vez se sepa la verdad de aquellos arbitrajes de García de Loza y Gracia Redondo. Que no estoy diciendo que tuvieran órdenes de quitar esas Ligas al Real Madrid, pero sí que sé, aunque no lo van a decir nunca, que ellos notaban un caldo de cultivo contra el Madrid y muy pro Barcelona, hacia el Dream Team de Cruyff y eso les influyó. Me voy a poner la capa de ángel y de ingenuo, de que no hubo nada más, de que solo que se dejaron llevar por el contexto y sintieron la necesidad de no darle ni agua al Madrid.

Puentes Leira, el que señaló el fuera de juego a Milla, fue elegido más tarde como miembro del Comité de Designación de árbitros. Voy a seguir con mi ejercicio de ingenuidad, de que los niños vienen de París, pero es que, además de equivocarse, tienen premio. Eso, el resto de árbitros lo captan: si te equivocas contra el Madrid, hay regalo.

Fue el fin de la Quinta del Buitre y el Madrid ya no estaba para ganar la Liga del año siguiente. Fue cuando apareció el Super Dépor, que la tuvo en su mano, con ese penalti contra el Valencia que tiró Djukić porque Bebeto se asustó. Todos los madridistas iban con el Dépor, es más, si llega a marcar esa pena máxima, en Cibeles hubiera habido miles de madridistas. No veinte locos, miles. Estábamos tan hasta el gorro del Dream Team, de que ganase las Ligas como las había ganado, que el Dépor, que había sido un equipo modesto, se la quitase, era un éxito que merecía ser celebrado. Cuando vimos que lo fallaba y otra vez el Dream Team celebraba la Liga, no me lo podía creer. Cuatro Ligas y tres de ellas regaladas.

EL BUITRE SE VA

En 1995, Butragueño, que solo tenía 31 años, dejó el Madrid. Ahora es casi impensable que un jugador de megaélite se retire a esa edad. Se fue a México, que es como irse a jugar a Estados Unidos, pero es que ya había aparecido Raúl y el Buitre tuvo la lucidez de ver que no podía luchar contra ese joven arrollador. Había también una cuestión física: el Buitre había perdido la chispa, la que le llevaba a hacer esas jugadas y meter goles mágicos. Tenía mucha visión de juego, pero ya no era lo mismo. Yo, que estuve en el hotel en el que anunció su adiós, lloré de emoción. Me había transmitido cosas que solo me había transmitido Juanito. Era la mística del 7, Juanito, Butragueño, Raúl, Cristiano...

Se organizó una despedida contra la Roma, y mis amigos, los de las remontadas, no podíamos faltar. Fuimos de pie, puntuales como si fuese un partido de Copa de Europa. Estábamos tan nerviosos o más que en un partido oficial, porque queríamos una despedida a la altura de lo que era Butragueño. De hecho, insultamos continuamente a los jugadores de la Roma cada vez que cogían la pelota porque queríamos despedirle ganando y con un gran partido. Dio los pases de tres goles y, a falta de muy poco, un penalti. Toda la grada empezó a gritar: «Buiiiitre, Buiiiitre, Buiiiitre...». Lo tiró él y al portero de la Roma, de cuyo nombre no me quiero acordar, se le ocurrió tirarse al lado que iba al balón, lo tocó y entró por los pelos. Enseguida empezamos a insultar a ese portero porque casi la para. ¡Pero cómo se puede querer manchar el recuerdo más bonito de nuestras vidas!

Al final, se apagaron las luces del estadio y con una luz blanca que le enfocó solo a él, los compañeros le mantearon: parecía un ángel al que solo le faltaba irse volando al cielo. Butragueño era así, con su tranquilidad y con esa incapacidad de decir un taco ni en los peores momentos. Contaban sus compañeros que en una remontada histórica, el Buitre llegó tarde a una disputa, pegó una patada a un rival y le dijo: «Perdón, señor», entonces sus compañeros le gritaron: «Pero, nene, estás bobo, que le den por culo, ¡cómo que perdón!, que se fastidie, esto es el Bernabéu».

Pero es que Butragueño era un alma cándida, no soltaba tacos, decía jolín y mecachis cuando le pegaban en el campo.

Se fue al Atlético Celaya a jugar y volvió para un partido amistoso en Alicante, en el Rico Pérez. Yo fui y cuando le vi con la camiseta de otro equipo me dio un ataque de nostalgia por el que entendí lo peligroso que es ser mitómano, como lo soy yo, de jugadores. Es como cuando has estado enamorado de una pareja, pero las circunstancias os separan. Al cabo de los años, te la encuentras otra vez, casada, con sus hijos y te los presenta. Y tú sonríes y dices que te alegras mucho por ella, pero por dentro estás rabioso, eres un incendio preguntándote por qué no estarás tú en ese lugar. Es la misma sensación que tuve yo con el Buitre y en otras despedidas, pero es ley de vida, todos los jugadores se retiran, se van y nosotros nos quedamos.

Emilio Butragueño se fue al Celaya, después volvería al Madrid como directivo.

El último coletazo de la Quinta fue en 1996, con Arsenio Iglesias de entrenador. Había sido el técnico mago del Superdepor, pero en el Real Madrid fue un desastre. La temporada la había empezado Valdano, que fue destituido, y se fichó a Arsenio, pero fuera de su contexto, no funcionó, le pudo el Madrid por todos lados, superado siempre. Hay un capítulo muy llamativo: Miquel Soler renovaba si jugaba un número de partidos y cuando estaba a punto de cumplirlos, Arsenio le convocó. Pero como Lorenzo Sanz, que ya era presidente, estaba calculando a quién iba a echar para renovar la plantilla, le obligó a sacarlo de la convocatoria y no pagarle un año más. Eso incendió el vestuario aún más. El Bernabéu apenas se llenó esa segunda vuelta, porque la gente se había desencantado.

En el último partido de esa Liga, contra el Mérida, se despidió Míchel. Como era un año raro y nada iba bien, no hubo homenaje, fue algo triste, pero cuando le cambiaron, ya cerca del final, Míchel se arrodilló y besó el césped del Bernabéu. Fue un momento de madridismo puro. Y eso que Míchel fue un poco el patito feo de la Quinta, como cuando se marchó de aquel partido contra el Espanyol lleno de rabia porque la gente le pitaba y, antes de armarla y encararse con la grada, prefirió marcharse. Yo le perdoné, porque todos cometemos errores.

Su adiós nunca lo olvidaré. Fue el fin de la Quinta del Buitre, porque aunque se quedó Sanchís, ya nada era lo mismo.

Raúl fue un descubrimiento genial de Valdano.

Mijatović, el héroe de la Séptima que estuvo a punto de no nacer

Hay un momento crucial en la historia moderna del Real Madrid: el 29 de octubre de 1994, cuando Jorge Valdano, con un antológico conocimiento futbolístico, se la jugó con un chaval de 17 años, flacucho, con las piernas arqueadas, de la Colonia Marconi, una zona humilde de Madrid, que se llamaba Raúl González Blanco. Valdano decidió que en un partido de Zaragoza, una salida complicada, no solamente iba a viajar, es que además iba a ser titular, mientras en el banquillo se quedaba Emilio Butragueño, un emblema de club. Eso fue un shock para todos los madridistas por dos razones: por un lado, de expectativa positiva de ver al chico nuevo; pero, por otro lado, la frustración de asumir el fin de nuestro ídolo.

Se sabía que Raúl había estado en la cantera del Atlético, donde había metido muchos goles. Yo nunca le había visto hasta entonces, aunque había jugado con el Madrid de Tercera División y solo un partido en el Castilla. Sabíamos que era un jugador que metía muchos goles con el cadete, pero toda una incógnita para los madridistas.

Era una apuesta de Valdano, el entrenador del Tenerife en aquellas dos Ligas perdidas, que había llegado al Madrid para cumplir lo que había prometido: devolverle lo que le había quitado.

Raúl fue parte de esa devolución. Yo vi a Raúl en Zaragoza, porque había quedado con la que entonces era mi novia y con tres parejas de amigos, del pueblo, de la pandilla de toda la vida, los famosos «Vandecopas», porque teníamos programado un viaje a Andorra. Al enterarme de que viajaba Raúl con el Madrid, decidimos hacer parada técnica en Zaragoza. Era el puente de Todos los Santos de 1994 y no nos queríamos perder el debut de ese chaval, porque prometía mucho. Cogimos entrada en un córner, perfectamente colocados para ver cómo en el primer minuto de juego, Raúl hizo un desmarque diabólico y regateó con la derecha a Andoni Cedrún, que son dos metros de gigante. Pero como en el remate le pegó con la derecha, y estaba un pelín escorado, se le fue por los pelos, por encima del larguero.

Nos levantamos y nos echamos la mano a la cabeza por ese error, pero instintivamente pensé: «Aunque la haya fallado, qué morro tiene este tío, que en su primera jugada con el Madrid, con 17 años, tira un desmarque acojonante y deja sentado a Cedrún». Valoré su fallo como un acierto de un futbolista que iba a ser descomunal y no como un chico al que le pesaba la camiseta. Es que fue una jugada eléctrica. Y luego hizo un partido buenísimo. Metió un sensacional pase a Zamorano con la zurda, desde la banda izquierda, para que batiera a Cedrún. El Madrid perdió 3-2.

Me fui muy frustrado, la verdad, pero en la cena posterior no paramos de hablar de Raúl. Sinceramente, había conseguido que se generase un debate: vale, había fallado varios goles, pero para fallarlos, había que tenerlos. Y segundo, qué descaro tenía y qué zurda, que era un guante.

Ese día, los madridistas entendimos que no iba a ser el debut de un canterano más, que iba a marcar un antes y un después, que iba a ser tan leyenda o más que Butragueño, porque si no, su suplencia no hubiera estado justificada. Sentar al Buitre era una herejía que jamás le hubiéramos perdonado a Valdano. Yo, de hecho, tardé unos días en asumirlo porque Butragueño me parecía demasiado grande como para verle de suplente de un crío de 17 años, por muy bueno que dijeran que era Raúl.

Luego ya vino el famoso partido, su debut en el Bernabéu contra el Atlético, por cierto, con D'Alessandro de entrenador. Siempre que se lo recuerdo en *El Chiringito*, refunfuña. El Madrid le pegó un baile al Atlético gracias a un partidazo de Míchel, Zamorano, Laudrup y el gran gol de Raúl: pase en la frontal del área de Laudrup y Raúl, con su zurda, desde la frontal, superó a Diego, un portero rubio del Atlético. Se lo metió por la escuadra y se fue a celebrarlo con Dani, otro canterano que estaba calentando en la banda. Seguro que antes le había dicho lo típico en estos casos: si sales, vas a marcar. El Madrid ganó ese partido 4-2, con el Bernabéu alucinado ante ese adolescente, por cómo presionaba, por el hambre que tenía.

Se iniciaba la era Raúl y acababa la de Butragueño. Con ese chico parido en la Colonia Marconi no había quien pudiera. Yo he estado en esos campos de tierra, esa humildad que probablemente hizo que Raúl fuera como fuera. Su padre, por cierto, era el Atleti de verdad, pero luego supo rectificar, que es de sabios. Raúl logró que toda la familia se hiciera del Madrid. Porque el Atlético de Gil cerró la cantera y eso no fue culpa de nadie.

Sucedió una cosa muy buena y es que, para que bajara los pies en la tierra, Valdano le dejó fuera de la convocatoria del siguiente encuentro para que jugara con el Real Madrid C, ni siquiera con el Castilla, contra el Móstoles. Un futbolista que creo que se llamaba González, que se parecía a Mino, con pelo rizado, que daba miedo, le hizo un marcaje que no le dejó tocar la pelota hasta el minuto 60. Pero desde el 60 al 90, Raúl le hizo dos pirulas que no pudo parar y dos tantos. Otra clase de jugador, al bajar de categoría se hubiera hundido y reaccionado de mala manera. Y Raúl, sin embargo, dijo: «Vosotros mismos. Si tengo que ganar partidos en Tercera, los gano, donde me pongáis, yo gano».

LA NOCHE DEL 5-0 AL BARCELONA.
ESO ES EL ESTILO DEL MADRID

Esa Liga veníamos del Dream Team y de las Ligas de 1991, 92, 93 y 94 que, como ya hemos escrito, solo la primera es verdadera. Las ganas que teníamos los madridistas al Dream Team de las narices no se podían contar. Habían sido muchos años de propaganda, de cómo jugaba y estábamos hasta el gorro.

Ese verano pasó una cosa curiosa. Valdano no quería en su equipo ni a Amavisca ni a Zamorano, simplemente porque con Cappa, que era su segundo, tenía un concepto de juego distinto al de esos dos jugadores, que eran más agresivos, más físicos, de un fútbol más directo. Valdano buscaba más control y eso le chirriaba, pero por las cosas buenas de la vida no tuvieron salida en el mercado. Ellos tampoco querían salir, lo cual es muy loable, y aguantaron en el equipo, incluso sabiendo que iban a estar apartados, más en la grada que en el banquillo. Ellos asumían ese reto, lo que habla muy bien de ambos.

Amavisca y Zamorano se ganaron el puesto
en el Real Madrid de Valdano.

Y para Valdano, quién se lo iba a decir, ese empeño de ambos en demostrarle que estaba equivocado, fue su gran tabla de salvación. Aparte, claro, de Raúl, de Laudrup y de los jugadorazos que tenía el Madrid esa temporada. Pero es verdad que Zamorano y Amavisca fueron decisivos.

El Real Madrid afrontó esa Liga con fanatismo para acabar con el Dream Team. El día decisivo, el clave, el gran día, fue el 7 de enero de 1995, cuando el Barcelona visitó un Bernabéu lleno, con un frío de pelarse, pero con todo vendido desde una semana antes.

Era una obsesión plantarle cara al rival. Valdano, con sus frases mágicas, ayudaba aún más a crear ambiente y a que todo el mundo creyera que se podía conseguir. Ellos vinieron con su Stoichkov, con su Koeman, su Guardiola...

El partido fue eléctrico. El Madrid salió como si fuera de Copa de Europa. Yo estaba con mi padre, en la fila uno de la nueva grada, en el tercer anfiteatro, al fondo norte, en el lateral, dando a la Castellana. Desde ahí vi el festival de Zamorano y de Laudrup. El delantero chileno le hizo un *hat-trick* a Busquets, el padre del actual centrocampista del Barcelona, que vestía con sus pantalones de chándal inconfundibles.

El partido fue, como decía Valdano, los pajaritos disparando contra las escopetas. El tercer gol fue un balón que Laudrup le robó a Bakero, le dejó sentado y se la pasó a Zamorano para que marcara. 3-0 en el minuto 39. Cuando hizo ese gol, mi padre me abrazó por todas las ganas que le teníamos al Barcelona. Él es un hombre muy explosivo, pero también de la vieja usanza, o sea, con los hijos nunca ha sido de ponerse empalagoso. Pero me abrazó y me dijo: «¡Hijo mííío!» y nos pusimos los dos a llorar porque él veía que iba a ser una noche para la historia después de aguantar cuatro años al Dream Team, las Ligas de Tenerife y la de Djukić en Riazor. Era una pesadilla que parecía que no tenía fin y ese partido, por tanto, era la gloria. Me acuerdo de ver discutir en el campo a Guardiola y Koeman, corrigiéndose la posición y echándose en cara quién se había equivocado. Eso era caviar y yo pensando: «¿Esto está pasando de verdad?».

Además, antes del descanso, en una jugada por la banda, Quique Sánchez Flores le quitó un balón a Stoichkov en una porfía entre ambos y, después, el azulgrana le pisó la rodilla con tan mala idea que se levantó toda la grada indignada. Al árbitro, Díaz Vega, no le quedó más remedio que echarle con roja directa. El tipo más odiado por los madridistas en esa época, expulsado.

El Bernabéu, entonces, pidió sangre: ya no era solo ganar al Dream Team, queríamos más.

En la segunda parte, por si había alguna duda, llegó al 4-0 de un chico que se llama Luis Enrique. Esa manera de celebrarlo, tocándose el escudo, mirando a la grada, esa forma de gritar: «Soy madridista, soy madridista», fue emocionante. Luis Enrique nos llegó al corazón con su madridismo pasional y sincero, compartiendo una goleada histórica al Barça, y dejando su semilla como madridista que hunde al navío del Barcelona. Lo disfruté tanto...

Y el 5-0, de José Emilio Amavisca, un rockero auténtico, al que conozco personalmente. El jugador más *heavy* de la historia del fútbol español, una persona encantadora y que además se dejaba la vida en cada partido. Metió el quinto gol, el de la manita, y todo el campo se sació porque lo sentíamos como la respuesta perfecta, inapelable y justa a lo que había ocurrido un año antes en el Camp Nou al equipo entrenado por Benito Floro.

Cuando el Barça nos hizo una manita, hubo tal regodeo de la prensa de Barcelona que ese día, en el Bernabéu, se juntaron la revancha contra el Dream Team y todo el daño que había hecho. Contra la manita y, también, por qué no escribirlo, contra el modelo, contra el estilo. El madridista, en aquella época, ya empezaba a estar hartísimo de los mensajes de que los blancos no tenían modelo y de que ellos eran el equipo a imitar. El Real Madrid lo que tenía y tiene es que juega al fútbol como hay que jugar, con electricidad, con velocidad, con vértigo, con pasión y fuego. Eso es fútbol y lo demás son dibujos animados. Y los dibujos animados, cuando llega la hora de los adultos, hay que apagarlos. El Madrid es *full time*. Estamos ahí a todas horas. Eso es lo que les fastidia.

Esa es la noche más grande en la historia de un madridista, o por lo menos de este madridista que escribe. Siempre que quiero tener un momento de felicidad, recupero en mi memoria la noche el 5-0 al Barça, el final del Dream Team. Y me río por cómo Cruyff, que en paz descanse, rabioso, se encaró con Díaz Vega en la conferencia de prensa.

Díaz Vega, por cierto, que años después protagonizó uno de los mayores atracos de la historia en el Camp Nou, en un Barcelona-Real Madrid, en el que Sergi, en la línea de gol, desvió el balón con la mano como si fuera un portero. Era penalti y expulsión. Y Díaz Vega dijo que siguieran jugando como si no hubiera pasado nada. Una cosa inaudita. Como sería la cosa que Van Gaal sustituyó a Sergi antes del descanso por si se enteraban y el colegiado le amonestaba y le expulsaba. Porque el atraco era un clamor en la tele y las radios.

Volvamos a 1995: en la manita del Bernabéu sí que fue legal, pitando lo que había que pitar. Lo que sucedió es que Cruyff, en el Bernabéu, siempre se arrugaba. Una vez hizo una defensa de tres centrales, con Pablo Alfaro de central, que le metimos tres goles.

Ese triunfo fue muy importante y el Madrid se estuvo jugando la Liga con el Dépor hasta que llegó el partido clave en el Bernabéu, entre ambos, cerca del final de la Liga. Ganando, el Madrid era campeón. Y como el fútbol tiene esas cosas, marcaron los dos futbolistas con los que no iba a contar Valdano. Primero Amavisca, empató Bebeto en la segunda parte, y a cinco minutos del final un zapatazo brutal, un derechazo de Zamorano. Liaño tocó la pelota lo justo, pero dio un poco en el palo y entró.

Fue como si el Bernabéu viviese un corrimiento de tierras, porque aún había muchas localidades de pie. Fue una de las celebraciones más salvajes de la Liga, una de las más celebradas jamás porque la suerte quiso que la victoria decisiva tocase en casa. Yo me tiré como media hora más en el campo, celebrándolo en la grada con mis amigos. Una locura porque los cuatro años famosos del Barcelona fueron muy duros de aceptar. Y ese día nos acordamos de la famosa frase de Míchel cuando la Quinta del Buitre consiguió 5 Ligas consecutivas y apenas se celebró. Dijo eso de que «en un tiempo no tan lejano, se valolará lo que cuesta ganar una Liga». Ese día lo supimos.

Nos la dio Jorge Alberto Valdano Castellanos que, efectivamente, con el Tenerife, nos había jorobado pero, como él dijo, era un profesional que hacía su trabajo. Yo siempre disculpo a Valdano, aunque muchos madridistas le tienen su reticencia a partir de aquellas Ligas. Creo, sinceramente, que se trata de un profesional y lo que hubiera sido poco ético es salir a perder esos partidos por ser madridista. Además, los arbitrajes no los controlaba él. El Madrid hubiera ganado esas Ligas con arbitrajes normales.

Valdano fue jugador y, después, entrenador del Real Madrid.

Lorenzo Sanz no fue justo con él en su segundo año: tras varios malos resultados, perdimos con el Rayo en el Bernabéu por 1-2. Esa fue la gota que colmó el vaso y la paciencia de Lorenzo, pero no creo que fuera justo que le echaran y, menos, de esa manera. El Madrid había ganado la Liga anterior con decisiones de entrenador, pero después hubo muchos problemas. No hay que olvidar que Valdano tuvo el valor de apartar de la plantilla a Luis Enrique, a Laudrup y a Míchel, tres nombres súper importantes, que por diferentes cuestiones disciplinarias o de juego, por lo que sea, no contó con ellos. Valdano mostró mucha personalidad y, también, lo recuerdo con cariño como jugador. Estuvo en las remontadas europeas, era un futbolista de batalla, de garra, que iba muchísimo al segundo palo para buscar el remate. Cuando se fue, se dejaron de meter goles en el segundo palo, donde aparecía Valdano con esa pierna larga, y las medias bajadas, y las enchufaba. A Valdano siempre le tendré en mi santoral de los buenos. Lo siento, y respeto mucho a los madridistas que lo ven de otra manera.

También es verdad que muchos aficionados que me lo dicen cambian de opinión cuando le conocen. Me acuerdo de un homenaje en la Peña Cinco Estrellas en el que todos acabaron reconociendo lo majo que es Valdano. A muchos les molesta que hable así de bien. ¿Qué le va a hacer si es argentino y tiene un discurso que entra tan bien? No habla para la galería ni engolado. Y encima hay que ver cómo escribe, si es que da gusto.

Llegó Arsenio y después la revolución de Fabio Capello, el entrenador del Milan en aquella final de la Copa Europa inolvidable en Atenas (1994), el 4-0 frente Barcelona del Dream Team. Fueron años «gloriosos» del Dream Team, porque entre esa final de 1994 y el 5-0 del Bernabéu se fue a hacer puñetas toda la propaganda y pasaron de ser el Dream Team al «Pesadilla Team».

REVOLUCIÓN CAPELLO

Capello pasó a formar parte del santoral madridista, así que Lorenzo Sanz, en una decisión muy inteligente, le fichó y le propuso un proyecto muy atractivo. Capello conocía que la herida del Real Madrid era ganar la Copa de Europa. El Real Madrid seguía siendo el club con más trofeos, pese a sumar casi 20 años sin ganarla. Capello aceptó el reto: lo que cogió era tierra quemada porque, por segunda vez en su historia, el Madrid no disputaba competiciones europeas, había quedado el sexto en la Liga, un auténtico desastre.

Lorenzo Sanz fichó a Fabio Capello.

Aunque no jugaba en Europa, Lorenzo Sanz le prometió que iba a hacer un proyecto para que ganase la Liga y la Copa de Europa siguiente. Fichó con una visión que no superaría ningún director deportivo. Lorenzo tenía muy buen gusto futbolístico y se hizo con Roberto Carlos del Inter por

600 millones pesetas que en euros, ahora, serían 3,5 millones. También contrató a Seedorf, del Ajax, por lo mismo, 3,5 millones de euros. Además de a Šuker, que costó mil millones al Sevilla, y a Mijatović, por los famosos 1.200 millones de la cláusula. Ahí fue decisivo el vicepresidente Ignacio Silva, quien meses antes, en privado y en Valencia, había cerrado la operación. Pero la noticia se filtró y los últimos meses en Mestalla fueron una pesadilla para Mijatović, al que le hicieron la vida imposible. A pesar de eso, rindió fenomenal e hizo un temporadón con Luis Aragonés en el banquillo. Los madridistas vimos entonces que se había fichado a un pedazo futbolista. Es verdad que también llegó Secretario, un lateral derecho portugués del Oporto, un fracaso absoluto. Pero claro, ya firmaba yo ese fracaso sobre los cuatro aciertos antológicos. Fueron para hacerle la ola a Lorenzo Sanz.

El equipo descansaba entre semana al no jugar en Europa. El plan pintaba bien.

Pero el Barça contraatacó de la manera más fuerte que se pueda imaginar fichando a Ronaldo Nazário en su mejor momento. Llegó como una moto y logró goles como el de Compostela o como los que metió al Valencia o al Dépor. Unos goles increíbles, era como si los rivales fueran transparentes porque se metía entre ellos y cuando le daban un hachazo, seguía como si nada, como si los atravesara, como si fuera un personaje de Marvel. Yo pensaba: «Madre mía, los años que me esperan con este en el Barcelona». Me dio pánico porque vi que era un jugador totalmente diferente, un *megacrack*. El Madrid tenía equipazo, pero Ronaldo era muy bueno.

El Barcelona jugaba la Recopa, que disputaba por haber sido subcampeón de la Copa tras el año del doblete del Atlético de Madrid de Antić. Capello consiguió que el Madrid fuera como una máquina y mantuviera un pugilato brutal frente al Barcelona. Así, a tres jornadas del final, el Barça perdió un partido en el campo del Hércules. Dice la leyenda que el Madrid primó con 50 millones al Hércules, pero no se demostró nada y, además, las primas por ganar no me parecen mal porque hacen más competitivos a los equipos. Lo triste es cuando se prima a un equipo para que no compita y pierda. Si el Barcelona, que era muy superior al Hércules, no fue capaz de ganarle, pese al plus de entusiasmo que podía tener, es su problema. El Madrid ganando al Atlético era campeón y, efectivamente, en un derbi apoteósico en el Bernabéu, una fiesta absoluta, el equipo de Capello se llevó la Liga tras ganar 3-1.

Fernando Redondo, un mariscal en el centro del campo.

Capello había cumplido la primera parte del pacto, faltaba la segunda, ganar la Copa de Europa, que era para lo que se le había fichado. Pero como esa temporada había habido muchos problemas entre Capello y Lorenzo Sanz, sobre todo por su hijo Fernando, que estaba en el primer equipo, Capello no siguió. El Madrid fichó a Heynckes, alemán, serio, y de un perfil «no de mano blanda», pero sí que escuchaba a los jugadores y no se imponía sobre ellos. El Madrid se hizo con Morientes. En el mercado de invierno anterior se había fichado a Panucci, uno de los mejores laterales derechos que ha tenido el Madrid, pero estuvo poco tiempo. Redondo era el líder del centro del campo y además, en un culebrón tremendo, también se contrató a Karembeu, un futbolista con limitaciones, pero que en 1998, que también fue campeón del mundo, lo ganó todo.

Era un equipo con Illgner en la portería, un portero alto que había fichado Capello porque le gustaban de ese tipo, con Hierro y Sanchís, mandando atrás, con Redondo y Seedorf, en el centro, y, arriba, Raúl, Mijatović, Šuker y Morientes para darles el relevo, un equipo apañado, competitivo, pero que no era favorito para nada. Para Europa, la gran favorita era la Juve, en la que estaban el gran Zidane, Del Piero, Deschamps, Montero o Inzaghi. Un equipo grande, que daba miedo con solo nombrarlo y que había llegado a la final en los dos años anteriores.

El Madrid, en la Liga, se despistó mucho. Se empezó a decir que el entrenador era blando y que no metía a los futbolistas en vereda, pero en la Copa de Europa el equipo sí que funcionaba. En la fase de grupos, quedó primero por delante del Rosenborg, Olympiakos y Oporto y en cuartos tocó el Bayer Leverkusen, es decir, partido en Alemania, con todo lo que eso significaba para el Real Madrid. Allí, un punterazo de Karembeu empató el partido y en el Bernabéu, el Madrid ganó 3-0. En la siguiente eliminatoria, tocó el Borussia Dortmund, campeón el año anterior.

El ambiente en el Bernabéu estaba muy caliente ese día, con los ultras haciendo su habitual parafernalia en el fondo.

Muchas bengalas para que pareciese un infierno y, como siempre, se subieron a la valla, que entonces separaba la grada del campo. No se sabe quién dio la orden, pero de manera inexplicable la habían atado con las cuerdas con las que se mantenía tensa la red de la portería.

Al subirse muchos ultras, la valla empezó a ceder, se tensó demasiado, tiró de los postes y la portería se terminó partiendo ante el flipe, alucine y perplejidad de 100.000 personas.

Pasó el tiempo, no había portería, todo era un caos y en las radios se decía que podían dar por perdido el partido al Madrid. Me acuerdo de pegar berridos, acordándome de los familiares de todos, creo que hasta me metí con los ultras a gritos, porque ellos lo habían provocado: «¡Pero qué habéis hecho, con lo que nos ha costado llegar aquí, que nos eliminan!», gritaba como un loco.

Los ultras se subieron a la valla y cayó la portería.

166

Herrerín, Casabella, Manuel Fernández Trigo, trabajadores del club, se movieron, buscaron soluciones. Acudieron como locos a la vieja Ciudad Deportiva para coger una portería que había allí y la metieron en la parte de atrás de una furgoneta para llevarla. La verdad es que el árbitro se portó bien al no suspender el partido por temor a un problema de orden público.

Fueron a la Ciudad Deportiva por una nueva y se pudo jugar la semifinal contra el Borussia Dortmund.

El partido se jugó y el Madrid ganó 2-0 con goles de Morientes y de Karembeu. Fue una liberación porque creíamos que todo iba a acabar fatal. En la vuelta, Fernando Sanz hizo un partido sensacional como defensa y, sobre todo, Fernando Redondo, que se convirtió en el mariscal. El partido acabó empate a cero y el Madrid se metió en la final de Ámsterdam, esa en la que nadie creía.

UN MADRIDISTA SIN MÓVIL EN ÁMSTERDAM

Estaba trabajando en *El Mundo* y el que era jefe, que da igual quien fuera, aunque ya aseguro que del Madrid no era, repartía las vacaciones en enero. Yo le dije que quería una semana en mayo, justo la que coincidía con la final.

Le sorprendió. «¡Qué raro, en mayo!». «Bueno», le contesté yo, «es que empieza a hacer buen tiempo y se puede hacer una escapada a la playa, que no está abarrotada, y estar relajado». Pese a lo mal que íbamos en la Liga, no sé por qué, sería por Mijatović o Roberto Carlos o por la jerarquía de Hierro y Raúl, tenía la sensación de que en la Copa de Europa íbamos a hacer algo grande. También es verdad que llevábamos tanto tiempo esperando, que casi siempre pensaba eso... y ya íbamos camino de 32 años.

Yo era colaborador de *El Penalti* en Onda Cero, que presentaba José Joaquín Brotons. Cuando el Madrid llegó a la final de Amsterdam se apostó por el partido y se hizo un desembarco muy grande. La final era el miércoles, pero el lunes ya había que estar allí. Todos los colaboradores íbamos a gastos pagados a gastos pagados, de lunes a jueves. Cuatro días de vacaciones en Ámsterdam, porque para *El Mundo* no tenía que hacer nada.

La sede del programa era un restaurante español en el Barrio Rojo. Para alguien como yo, que le gusta la gastronomía, era el sueño perfecto. Me pasaba los días haciendo tiempo hasta que empezara el programa, que esos días, fue antológico. Iba en metro por la tarde a los entrenamientos, me bajaba donde el estadio y veía a mis héroes ejercitarse antes del duelo contra la Juve. En la víspera, Mijatović nos engañó a todos. Hizo el último entrenamiento con la media subida, sin apenas tirar porque tenía una contractura y no quería que se supiese. El equipo practicó los penaltis y él, que era un experto, no lanzó ninguno en esa sesión. Era un paripé para no dar pistas a la Juve de que estaba tocado, para que no le dieran una patada que le pudiese rematar.

Al día siguiente, el del partido, Brotons me dio la orden de ir al estadio, con dos entradas de tribuna buenísimas para acompañar a su hijo, que con 14 años iba solo. Vería el partido y al acabar tenía que coger el metro, que ya me lo conocía bien, y volver al restaurante para hacer el programa a las 12 de la noche. En el estadio se quedarían Alfredo Duro, que era el narrador, y Miguel Ángel Muñoz, que era quien hacía los vestuarios.

Yo iba vestido para la ocasión, con la camiseta del Madrid, una que me compré a propósito que ponía Séptima, muy bonita, que había hecho el club; encima llevaba una cazadora como de béisbol americana con las palabras Real Madrid y, atada a la cintura, una bandera del Real Madrid en la que se veían todas las caras de los futbolistas. Además, una bufanda en mi muñeca derecha atada a modo de muñequera y una gorra del Real Madrid. Embutido del Madrid de arriba abajo.

Por los nervios, cometí un error estratégico y no cargué el móvil en todo el día. Era uno de esos de aquella época, tan grande como una caja de zapatos. Ya durante el partido me di cuenta de que me quedaba poca batería. Qué cagada.

Marcó Mijatović, en el minuto 67, y pese a la alegría intensa, no lloré.

Fue en el minuto 85, mientras el Madrid aguantaba el asedio de la Juve, cuando supe que íbamos a ganar. Me acordé, entonces, de mi padre, de todas las Champions en las que habíamos fallado, de la final del 81 con el Liverpool, de todas las frustraciones, de Juanito… y me puse a llorar como una magdalena.

El hijo de Brotons me preguntó asombrado que por qué lloraba si íbamos a ganar la Copa de Europa. Es que necesitaba desahogarme: tenía 33 años recién cumplidos, había vivido toda mi vida con el mito de las Copas de Europa. Y tuve que esperar a la edad de Cristo para decir: «Coño, que yo también he visto ganar una».

La verdad es que a mis enemigos siempre les decía que yo ya había visto ganar una. Pero, lo reconozco, lo decía un poco a mala leche. Presumía de haber visto la Sexta, la de los ye-yés, porque cuando se ganó yo tenía un año y dos días. Sí, puede que mi padre me lo contara, pero yo, evidentemente, no me enteré de nada. Esperé 33 años para ver ganar una Copa de Europa y fue una liberación.

Acabó el partido, fuimos al metro y al ir acercándonos a la estación vi a centenares de personas apiñadas y en silencio absoluto. Me di cuenta de que eran 2.000 hinchas de la Juve. Era una escena como la película *Los pájaros* de Hitchcock y le dije al chaval: «No digas nada». Entonces, cogí el teléfono e hice como que me llamaban: «Pronto» y me puse andar. «No corras, anda tranquilo», mandé al hijo de Brotons. Con la pinta que llevaba, me podían moler a palos. Perdimos el metro y, para complicarlo todo, se me apagó el móvil por la falta de batería. Brotons ya no tenía ni idea de dónde estaba o de lo que hacía yo.

El Real Madrid ganó la Séptima y lloré como una magdalena.

Tomé una solución de emergencia y fui a la puerta por donde había entrado la prensa. Tenía el pase de periodista sin usar y como llevaba la pinta que llevaba, el portero, evidentemente, no se fio. Le dije, en mi *spanglish*: «Que sí, por favor, *journalist*, español». Estaba a punto de llorar hasta que el hijo de Brotons, que sabía más inglés, le explicó que era periodista, que iba vestido así porque era muy del Madrid y que además tenía que hacer un programa para el que me estaban esperando arriba. No sé cómo, se apiadó de mí y me dejó entrar. Subí corriendo a la tribuna de prensa y cuando vi a Alfredo Duro, fue como encontrar una cantimplora fresquita en mitad del desierto después de tres días sin beber. Salvado.

Con Duro ya podía entrar en el programa y no podían decir que les había estafado, que me habían pagado el viaje para no estar cuando ganaba el Madrid. La apuesta de Onda Cero era que yo iba porque el Madrid podía ganar, que ya me había significado como madridista. Me habría sentido el mayor estafador de la historia por fallar a mi empresa.

Di un abrazo a Alfredo Duro y en un momento mítico en nuestra vida, en el programa pusieron de fondo la canción *We are the Champions* y se me escucha a mí inventado las palabras, porque, aunque lo he cantado mil veces, no tengo ni idea del resto de la canción. Eso sí, cuando llega el estribillo, me crezco.

Al acabar, cogimos el coche de producción y fuimos al restaurante para acabar el programa. Cenamos estupendamente, terminamos a las cuatro de la mañana y encima el *maître*, muy simpático, italiano, que no se había significado durante toda la semana, apareció con una camiseta de la Juve. Nos pasamos la cena riendo y bromeando con él.

Llegué a *El Mundo* al día siguiente y ese jefe que tenía se me acercó y con voz tétrica me dijo: «Anoche te estuve escuchando y me avergonzaste como periodista. Parecías un *hooligan*. Si yo fuera Pedro J. Ramírez, ahora mismo estabas en la calle».

Yo era tan feliz que fui un atrevido. Estaba soltero, aunque ya de novio de mi mujer Lucía, pero sin hijos, no estaba pensando en mi futuro o en que me podía quedar en la calle. Con la voz rota por la celebración le contesté: «Te ha dolido,

¿eh?, tranquilo, no importa; el Real Madrid es campeón de Europa y eso no lo vas a poder evitar. Por mí, dile lo que quieras, voy a ser igual de feliz».

Él no dio crédito porque vio que no me amedrentaba. Sin embargo, cuando de verdad fue al despacho de Pedro J., pensé: «Me parece que me he pasado de frenada». Volvió a los 10 minutos para decirme: «¡Qué suerte tienes!». Como Pedro J. también es del Madrid le dijo que me dejase, que, además, trabajaba bien. Para mí, eso fue ganar la Octava.

Mijatović, el héroe de la Séptima, que nació de milagro.

Estaba tan convencido de la victoria que sumé unas 100.000 pesetas en apuestas. Mis amigos antimadridistas me tocaban tanto las narices diciendo que la Juve nos iba a dar un correctivo, que yo les retaba a jugarse 5.000 pesetas, unos 30 euros. Por supuesto, las recaudé todas, así que me corrí varias juergas. Las pagó mi querido Real Madrid.

Esa Copa de Europa fue una maravilla, el punto de inflexión más importante, porque veníamos de mucho tiempo sin ganar y lo que era la grandeza del club, las seis anteriores, se había convertido casi en un bumerán, en una pesadilla, porque cada temporada, el peor momento era el día que nos eliminaban de la Copa Europa. Solo habíamos jugado la final de 1981. Es que ni llegábamos a las finales. Habíamos perdido tanta confianza que, en Ámsterdam, el Madrid tuvo que pedir el champán a la Juve porque no había llevado nada para la celebración. Y la Juve, en un acto que le honra, nos lo dio.

El héroe fue Mijatović, que llegó a la final sin meter ni un tanto en la competición y lo que estuvo a punto de ser un fracaso para la gran estrella del equipo, se convirtió en un éxito eterno.

Él me contó su vida diez años después en un reportaje que hizo el *AS* para celebrar el aniversario de la Séptima. Pedja nació en una localidad muy tradicional, un pueblo guerrero, que celebraba mucho más el nacimiento de niños que de niñas. Si nacía un varón, era motivo de fiesta y se invitaba a todos los vecinos, a los amigos, se montaba una barbacoa, con música y alegría. Cuando nacía una niña, pues bueno, la familia lo celebraba internamente, pero no había ninguna interacción social.

Los padres de Mijatović tuvieron una hija y del segundo embarazo también nació una niña. Entonces, la madre se quedó embarazada por tercera vez y el padre fue muy claro con su mujer: aceptaba lo de las dos niñas, aunque la segunda ya había provocado muchos comentarios. Pero como sería vergüenza social tener otra niña, prefería un aborto.

La madre, en principio, estuvo de acuerdo, pero luego tuvo dudas, mucho miedo y pactó con el médico decirle a su marido que había abortado, aunque no fuese verdad. Llegó un momento en el que no pudo disimular, pero ya no había marcha atrás. El marido vivía desesperado, convencido de que iba a ser niña y, por tanto, un drama social para la familia. El que nació fue Pedja. Cuando terminó de contármelo, le contesté sin pensar: «Menos mal, porque entonces no hubiésemos ganado la Séptima». Se partía de risa.

«DEL MADRID NO TE PUEDES IR, TE TIENEN QUE ECHAR»

A los pocos meses, se ganó la Copa Intercontinental y se cerró otra herida. Habían pasado 38 años desde la famosa Intercontinental que se ganó contra el Peñarol en aquel partido tan extraordinario. Esta fue contra el Vasco de Gama, que había vencido en la Libertadores. El partido se jugó en Tokio (por la mañana en España) y lo vi con mis tres compañeros de *El Mundo* tomando cervezas (porque no se puede ver un partido tan importante tomando café con leche, es que es «inmoral». Está mal tomar cervezas tan temprano, pero no se puede ver un partido grande sin ese ritual).

En el minuto 83, sucedió la jugada: un pase en profundidad de Seedorf, que Raúl controló maravillosamente en el área, un poco escorado hacia la izquierda. Hizo un recorte, otro de escándalo y se la cruzó a Carlos Germano, el portero rival. Un golazo de calidad y de temple. Un gol de los que te pone de pie. El famoso gol del Aguanís, el gol que entronizó a Raúl para los restos. Luego, llegarían los goles de la Octava y de la Novena, pero fue este tanto el que confirmó a Raúl como una de las leyendas del Real Madrid y acabó con algunas dudas que había habido con su rendimiento y contra las que tuvo que dar una famosa rueda de prensa en el hotel Emperatriz, pidiendo perdón a la afición.

Raúl tuvo una época de soltero, como les pasa a los jóvenes con dinero, que se distraía un poquito. En la noche de Madrid nos conocíamos todos. Yo salía también, como muchos periodistas, y nos veíamos. Luego conoció a Mamen Sanz y llevó, y lleva, una vida familiar ejemplar. Esos años, sin embargo, provocaron que bajara su producción goleadora y su rendimiento. Pero rectificar es de sabios y entre Ginés Carvajal, su agente, y Jorge Valdano le convencieron y cambió todo.

Hiddink fue el técnico con el que el Madrid ganó la Intercontinental, pero no convencía. Era el entrenador que había sustituido a Heynckes, despedido nada más ganar la Séptima porque se decía que no podía con el equipo y que, en realidad, esa final la habían preparado los jugadores con su autogestión. Es la exigencia del Real Madrid: ganas la Copa de Europa y te echan.

Con Hiddink no funcionaba nada y es entonces cuando volvió Toshack, que fue lamentable. Llegó con el látigo y la mano dura porque le dijeron que había que acabar con el acomodado vestuario del Madrid de los Ferrari, como se les conocía. Los bautizaron así porque después de ganar la Séptima los futbolistas cogieron una fama brutal y es verdad también que en la noche de Madrid alguno iba con Ferrari. Šuker estaba con Ana Obregón y esas cosas no importaban si los resultados iban bien. Si iban mal...

Toshack y su mano dura lo único que consiguieron, y aún no se lo perdono, fue que se marchara Mijatović. En una reunión en el vestuario, puso a parir a los jugadores y el que dio la cara fue Mijatović, que le respondió que no podía faltar al respeto a una plantilla campeona, que ese equipo había ganado la Copa de Europa y no tenía derecho a hablarles así. Toshack le cogió la matrícula y le hizo la vida imposible. Él, por despecho, se fue a la Fiorentina. Como campeón de la Copa de Europa, le recibieron como a Dios.

No olvidaré, sin embargo, la confesión que un día me hizo Mijatović: «Tomas (así, sin tilde), a la semana de estar allí entrenando, en un campo pequeñito, nada que ver con los

175

del Madrid, me miré al espejo y me dije: «¿Qué coño has hecho, qué haces aquí?». Y no era por la Fiorentina, era por el hecho de haberme ido del Real Madrid. Del Madrid no te puedes ir, te tienen que echar, porque luego lo echas de menos el resto de tu vida». Esa frase se puede aplicar a ejemplos actuales. Si estás en el paraíso, aunque te toquen un par de palos, recuerda que estás en el paraíso.

Toshack acabó esa temporada y empezó la siguiente. Fue cuando dijo la famosa frase de: «Es más fácil ver a un cerdo volando sobre el Bernabéu a que yo rectifique». Semanas antes había criticado a Bizzarri, que era portero del equipo, tras unos fallos: «Cada vez que entra el balón en nuestra área, cierro los ojos… me dan ganas de llorar. Tenemos un problema en la portería». Se negó a rectificar y Lorenzo Sanz le despidió.

Del Bosque, un entrenador con mano izquierda.

Tiraron de Del Bosque, que estaba en la casa, en la cantera. No lo hicieron con mucha fe, pero había que acabar la temporada como fuera. En la Liga fue regular, tirando a mal, pero empezó a haber química y eso que por medio se vivió un desastre como fue el partido contra el Zaragoza de Milošević que el Madrid perdió 1-5, cuando Lorenzo Sanz se fue del palco a su casa harto de aguantar insultos de la grada. Eso parecía el final de todo, de una época.

Sin embargo, la mano izquierda de Del Bosque consiguió que el equipo se involucrase en la Champions. Cambió de cara y llegó de manera heroica a la final. Era un equipo que había recuperado el orgullo, pese a sus deficiencias y problemas: tuvo que vender a Seedorf en enero por 4.000 millones de pesetas para poder pagar a los jugadores. Se hacían dos pagos, en enero y en junio. Y no había nada en la caja.

En la Copa de Europa, el Madrid quedó segundo de su grupo detrás del Bayern y después de perder sus dos partidos contra él. En el Bernabéu, 2-4, y en Múnich, 4-1. En abril, en cuartos, le tocó el Manchester United. Empate a cero en el Bernabéu, pero en la vuelta, en Old Trafford, fue la jugada del taconazo impresionante de Fernando Redondo, que terminó marcando Raúl y victoria 2-3.

En semifinales, el Bayern, el coco. Pero apareció el Real Madrid de siempre y en la ida ganó 2-0 en el Bernabéu, con un gol de Anelka, un polémico y caro fichaje (5.000 millones de pesetas), y en la vuelta, pese a perder 2-1, con el tanto también marcado por Anelka, se plantó en la final.

REDONDO HACE DE JUANITO

Fue contra el Valencia, en París, y el equipo que entrenaba Cúper era el gran favorito. Eran muy buenos y habían eliminado en la semifinal al Barcelona. Tenían el mejor centro del campo del mundo con Mendieta, Farinós, Gerard,

Kily González y, arriba, el Piojo López y Angulo. El problema fue que Carboni, su defensa veterano, se lesionó y en su lugar tuvo que jugar Gerardo y no fue lo mismo. En Saint-Denis hubo mitad de espectadores del Madrid y mitad del Valencia, pero tal como había sido la temporada de ambos, todos daban favoritos al Valencia.

El viernes anterior, el Madrid llegó al último partido de Liga con la última posibilidad para meterse en Champions, ¡como cuarto clasificado!, y fue incapaz de hacerlo porque perdió 0-1 contra el Valladolid con un gol de Víctor en un tiro que pasó por encima de Casillas, que jugaba con el número 27 y tenía tan solo 19 años. El equipo era un desastre y el Bernabéu le pitó cuando estaba a punto de jugar la final de la Copa de Europa. Acabó quinto y el cuarto fue el Zaragoza, que debería haber jugado la Champions, pero como el Madrid ganó la final, se quedó sin ella.

Lorenzo Sanz, presidente del Real Madrid
que ganó la Séptima y la Octava.

Antes de empezar la final en Saint Denis, en la fila de vestuarios para salir al campo, Redondo se quedó mirando a Mendieta, el mejor del Valencia. Le miró fijamente hasta el punto de que consiguió que girase la mirada. Redondo fue hacia Raúl y le dijo: «¿Y estos son los que nos van a ganar, estos nos van a ganar la Copa de Europa? Venga hombre». Cuenta la leyenda que Mendieta reconoció después a su gente que él salió anulado emocionalmente porque Redondo le comió la moral con esa mirada y con esa presión, quería evitarle en el campo. Eso es lo que hace ser canchero como lo era Redondo.

La final fue un partidazo del Madrid; el Valencia casi ni chutó. Marcó Morientes el primero; luego, McManaman, un grandioso fichaje de Lorenzo Sanz, cuando quedaba libre del Liverpool, y, después, llegó el gol recordado por todos los raulistas. El pase fue de Sávio Bortolini desde campo propio. El Valencia estaba tan volcado en el campo del Madrid, buscando un gol, que no había ningún jugador más que Cañizares, el portero, en el otro lado. Entonces, desde campo propio, Raúl empezó una carrera, como si fuera *Solo ante el peligro*, para llegar hasta Cañizares. Solamente le pudo seguir, y a duras penas, Đjukić. Cuando Raúl fue a encarar a Cañizares, Đjukić se marchó hacia la portería porque veía que no podía evitar el disparo y pretendía, desde la portería, tapar el tiro. Raúl, con su pierna buena, la izquierda, regateó a Cañizares, pero salió escorado y con su pierna mala, la derecha, remató. Por eso le dio mal, un poco mordida. Aquel mal remate, sin embargo, provocó que Đukić se pasara de frenada y el balón le superase por detrás del tacón, para entrar por el segundo palo. Raúl se tapó la cabeza con la camiseta y empezó a bailar, dirigiéndose a todo ese fondo en el que estaba la afición del Madrid. Fue la locura de Saint-Denis, apoteosis, éxtasis total.

Era la Octava. Otra Copa de Europa. La segunda en tres años. El Real Madrid volvía a ser el rey de Europa, ahora en color. Aquí estábamos de nuevo.

¿Y tú dónde estabas cuando el gol de Zidane?

El Real Madrid ganó en París la segunda Champions en tres años, era la bomba. Pero Lorenzo Sanz cometió un error estratégico, aunque no fue del todo culpa suya. En la cena de celebración en París, en el hotel Juan Onieva, el vicepresidente, le convenció para adelantar las elecciones (pues aún le quedaba un año de mandato): ganar dos Champions en tres años era algo casi imposible de soñar y creían que eso les iba a dar la victoria en las urnas. Lorenzo Sanz podía haber esperado, pero se dejó convencer.

Florentino Pérez ya venía avisando de sus intenciones porque en las últimas elecciones a las que se presentó contra Mendoza, años atrás, había perdido solamente por 600 votos. Era un hombre muy preparado, que trabajaba en las bases del madridismo. Sin hacer mucho ruido en el ambiente madridista, ya se percibía que no era un candidato más, que tenía muchas posibilidades. Lorenzo Sanz y su equipo se equivocaron al no valorarlo así.

En *El Mundo*, Jesús Alcaide y yo hicimos un trabajo de investigación en el que descubrimos cosas en la gestión de Sanz y Onieva que, para ser cariñosos, eran bastante mejorables. A Florentino esas informaciones le vinieron fenomenal porque en su victoria también hubo un voto de castigo del socio contra el presidente y su mano derecha.

Fue Juan Onieva quien se atribuyó toda la organización económica del club y Lorenzo, que siempre fue un hombre de buena fe, delegó en él. En su día, le avisé de que se podía estar equivocando porque tanto poder para uno solo no era bueno, entre otras cosas porque a Lorenzo se le fueron yendo de la Junta Directiva prácticamente todos sus hombres de confianza por discordancia con Onieva.

La economía del club iba mal. El Madrid ganó esas dos Champions, pero las cuentas no eran brillantes ni boyantes, sino todo lo contrario, muy precarias y con muchos problemas. No era el Madrid solvente que te podías imaginar por sus éxitos en el campo. Ya escribí en otro capítulo que hubo que hacer negocio con Seedorf para poder pagar a los jugadores. Ese era el caballo de batalla de Lorenzo Sanz: ningún problema en lo deportivo, porque en la Champions se había triunfado, pero sin despejar la sensación de que el club iba a seguir navegando entre aguas turbulentas.

Florentino Pérez modernizó y dio estabilidad al Real Madrid.

El discurso de Florentino, entonces, caló mucho porque era un empresario de éxito, dueño de ACS. Con él había muchas posibilidades de que el rigor económico volviera al club. Además, trabajó muy bien e invirtió mucho tiempo en el voto por correo. Así, Lorenzo Sanz ganó en el voto presencial por una cantidad mínima, cuando creía que iba a barrer. En el voto por correo, sin embargo, fueron 3.000 de diferencia a favor de Florentino y eso fue definitivo.

No lo voy a negar: la llegada de Florentino me alegró mucho no porque tuviera diferencias con Lorenzo (más bien eran con Onieva), sino porque sabía que con Florentino el Madrid iba a coger un rumbo modernista, económicamente riguroso, e iba a recuperar la credibilidad en los mercados del fútbol. El fútbol es economía y no podía ser que el Madrid, a la hora de pagar, generase dudas.

Antes de la votación, Florentino dio un golpe de mano en la mesa, definitivo, cuando aseguró que tenía fichado a Figo y que si no venía al Madrid, pagaba de su bolsillo la cuota de todos los abonados durante los siguientes cinco años. Era un órdago brutal, pero ante la duda de que te paguen el carné cinco años, fue un órdago más que tentador. Y aunque podía sonar a bravata, todos la creímos porque la decía un empresario serio y de éxito. Que lo soltase con esa seguridad significaba que, de alguna manera, tenía atada nada menos que la estrella indiscutible del Barça, el número uno del rival, su capitán.

Que costaba 10.000 millones, pues se pagaban. Yo hablaba con Florentino y le decía que con la economía que tenía el Real Madrid, pagar 10.000 millones... Pero él respondía que iba a avalar el fichaje con su patrimonio personal y que el único camino para salir de la crisis económica era hacer una apuesta tan fuerte que revirtiese en muchos ingresos al club, algo que no ocurriría nunca si fichabas a medianías como Petković o Jarni, con todos mis respetos, jugadores aceptables, que no estaban mal, pero que no llamaban la atención. Eran fichajes que había hecho el Madrid en los últimos años, como Ognjenović o Rodrigo Fabri. Ya no eran Šuker,

Roberto Carlos o Mijatović. Eran mucho menos famosos y también caros, como Elvir Baljić, que costó 3.000 millones de pesetas.

El plan de Florentino estaba claro desde el principio, como me dijo en aquella época: «Tomás, fichamos a Figo y tranquilo que, luego, viene Zidane y, más tarde, Ronaldo y, el cuarto, Beckham». Esa ruta galáctica la tenía ya en la cabeza, no se improvisó nada.

El 16 de julio del año 2000, Florentino ganó a las elecciones. Tenía veteranos de peso con él. Como Amancio Amaro, que sigue aún, o Goyo Benito, que en paz descanse. Es decir, se rodeó de gente solvente. El Madrid estaba en una situación complicada y había que meterse en las arterias del club y comenzar la modernización que él pretendía. Pirri, que había estado con Lorenzo y que antes había hecho el famoso informe Pirri acerca de los jugadores, con el que había acertado en todo, se fue, porque no era del equipo ganador. Y Florentino terminó convenciendo a Jorge Valdano para que fuese el portavoz del club por su imagen y su verbo cálido. El mejor portavoz que se podía tener, sin duda.

Figo, la bomba de Florentino, llegando a Madrid.

Al día siguiente de ganar anunció oficialmente lo de Figo. Estuve en la presentación y no lo voy a negar: Figo tenía un poco cara de circunstancias, de póker. Todo había sido una jugada del agente, Veiga, que tenía poderes para decidir. Quizá pensaba que iba a ganar Lorenzo Sanz y que no arriesgaba nada, pero cuando perdió, Veiga se vio obligado a cumplir lo pactado. Figo puede que, entonces, cambiara de equipo por lealtad a su agente, pero con el tiempo descubrió que esa fue la mejor decisión que tomó en su vida. La prueba es que sigue jugando con los veteranos de Madrid. Muchas dudas no le han quedado.

El portugués logró una conexión brutal con Raúl González Blanco. Eran dos caracteres fuertes que combinaban y el Madrid ganó bien esa Liga de 2001. Hasta entonces, el equipo lograba la Champions, pero le costaba ganar Ligas: desde 1997, no había conseguido una. La mala suerte corrió en Europa. Ese curso llegamos a semifinales y perdimos aquí 0-1 contra el Bayern, con gol de Elber. Y en la vuelta, volvió a ganar 2-1. Caímos contra un equipazo y en semifinales, pero fue una pequeña decepción.

El plan continuó y en verano de 2001 llegó Zidane, que jugaba en la Juve de Agnelli. Florentino, en la famosa servilleta de Montecarlo, en una entrega de premios, le preguntó si quería fichar por el Madrid y Zidane, en algo que nunca he entendido bien, respondió: «Yes», en inglés, no en francés, que es su idioma y el que habla también Florentino Pérez. Quizá porque es más internacional o porque creía que así lo dejaba más claro y rotundo.

Florentino apostó por él a lo grande. El agente de Zidane, Migliaccio, tenía buena relación con el Madrid y el representante español Santos Márquez también ayudó mucho. También estaba ahí Pedro de Felipe, al que, por cierto, hay que rendirle honores y pleitesía porque hizo una de las grandes gestiones de ese Madrid. Una gestión que considero casi milagrosa: se quitó de encima a Anelka y, lo que tiene más mérito, lo hizo logrando que se pagase el dinero que el Madrid había puesto por él.

Zidane y Beckham, además de Ronaldo,
fueron los siguientes galácticos.

Anelka fue un fichaje salvaje del último año de Lorenzo Sanz. Costó 5.500 millones de pesetas, que se pagaron al PSG, y se convirtió, en ese momento, en el fichaje más caro del Real Madrid en su historia, un fichaje de locos. Es verdad que Anelka fue decisivo en la eliminatoria contra el Bayern de la Octava, pero también que fue un problema constante en el vestuario: un futbolista díscolo, que nunca se adaptó al Real Madrid ni a la ciudad. Fue un jugador desprestigiado por sus movidas disciplinarias, el único futbolista que castigó Del Bosque durante mes y medio porque no quería verle la cara. Del Bosque, que es un bendito.

De Felipe, demostrando unas dotes de negociación inimitables, habló con el PSG y justo sacó para el Madrid la misma cantidad que había pagado. Así el club se quitó una molestia de encima y tenía más tranquilidad para afrontar otras operaciones.

Había que ir a por Zidane, y más tras no ganar la Copa de Europa en el primer año de Figo. Fue una larga negociación con la familia Agnelli, que tiene mucho dinero, que es orgullosa y que presumía de que la Juve compraba, pero no vendía. Pero Florentino ya estaba decidido. A principios de julio, se le fichó por 72 millones de euros, récord de una operación, una bestialidad, pero mereció la pena. Se presentó con el 5, sorprendente número, pero emblemático. Se vendieron muchas camisetas.

Zidane entró como un señor pese a que en los primeros partidos hubo problemas para encajarlo tácticamente. El Madrid tenía una colección de jarrones chinos preciosos, pero no encontraba el sitio donde ponerlos en el salón para que luciesen mejor y, al final, Del Bosque se inventó un Madrid asimétrico, con Roberto Carlos recorriendo toda la banda y Zidane un poco más metido, como de interior, como media punta cchado a la izquierda. No tenía características para jugar de segundo delantero ni en la banda, así que tuvo que situarlo en una zona de creación. Esa alianza con Roberto Carlos empezó funcionar y Zizou dejó atrás tres meses complicados en los que «el tendido del 7 del Madrid», como yo lo llamo, había empezado a pitarle, ¡que mira que hay que ser burros!

Deslumbró. Siempre he dicho que a lo que más me recordaba Zidane era a un cisne con botas, por esa elegancia en el campo. Parecía que iba a pinchar la pelota cuando estiraba su pierna, con esa manera de interpretar el juego, y cada mes que pasaba, era mejor. El Bernabéu, como era lógico, se enamoró de él. Era un equipo con Figo, Zidane, Raúl, Roberto, Carlos, Morientes, Casillas y también con Hierro y Makélélé. Este hizo mucho para que Zidane jugara tan bien, era como su escudo protector. Zidane sabía que estando su compatriota detrás podía jugar más libre.

Fue un año de subes y bajas, además de ser el del Centenario, que se celebró bien, con el himno de Plácido Domingo; por eso, la final de Copa se jugó en el Bernabéu. El Madrid llegó a ella y la disputó contra el Dépor. Todo el mundo daba por hecho que la iba a ganar y eso me dio rabia, porque era como si no tuviera mérito. Se decía, con mucha maldad, que hasta el Rey Juan Carlos, que estuvo en el palco, iba a sacar los córners. Vamos, insinuaban que esa Copa estaba casi dada al Madrid. El Dépor hizo un partidazo y la ganó. Esa final, por cierto, la jugó César de portero. Yo siempre fui más de Casillas, que los periodistas también tenemos gustos y preferencias. César, que es buen chaval, era muy bueno, pero en mi opinión Casillas tenía algo más. Del Bosque, en ese momento, confiaba en César.

El Madrid perdió 1-2 y aunque César no tuvo la culpa, siempre nos quedará la duda de qué hubiera pasado con Casillas en la portería. La derrota demostró que no había nada planeado para que se la llevara el Madrid. Hubo decepción, claro, pero la pena la resolvió enseguida Valdano con una frase mágica. «El luto en el Real Madrid dura 24 horas». Esto es el Madrid, al día siguiente, hay que hablar de ganar la siguiente competición. Aquí nunca se agacha la cabeza, ni en la derrota.

Y tres meses después, se llegó, por fin, a la final de la Copa de Europa tan soñada. Los Galácticos habían cumplido su objetivo. Ese nombre, el de los Galácticos, fue una cosa del diario *AS*. Ocurrió tras un partido que ganaron las estrellas y el director del periódico, Alfredo Relaño, puso «Galácticos» en la portada. El término cuajó y fue un éxito total. Sabemos que a los futbolistas no les hacía ninguna gracia porque consideraban que les hacía parecer una clase superior en el vestuario, como si estuvieran por encima de los demás.

El club lo intentó contrarrestar con la frase de «Zidanes y Pavones», que significaba fichar a *cracks* mundiales y subir a chicos de la cantera. Es decir, prescindía de lo que se denominó clase media y creo que fue un error. No querían a Geremi, a McManaman ni tampoco a Makélélé. Pero eran jugadores de complemento, que te servían para equilibrar la plantilla. Del Bosque subió a Portillo, Borja Fernández, Pavón, Mejía, Raúl Bravo, Valdo... Jugadores buenos, pero no todos pasaban la ITV del Madrid. Pavón jugó mucho y Raúl Bravo tuvo sus años buenos, Mejía era apañado. Valdo tuvo un debut con el que parecía que se iba a salir, pero luego no fue tanto. Portillo era el gran goleador de la cantera, aunque luego no lo confirmó en el primer equipo. Era una política arriesgada, pues suponía asumir que nunca se lesionaban los buenos. Si lo hacían, estabas muerto.

En la Liga, en fin, ese 2002 también se empezó a fallar y quedó la bala de la Copa de Europa. «Al Madrid solo le queda una bala esta temporada», dijo Valdano, «pero esta bala es de cañón». Y era así, de cañón, cañón del bueno.

En Champions, en semifinales, el Madrid eliminó al Barcelona de los holandeses, de Overmars y De Boer, un equipo de grandes nombres. Era un Barça al que no le había salido bien la apuesta de invertir los 10.000 millones que había pagado el Madrid por Figo. Gaspart los malgastó en Gerard, Petit, Overmars... futbolistas que después no llegaron a ser gran cosa y que dejaron la sensación de que habían tirado 10.000 millones de pesetas. Muy parecido a lo que le pasaría muchos años después con los 222 millones de euros que recibió por Neymar. Han repetido la historia.

La ida en el Camp Nou fue la confirmación definitiva de Zidane, que metió un gol de vaselina precioso a Bonano y McManaman culminó la victoria con un golazo, el 0-2. Había 5.000 madridistas en el Camp Nou, más que nunca, porque la UEFA obligaba a dejar el 5% del aforo al rival y los madridistas de Cataluña (que son bastantes, hay más de 100 peñas) aprovecharon para ir. Era su gran ocasión y celebraron la victoria en el campo enemigo con pasión. Pudieron, digamos, salir del armario futbolístico.

¡RONCERO, POR TU CULPA HAY DEMOCRACIA!

Había que jugar la vuelta, en el Bernabéu y ese día, a las 14:00, explotó un coche bomba en Torre Europa, al lado del estadio del Real Madrid. Yo estaba en el Asador Donostiarra con, entre otros, Julio Cendal, que era el encargado de seguridad del club. Me enteré por él, porque le llamaron por teléfono y noté cómo le cambiaba la cara. Al colgar, me contó.

ETA había reivindicado el atentado. Por suerte, dentro de la barbaridad, avisaron antes y hubo tiempo para evacuar la zona. No llegó a haber muertos, pero el ambiente se crispó mucho, muchísimo, con los ultras del Madrid muy tensos antes, por el partido, que era de la Copa de Europa y contra el Barcelona, y ya, totalmente fuera de sí, por el atentado. Empezó a haber incidentes serios en Concha Espina, con lanzamiento de objetos, vallas y cargas de la Policía para contenerlos. Yo fui a cubrir todo eso y viví un momento muy complicado con cuatro ultras que no debían haber seguido mucho mi trayectoria como periodista. Yo soy un tipo de fútbol, no entro en la política, y solo me he significado por mis ideas futbolísticas. La gente que me seguía en Onda Cero o en *El Mundo* o en las tertulias de Telemadrid, donde me pegaba con Manolete, ya sabían que era un periodista madridista. Pero para esos cuatro, el día había sido largo, habían tomado algo de más y me empezaron a dar medio empujones. «Tranquilos, chavales», les dije. «Estoy tan indignado como vosotros con que los terroristas hayan enturbiado un partido tan bonito por el que vamos a pasar a la final».

—Pero tú eres periodista y por vuestra culpa hay democracia en este país.

Es imposible imaginar mi cara de perplejidad en ese momento. Vi que ahí era complicado razonar. Por suerte, apareció Jesús Romera, presidente de la Peña Olaf el Vikingo de Guadalajara, que había sido ultra y que me ayudó. Les convenció para que me dejaran en paz y me reconoció que era imposible razonar con ellos, que estaban fuera de control. «No te identifican como madridista, te consideran periodista y se quieren desahogar», me dijo. Previamente, esos u otros, habían pegado a una paliza a un periodista de *El Periódico de Cataluña* que había ido a cubrir el partido. Algo lamentable.

Llamé a Manolo Redondo, del Real Madrid, muy indignado por haber tenido esos problemas en el Bernabéu. Me prometió que iban a investigar qué había pasado, que esa gente no merecía entrar en el estadio.

Evité problemas serios ante esos cafres, pero no calmé mi nerviosismo. Recuerdo que entré al estadio por el fondo norte y estaba tan nervioso que no quise ir a la zona de prensa, prefería estar solo. Me apoyé en la pared y vi el partido de pie, como los había visto siempre. Vi, desde ahí, el tiro de Raúl desde fuera del área, quizá el gol desde más lejos que logró en su carrera. No tenía un tiro fuerte, tenía un tiro pícaro, nunca tiraba a cañón, pero esta vez sí, y bien que hizo. El Barcelona empató en un autogol de Helguera y recuerdo a Luis Enrique cogiendo el balón con prisa, haciendo gestos; esa forma suya de actuar en el Barcelona, como si no les faltasen dos goles para poder pasar. No lo consiguieron.

La alegría de pasar a la final mitigó la tensión de una tarde muy dura. Quedaba la final, en Glasgow, donde había sido la mágica final de 1960, la del 7-3. Fueron 15.000 aficionados del Madrid contra los 15.000 del Bayer Leverkusen, que no lucía tanto como el nombre del Bayern, pero que con Ballack o Lucio tenía buen equipo. Además, es que el

Madrid, en cuartos, había eliminado a los de Múnich (2-1 perdió allí, con un gol de Geremi) y ganó a lo campeón, 2-0 en la vuelta en el Bernabéu.

Primero, marcó Raúl en un gol de pícaro, tras un saque largo de Roberto Carlos, de banda, que le dejó solo ante el portero. Raúl la dio un poco mordida, en semifallo, pero al salir un balón rasito, al segundo palo y flojo, el portero se desconcertó, no se tiró a por ella al creer que iba fuera y se la comió con patatas. Otro gol para la leyenda de Raúl, que había marcado en la final anterior en París. Y en este partido logró el primero, el más importante, como decía Di Stéfano, porque es el que abre la lata.

Las paradas de Casillas y el gol de Zidane dieron la Novena.

Parecía hecho, pero el Bayer Leverkusen, con Ballack al frente, un jugador top en ese momento, apretó y Lucio cabeceó ante la media salida de César para empatar.

Vuelta a empezar. Entonces llegó la jugada: Solari se la pasó en largo a Roberto Carlos que, desde la banda izquierda, no se le ocurrió otra cosa que pegar un pelotazo para arriba, pero un voleón, no exagero, que subió 35 o 40 metros la pelota. Yo estaba en el palco de prensa, a la altura de ese área, y vi el balón cayendo del cielo y un cuerpo que se arqueaba de manera aerodinámica, de manera imperial. Era una garza, una elegancia... Zidane acomodó, entonces, su pierna izquierda de una manera plástica, que parecía que el tiempo se detenía, y empalmó de tal manera la pelota con una volea que parecía hecho por ordenador. El balón entró por lo que es la misma escuadra de la portería del Bayer. Es imposible ser más preciso. Gol, una explosión de júbilo y de admiración.

Me levanté y empecé a aplaudir, pero sin poder gritar, como si estuviéramos viendo una ópera y, al llegar el momento cumbre, aplaudes emocionado, pero sin gritos. Era incapaz de articular palabra. Zidane, con un gesto de rabia, con la boca abierta, empezó a gritar gol dirigiéndose justo hacia ese lateral donde estábamos todos los periodistas, así que vimos su cara de entusiasmo. Estábamos alucinados, con la sensación de estar presenciando algo maravilloso que iba a pasar a la historia del fútbol, como así fue. Como los que han contado el famoso «no gol» de Pelé en México, los que estábamos en el campo contaremos, por los siglos de los siglos, ese golazo de Zidane, cada uno a nuestra manera. «Estaba cerca o detrás y vi cómo pasaba por el poste, la grada gritó». Pues yo estaba allí y ya solo por eso no es que estuvieran amortizados los 72 millones euros, es que estaba amortizada cualquier cosa que hubiera hecho el Real Madrid para ficharle. Además, el equipo llevaba ese año la camiseta del centenario, blanca entera, porque renunció a ponerle publicidad. Iba de blanco impoluto, solo con el escudo, como el equipo del que yo me enamoré cuando era pequeño.

En la segunda parte, como era de imaginar, el Real Madrid fue más a contener y asegurar la victoria. El Bayer Leverkusen apretó y fue cuando Casillas salió al campo para sustituir a César, lesionado, y hacer las tres paradas que cambiaron su vida para siempre. Después de Zidane, es el héroe de esa final. Del Bosque, además, quitó a Figo, que estaba tocado, pero que se enfadó. El portugués también jugó lesionado en la final de Copa contra el Dépor, porque era un animal competitivo. Era un Cristiano de la vida, un tipo que nunca negociaba para jugar y que tenía tal confianza en sí mismo que, aun teniendo el tobillo como una bota, porque era un esguince fortísimo que le obligaba a jugar con vendaje ultracompresivo, seguía en el campo. Y eso que él era un futbolista de regate y centro y el tobillo es fundamental para eso. Pero por su capacidad de lucha, su carisma y su liderazgo hacían que impusiera respeto a los rivales con su sola presencia. Del Bosque, y yo lo entiendo, le puso en la final de Copa y en la final de Glasgow. Pero con 2-1 y quedando media hora, había que defender. Por eso, con buen criterio, le cambió, y eso a Figo le dio mucha rabia.

Roberto Carlos presume, en broma, del pase que
dio a Zidane en el gol de la Novena.

Pero yo sé que al final le dio gracias a Del Bosque y al Real Madrid. Primero, porque se aseguró una Champions que con el Barcelona no fue capaz de ganar, mientras que con el Madrid la consiguió casi a la primera de cambio. En el invierno de 2001, a los cinco meses de fichar por el Real Madrid, recibió el Balón de Oro, que sí, que ya sé que muchos dicen que lo ganó por su temporada en el Barcelona, lo que tú quieras, pero él recibió el Balón de Oro en el Bernabéu en un partido que nunca olvidaré, en el que se ganó 4-0 al Real Oviedo y en el que, por cierto, metió un golazo McManaman, por la escuadra izquierda.

Ganó el mejor título colectivo y el individual con el Madrid y a eso hay que sumarle que cuando volvió al Camp Nou le reventaron los tímpanos hasta un extremo que nadie ha conocido y le tiraron la cabeza de cochinillo y una botella de JB. Evidentemente, después de eso, ya no quedará ninguna duda de que él es madridista, de nuevo cuño, de acuerdo, pero, como yo digo, «arrepentidos los quiere Dios». Figo es un ultramadridista, que celebra los triunfos del Madrid, que quiere ganar al Barça siempre. La vida es dura y si quieres alcanzar el paraíso, solo lo puedes lograr en el Real Madrid.

Figo hizo el camino que ya había hecho Schuster en su día, también Laudrup. Yo entiendo que un jugador del Barça quiera probar en el Real Madrid. Maradona, por ejemplo, quiso, pero no pudo. Siempre decía que Gardel, que era como llamaba a Mendoza, lo había intentado sin suerte. A Maradona le hubiera gustado jugar en el Madrid. Es lógico.

EL DÍA QUE ASUSTÉ A ZINEDINE ZIDANE

Con la Novena de Glasgow fue cuadrando el proyecto galáctico de Florentino. Yo estuve en la celebración de esa final, con Florentino, la familia, Pitina, simpatiquísima, como siempre. Fue una gozada. Estuve en la cena oficial con los jugadores porque, en aquella época, por la relación personal que tenía con Florentino, viví muy cerca de ellos. Por ejemplo, tuve un viaje inolvidable, que me emociona solo el pensarlo, cuando ya estaba Ronaldo en el equipo. Era un partido contra el Partizán en Belgrado, empatamos a cero y en el viaje de vuelta, como los periodistas viajamos con el equipo y los jugadores, me dijo Ronaldo: «Roncero, Roncero, vente a la parte de atrás». Y allí fui, donde las azafatas suelen poner a cargar el carrito de la comida y bebida, y estaban Ronaldo, Figo, Casillas y Helguera bromeando y yo con ellos. En eso, se acercó de Zidane y yo le solté casi gritando: «Vamos Zizou, eres grande». Y Zidane, como era tímido, se fue despavorido. Iba a darle un abrazo y le asusté.

Figo y Ronaldo me pidieron que no fuera tan bruto, que no me conocía y no sabía que yo estaba como un cencerro. Estuvimos forofeando, rajamos un poquito, sanamente, porque a los jugadores les gusta rajar y algún futbolista en el avión sacó un cigarrillo, da igual quién. Me tiré una hora entre los galácticos, disfrutando de la conversación, riéndome, y me sentí un privilegiado. Debo reconocer que fue gracias a la relación que tenía con Florentino. Incluso ellos me preguntaban: «¿Cómo respira el presi, qué dice?».

Florentino, el día que nació mi hijo Marcos estuvo toda la mañana en el hospital San Francisco de Asís. Vino para hacer una visita, para saludar a mi mujer y para ver cómo estaba el niño. Y luego ya nos tiramos dos horas hablando hasta que le pedí: «Floren, vete ya a casa, que tienes a todo el hospital revolucionado y yo tengo que ir a la habitación con mi mujer». Ese fue el grado de confianza que teníamos, porque es verdad que él reconoció que, con mis revelaciones en *El Mundo* acerca del mandato de Lorenzo Sanz, puse mi granito de arena para que fuera presidente. Oficialmente, nunca me signifiqué como periodista, porque no debo. O sea, yo jamás dije: «Voten ustedes a no sé quién», pero era socio del Madrid, tenía mi voto y ahora lo puedo decir: «Yo voté a Florentino en todas las elecciones porque me parece que es un hombre que ha hecho las cosas muy bien para el

Real Madrid, tanto en la estructura de la organización económica como en la sociológica, para recuperar el potencial del club y que vaya como un crucero más allá de lo futbolístico».

Como marca deportiva, el Real Madrid siempre ha sido el número uno, pero él supo dar ese impulso que necesitaba el club en esa otra faceta, el marketing, que hoy día, con la modernización y la imagen de marca, es fundamental.

Ronaldo Nazário, un delantero feliz.

El final de los Galácticos

Según la hoja de ruta trazada en verano de 2002, tocaba fichar a Ronaldo. El Inter de Moratti, otro millonario, se negaba. Como la Juve con Zidane, decía que no pensaban venderle, aunque el futbolista sí quería marcharse. Hubo un nombre clave en la negociación. Fue Sandro Rosell.

Era el hombre fuerte de Nike con los brasileños. Su teléfono me lo pasó Florentino: «Es del Barça, pero es muy majo. Ya lo verás. Cuídale porque este nos va a traer a Ronaldo al Madrid» y en mi móvil, durante muchos años, estuvo el número de Rosell. Yo le llamaba para saber cómo iba el fichaje y él me pedía tranquilidad, que todo marchaba. Por eso siempre tuve confianza en que venía. Porque Florentino quería, porque Rosell me lo confirmaba y porque a Nike también le interesaba tener su sello en el Madrid, que era el campeón de Europa y eso siempre es un plus.

El verano se fue alargando con tiras y aflojas. No fue por dinero, porque el Madrid estaba dispuesto a pagar lo que hiciera falta, pero el Inter no se decidía y llegó el momento definitivo: la final de la Supercopa de Europa, que jugaba el Madrid como campeón de la Champions.

Se disputaba en Montecarlo, donde viví los dos días más frenéticos que he pasado en mi vida periodística. Fueron dos días brutales en los que el partido era lo de menos. Iba de un hotel a otro: que está Florentino con Moratti, que ahora la reunión es de José Ángel Sánchez con el director deportivo del Inter... y así las 48 horas. No quiero pensar el dinero que gasté en taxis en Montecarlo. En el entrenamiento de la víspera solo se hablaba del fichaje de Ronaldo.

El Madrid ganó 3-1 al Feyenoord, con un partido imperial de Roberto Carlos, gracias a sus jugadas por la izquierda que los volvía locos y por el gol que metió. Cambiasso hizo un partidazo. Guti remachó el partido.

El Madrid ganó, pero la felicidad tuvo un regusto amargo porque se filtró que Raúl, durante el partido, llevaba debajo una camiseta reivindicativa a favor de Morientes para mostrarla si marcaba. Raúl estaba defendiendo al amigo al que querían traspasar. Hierro también pensaba igual. Eran los capitanes, pero no entendían que el Madrid, para fichar a Ronaldo, se planteara vender a Morientes, que había sido titular en las tres finales de la Champions, en la de Ámsterdam, en la de París, donde marcó un gol, y también en la de Glasgow. Hay que ser un delantero con jerarquía para jugar de titular las tres finales.

Ronaldo era galáctico y Raúl y Hierro, que en esa época no tenían buen *feeling* personal con Florentino, se pasaron de frenada. Sobre todo Raúl, porque si marcaba y sacaba la camiseta hubiera sonado como un desafío al club y eso no se puede hacer. Al no hacer gol, se evitó el conflicto, pero al filtrarse, el ambiente se enturbió y eso lo notamos los periodistas que estábamos en el hotel de la cena. A pesar de la celebración, la gente estaba tensa. Florentino salía, hacía corrillo con los periodistas, entraba, volvía a salir y nos contaba que el fichaje de Ronaldo estaba muy complicado, pero que lo iban a pelear hasta el último minuto.

Fueron días raros, pero fue verdad: en el último minuto, lo consiguieron. El plazo se acababa el 31 agosto a las doce de la noche y la imagen icónica de esa jornada se tomó a las once y pico, con Valdano y Florentino en las oficinas del club, con las camisas remangadas y los teléfonos echando humo. A última hora se cerró el acuerdo por 45 millones de euros, que tampoco era una cantidad desorbitada. En ese momento se especuló con que Morientes se iba al Barcelona, pese al conato de protesta de los capitanes. Lo del Barça desconcertó a los madridistas, a mí el primero, porque una cosa es que viniera Ronaldo y todos encantados, pero ¿cómo se iba a ir Morientes al Barcelona?

Fernando Hierro, el hombre fuerte en el vestuario de los galácticos.

Fue una jugada desesperada de Gaspart, un intento de romper el fichaje de Ronaldo. Al final, Morientes se quedó en el Real Madrid esa temporada y el verano siguiente se marchó al Mónaco. Después del fichaje de Ronaldo, con la portada del *AS* caliente en la que aparecía una foto de él y debajo «O'Rei», como Pelé, quedamos en el Txistu con el *staff* del Madrid: Florentino, José Ángel Sánchez, Manolo

Redondo… para celebrar el fichaje. Me acuerdo que celebramos la portada, brindamos y lo pasamos estupendamente. Era la felicidad máxima del madridismo: Figo, Zidane y Ronaldo. Florentino, ahí, me volvió a recordar que el verano siguiente el fichaje iba a ser Beckham. Evidentemente, cumplió su palabra.

EL DEBUT DE RONALDO: EL DÍA
QUE TODO TUVO SENTIDO

Ronaldo llegó lesionado y debutó con el Madrid el 6 de octubre de 2002, me acuerdo perfectamente de la fecha porque mi hijo Marcos nació cuatro días antes, el 2. El día que vino al mundo, el Real Madrid jugó contra el AEK de Atenas en Copa de Europa y empató a tres tras ir perdiendo 3-1, con una gran actuación de Zidane. Me hubiese gustado una victoria, pero bueno, un empate tampoco estaba mal. Mi hijo se llama Marcos Santiago. Yo le quería llamar Santiago, por Santiago Bernabéu, pero ganó mi mujer y le llamamos Marcos, aunque logré poner el Santiago de segundo nombre. En el club se portaron como señores conmigo, eso tengo que dejarlo por escrito. Marcos nació a la una y media en el hospital San Francisco de Asís y a las seis de la tarde llegó a la clínica una bolsa del Real Madrid con el carnet de socio de Marcos y una camiseta del equipo, de niño pequeño, con el nombre de Marcos a la espalda. Quiero agradecérselo al Madrid. Siempre daré las gracias a Manolo Redondo, que se encargó de eso. Fue un detalle personal que no voy a olvidar.

Hay gente que dice que tengo mis tiras y aflojas con el club. Yo diferencio lo profesional de lo personal y lo que no haré nunca será negar que tuvieron un trato señorial con mi hijo, porque de bien nacido es ser agradecido.

Mi mujer había tenido cesárea, estaba dolorida y no podía moverse. Yo estuve cuatro o cinco días con ella en el hospital, a su lado, hasta que llegó el domingo. Estaba bastante mejor y al día siguiente ya le daban el alta para ir a casa: así que le dije que tenía que ir Bernabéu, que desde el hospital San Francisco de Asís son diez minutos andando, porque debutaba Ronaldo. Le prometí que volvería corriendo en cuanto acabase el partido.

Llegué al Bernabéu poco tiempo antes de que empezase el partido contra el Alavés y descubrí que Ronaldo no era titular. Maldije un poco a Vicente, porque iba solo para eso, pero el entrenador sabía lo que tenía que hacer. Primero, porque físicamente Ronaldo no estaba para aguantar un partido y, segundo, porque lo sacó la última media hora, cuando era dinamita pura. Fue como soltar la bomba atómica cuando el encuentro aún estaba igualado.

Un minuto después de salir, le vino un balón de Roberto Carlos desde la izquierda, lo paró con el pecho, dejó que botase y le pegó de volea con la derecha. La dio de tal manera que el balón botó, primero, en el césped y, después, a la escuadra. Un golazo que me dejó entusiasmado. No me lo podía creer, era el primer balón que tocaba. Poco después, marcó otro y pudo hacer uno más, de no haberse ido rozando el poste. El Bernabéu, en éxtasis. El debut soñado por Ronaldo, que no pudo ser ni más triunfal ni más grandioso.

Y yo me volví al hospital feliz no, lo siguiente, porque fue uno de esos momentos en los que le encuentras sentido a todo: vives por eso. Diez días antes había nacido mi hijo y Ronaldo metía dos goles. Perfecto. Se podía parar el mundo en ese momento, porque la perfección, de verdad, existe y en algún instante llega. Siempre he ligado mi felicidad personal a mi felicidad futbolística. Ambas han ido cogidas de la mano porque el Real Madrid me ha acompañado en instantes clave de mi vida privada. No son mundos paralelos, son mundos que se han entrecruzado en mi camino. Y yo encantado. Mi hijo es socio desde que nació hace 19 años, yo soy socio desde que tenía 16 años.

Esa ligazón de mi vida con el Real Madrid es la que me ha dado sentido a muchas cosas, a ser lo que soy y, también, a luchar y a remar río arriba contra corriente. Yo, cuando he tenido contratiempos en la vida, que los he tenido como todo el mundo, me he aplicado la medicina del Madrid. Es decir, nunca te rindas, nunca des nada por perdido. Sigue defendiendo el escudo, que al final lo vas a conseguir, porque el escudo de mi vida lo mantengo firme gracias a la filosofía del Real Madrid. También es verdad que soy manchego y el espíritu de don Quijote ayuda, que tampoco se rendía contra gigantes... aunque fueran molinos de viento.

El Real Madrid ganó mucho peso internacional por tener los tres galácticos, pero la Liga se empezó a complicar y enrevesar. Gracias al trabajo de Makelele en el centro de campo y la seguridad atrás con Helguera y Hierro, el equipo de Del Bosque fue sacando los partidos y en Champions llegó, por tercera vez, a semifinales. Eso es, en el fondo, lo que buscaba el Madrid con los Galácticos: estar siempre compitiendo.

Le tocó la Juve en semifinales. En la ida, el Real Madrid ganó 2-1, sufriendo, pero ganando, que era lo importante. El problema era que para el partido de vuelta se lesionó Ronaldo Nazário y no estaba claro que pudiese jugar. Dos horas antes del partido me tomé un café con Florentino y, aunque dudaba, en su opinión era mejor que jugase de titular. Había comido con los directivos italianos y se habían pasado todo el almuerzo hablándole del miedo que tenían al brasileño. Si jugaba, consideraban que era imposible remontar. Pero Del Bosque pensaba que podía lesionarse gravemente y consideró que era mejor sacarle en la segunda parte, cuando el Madrid ya perdía 2-0. El problema fue que había puesto a Guti de falso 9 en el equipo titular y en el banquillo quedaban Morientes, Ronaldo e, incluso, tenía a Portillo. Sé que en la directiva hubo una crítica a Del Bosque por jugarse la Champions dejando a tres delanteros centros en el banquillo en el campo de la Juve. Él tenía mucha confianza en Guti porque le garantizaba conducción de juego y, además, también marcaba goles (una temporada acabó con 14). Pero no estuvo bien esa noche.

La Juve empezó a apretar y, con los dos goles antes del descanso, estaba clasificada. A los diez minutos de la segunda parte, salió Ronaldo y se notó. La Juve entró en pánico. Cada vez que tocaba la pelota se ponían muy nerviosos. En una jugada, hizo la bicicleta dentro del área y le derribaron; penalti claro. Si el Madrid lo metía, igualaba la eliminatoria y ponía todo de cara. Lo tiró Figo, que era súper fiable en los penaltis, pero Buffon le adivinó el lado y se lo paró. Nedvěd marcó el tercero y Zidane hizo uno para el Madrid muy cerca del final. Aún hubo tiempo para una ocasión de Raúl, pero se le marchó fuera.

Pese a que había ganado la Champions anterior y había llegado a esa semifinal esa temporada, en el avión de vuelta se señaló a Del Bosque. Se había roto algo en esa relación.

Del Bosque dudó entre Casillas y César antes de
ganar la Novena, después, no dudó más.

El Madrid no ganó la Champions, pero sí la Liga. En la fiesta en el Bernabéu hubo una movida en el vestuario porque entró un periodista de la cadena SER y Hierro preguntó que por qué estaba ahí y que quién le había dejado entrar. Fue una situación muy tensa y por eso los jugadores no dieron la protocolaria vuelta al campo dedicando el título a la afición. El ambiente se agrió de repente.

El club se fue de cena al Txistu y ocurrió la famosa escena donde se lio la mundial: Raúl y Hierro tuvieron una bronca con Florentino Pérez, que reprochó a Del Bosque no mantener la disciplina con los capitanes. Valdano tampoco supo contener el tsunami y los jugadores decidieron que a la mañana siguiente no iban a las instituciones, aunque luego, al final, acabaron accediendo. Yo pude meterme en el Txistu, junto a Relaño, y nos quedamos en la barra de fuera, sin acceder a la zona privada. Sin embargo, supimos que se estaba cociendo algo gordo porque no se escuchaban apenas voces. Era una fiesta de ciento y pico personas celebrando una Liga y había un silencio impresionante.

De todas maneras, por la noche me fui a la discoteca en la que estaban y celebré el título con ellos, porque a mí nadie me iba a frustrar la fiesta. Fue allí donde me explicaron la tensión de la cena y Ronaldo ya me avisó de que él no pensaba ir a las ceremonias institucionales. No entendía por qué las habían puesto por la mañana: a esa hora, él tenía que dormir. Al día siguiente fueron todos, incluidos los que estaban en la fiesta, menos Ronaldo, que por lo menos a mí no me engañó. Tampoco fue McManaman, pero no sé el motivo.

Esa Liga la ganó el Real Madrid en el último partido contra el Athletic. La Real, en un temporadón, llegó con opciones y el Madrid tenía que vencer en ese último choque. Lo hizo gracias a Roberto Carlos y Ronaldo. No desvelaré cómo llegaron a ese partido, pero para mí son héroes. Entonces no se concentraban y digamos que Ronaldo y Roberto Carlos no habían pasado buena noche, no habían podido dormir mucho y eso era un hándicap, porque eran dos jugadores claves. Hierro como capitán, como vio que habían dormido regular, prometió matarlos si la Liga se escapaba. «Tranquilo, capi, vamos a ganar esta tarde. Yo, que soy Ronaldo, voy a meter dos goles y este pequeñín va a meter otro». El Madrid ganó 3-1, dos goles de Ronaldo y otro de Roberto Carlos.

Hay que ser grande en todos los sentidos. Alguno dirá que vaya morro, pero es que a los grandes futbolistas hay que dejarles vivir a su manera, para que jueguen a su manera. A los brasileños no les puedes pedir que lleven una vida como si fuera alemanes, porque entonces no serán felices. Y si no son felices en su vida personal, tampoco lo serán futbolísticamente. Hay que entenderlo, por eso son diferentes y por eso son tan grandes como futbolistas y, muchos, leyenda. A Ronaldo y a Roberto Carlos les querré siempre porque supieron jugar como vivían, con una sonrisa en los labios y eso para mí no tiene precio. Eso es único.

La tensa celebración provocó un cataclismo. Al día siguiente hubo una reunión urgente de la Junta Directiva porque se consideraba que había que tomar medidas. Se votó y ganó, aunque por poco, que había que destituir a Del Bosque y que Hierro no continuase, pese a que ya había habido un acuerdo de renovación verbal, pero solo verbal, que se rompió por la movida del Txistu.

Eran dos emblemas del madridismo y fundamentales en esos años de éxito. La apuesta de prescindir de ellos era de mucho riesgo.

Para sustituir a Del Bosque, el Madrid fichó a Queiroz, por quien se preguntó a Figo. Era el ayudante de Ferguson en el Manchester United y creo que un buen entrenador, pero cogió un Madrid donde había que torear con muchas situaciones complicadas. Y tenía la sombra de Del Bosque, que había ganado siete títulos, entre ellos dos Champions y dos Ligas.

RONALDO NAZÁRIO: «MÍSTER, ¿USTED HA VISTO ALGUNA VEZ A UN PIANISTA QUE DÉ VUELTAS ALREDEDOR DEL PIANO PARA TOCARLO?»

Siguiendo la ruta de Galácticos, llegó Beckham; para mí, un fichaje brutal. Ya sé que mucha gente le criticó, pero fue un futbolista honesto con la camiseta del Madrid.

Florentino y Laporta llegaron a un pacto, porque antes de las elecciones del Barcelona, Laporta había asegurado que lo tenía fichado cuando ya lo había atado Florentino. Este no dijo nada hasta que Laporta ganó en las urnas. Por eso respondió su famoso: «*Never, never, never*» cuando le preguntaron por Beckham. Costó 25 millones de euros, el más barato de los galácticos, pero es que estaba enfadado con Ferguson, el entrenador del Manchester United, y eso no tenía vuelta atrás. La mala suerte fue que el Barcelona, a cambio, fichó a Ronaldinho. El Madrid había hablado con el brasileño y le había dicho que esperase un año para ser el quinto galáctico y unirse a la lista de los grandes fichajes. Pero el Barcelona le prometió que iba a ser el rey de su nuevo proyecto, no uno más. Y eso le hizo decidirse.

La presentación de Beckham fue en la vieja Ciudad Deportiva y recuerdo que cuando un niño saltó para abrazarle, Beckham reaccionó y le abrazó con tranquilidad, porque era un tipo excepcional. El Madrid, en un gran movimiento comercial, le dio el 23, el número de Michael Jordan, y vendió camisetas para aburrir. En el campo fue muy honrado, pero pilló a un Madrid sin Hierro, Del Bosque ni Makélélé. Sin su compatriota, a Zidane se le veía sudar en los partidos como no lo había hecho antes. Eran unos goterones salvajes. Bajaba al centro del campo y presionaba de un modo que no hacía cuando tenía a Makélélé. Entonces Queiroz metió a Beckham de medio centro, pero no era su sitio; Figo, además, estaba molesto y tácticamente todo fue un poco lío.

Y eso que en la primera parte de la temporada, sin lesiones, el Real Madrid arrasó. Fue bien en todas las competiciones y se llegó a soñar con el Triplete. Pero en primavera empezaron los problemas. Se lesionó Ronaldo, que no pudo jugar la final de la Copa del Rey contra el Zaragoza, y Raúl tuvo que ser falso nueve. El partido, empatado a dos, llegó a la prórroga y un gol lejano de Galletti derrotó al Madrid.

Poco después se jugaron los cuartos de la Champions contra el Mónaco, donde estaba cedido Morientes. En la ida, en el Bernabéu, el Madrid llegó al minuto 81 con un 4-1 a favor, pero dos después marcó Morientes el 4-2, y señaló al cielo en memoria de los muertos por el atentado del 11M, que había sido 13 días antes. El público aplaudió el gesto y a Morientes, porque no sabía que ese gol le iba a costar la eliminación. Beckham, además, en el último minuto buscó la tarjeta para no jugar la vuelta y llegar limpio a semifinales. En la vuelta, en Mónaco, fue titular Borja Fernández. Primero metió Raúl, pero tres goles después (uno de Morientes) cerraron el partido con 3-1. Se perdió la Champions tras haber perdido también en la Copa.

El equipo entró en barrena, en bloqueo psicológico, y se le escapó también la Liga. A principio de marzo, en la jornada 27 era líder, con seis puntos de ventaja sobre el Valencia. Acabó cuarto, a siete puntos del Valencia de Benítez, que se llevó el campeonato. Perdió los últimos cinco partidos. La penúltima jornada fue derrotado 2-1 en Murcia, donde Beckham fue expulsado. Y acabó la temporada tras caer 1-4 contra la Real en el Bernabéu. Y había sido un equipo que arrasaba. Lo de Del Bosque no había salido bien...

Fue entonces cuando se convenció a Camacho, sangre pura de madridismo, para coger el banquillo y yo, encantado. Se fichó a Owen, Balón de Oro, y Morientes volvió. A Camacho no le gustó nada el fichaje del inglés, porque era un puesto que tenía más que cubierto con Ronaldo y Morientes. Antes del primer partido de Liga los concentró, lo que antes no pasaba. Así que un «galáctico» llamó al presidente y le contó que él era un hombre familiar, que no necesitaba salir por la noche, pero que prefería estar en casa que concentrado. Florentino habló con Camacho para ver qué se podía hacer. Ahí se empezó a quebrar todo.

Camacho volvió al Madrid tras ser seleccionador.
Como la primera vez, no duró mucho.

No era el primer problema. En verano, ya había habido algún roce. Parte de la pretemporada se hizo en Jerez, para empezar la preparación física a todo ritmo, bajo el calor. Camacho les pidió dar vueltas al campo y, de repente, vio que Ronaldo pasaba por el centro y atajaba. Fue hacia él: «Ronnie, Ronnie, que te veo, ¿por qué haces eso?». Y Ronaldo le contestó: «Míster, ¿usted ha visto alguna vez a un pianista que dé vueltas alrededor del piano para tocarlo?». Camacho se partió de risa, pero entendió que no iba a ser tan fácil.

En la gira asiática, antes de un viaje, hubo tres *cracks* que se escaparon de noche y volvieron muy tarde. Se pasaron todo el viaje durmiendo, agotados sin ir a la cena que se había pactado que tenían que ir y así todo...

El Madrid perdió 3-0 en septiembre, en Champions contra el Bayer Leverkusen. Camacho, a falta de media hora quitó a Figo y Ronaldo, un mensaje definitivo y con el que estaba plantando las semillas de su marcha.

Fue él quien dimitió para no hacer daño al club ni a sí mismo, tras perder en el campo del Espanyol, seis días después de haber caído en Alemania. En el avión de vuelta de Barcelona le dijo a Butragueño que lo dejaba. Él intentó tranquilizarlo, que se lo pensase, pero Camacho respondió que no había solución, que tenía que llegar otro para arreglarlo. Al mando se quedó García Remón, pero tampoco pudo cambiar el rumbo e incluso dejó a Beckham en el banquillo un partido en Santander. Y a la vuelta de Navidad, el Madrid fichó a Luxemburgo de entrenador.

En el *AS* comimos con García Remón para felicitarnos las fiestas y en la despedida le dijimos que nos veríamos a la vuelta. Y él contestó: «Tranquilos, pero yo creo que no me vais a ver». Lo dijo medio en broma, pero nos puso en guardia. Hice un par de pesquisas y me dijeron que no había nada descartado. Nuestra portada era que se preparaba el recambio para García Remón hasta que de madrugada llegó un teletipo de EFE diciendo que Luxemburgo había salido de Brasil rumbo a Madrid. Nadie se atrevió a poner nada, pero nosotros, sí. Dijimos que era el favorito. Fue un exclusivón que me hizo sentir muy orgulloso. No imagino que hubiese ocurrido al revés y lo hubiese dado la competencia. El soplo era bueno.

Ramos llegó al Madrid en la temporada 2005, después se convertiría en el gran capitán.

Luxemburgo llegó con el «cuadrado mágico». Nos lo explicó en una servilleta en una entrevista que le hice junto a Óscar Ribot. Lo sacamos en el periódico y... todos nos asustamos. Dejó algunos buenos partidos, como un 4-2 al Barcelona, pero no se consiguió ganar la Liga y, en la Champions, se perdió contra la Juve en la prórroga del partido de vuelta de octavos en Italia. El proyecto no iba bien.

Luxemburgo comenzó la temporada 2005-2006, pero no llegó a Navidad y se nombró al entrenador del filial, Juan Ramón López Caro. A finales de febrero, después de perder 2-1 en Mallorca un partido que había empezado ganando, dimitió Florentino Pérez.

Yo había ido con mi familia para quedarme después un día en la playa. Antes del partido, Florentino ya estaba nervioso. Primero, marcó Ramos, pero solo lo celebraron dos jugadores, el resto, pasó. El mal rollo era evidente. Remontó el Mallorca y tras la derrota, le pregunté a Florentino si iba a pasar algo. Me dijo que no.

Le volví a llamar por la noche y me aseguró que se aguantaba a López Caro, pero que había que buscar un revulsivo para el año siguiente. Le dejé caer el nombre de Capello y me contestó que no estaba mal tirado. Llamé a Relaño para contarle que Capello era el elegido por su mano dura.

Al día siguiente, me llamó García Ferreras, que era el director de comunicación del Madrid, para decirme que estuviese preparado que iba a ocurrir una noticia gorda. Pero no me contó qué. Yo tenía el avión por la tarde, así que pasé la mañana de playa colgado al teléfono ante el disgusto de mi mujer; y mi hijo jugando sin mí.

Llamaba a Florentino pero no me decía nada de nada. Subí al avión y al aterrizar encendí el móvil: ¡tenía 25 mensajes! El primero era de Mijatović: «Tomas, Tomas, como tú eres su amigo, confírmame, ¿es posible que haya dimitido Florentino?».

Yo, que iba bajando por la escalera del avión, me tropecé y casi se me cayó el teléfono. Había dimitido Florentino y a mí, que era su hombre en el periódico, me pilló en un avión, volviendo de Mallorca, de pasar el día en la playa. «¡La madre que me parió!, de esta me echan», pensé.

Tengo que reconocer que Florentino se portó bien y en una entrevista que se organizó con los directores de *AS* y *Marca* en Telemadrid le dijo a Relaño que yo había llamado 38 veces, que había dado la brasa a Ferreras y que más no podía hacer. Pero que no podían filtrar la noticia. Lo anunció en una conferencia de prensa. Fue cuando dijo que «posiblemente había malcriado a los jugadores», que se había equivocado por querer ser condescendiente con ellos.

La Cofradía del
Clavo Ardiendo

De pronto, el Real Madrid se encontró en una situación que no esperaba, sin Florentino y todo lo que eso suponía, por su personalidad y por la fuerza y globalidad que había aportado con los galácticos. Era difícil de imaginar qué iba a suceder. Al mando se quedó Fernando Martín, de la directiva de Florentino y, en aquel momento, presidente de Fadesa. Un hombre que había hecho mucho dinero y que daba la sensación de continuidad, es decir, de que el Real Madrid seguía en manos de un empresario solvente y que, por lo tanto, podía reinar la tranquilidad.

El primer partido tras la dimisión de Florentino fue contra el Atlético de Madrid en el Bernabéu. Él, por la rivalidad que hubo entre los dos equipos de la capital en los años 60 y 70, siempre ha considerado al Atlético como el gran rival, así que cuando empezó el encuentro, yo que estaba en el estadio, le llamé para saber cómo lo vivía y se sentía. Me dijo que su marcha era lo mejor para todos, que la situación no podía seguir y que a lo mejor el equipo cambiaba de actitud. Nada más comenzar el partido, marcó Cassano. Florentino no se lo creía. «Un futbolista que conmigo no ha hecho nada, me voy y marca contra el Atlético», soltó, con toda la naturalidad del mundo. Me hizo mucha gracia porque además de comerse media bollería de Madrid, Cassano no había mostrado nada de su calidad. Los médicos habían luchado con él y con la báscula, pero no daba una patada a un bote y aquel día metió un golazo en el derbi. El Madrid, a pesar de ser una situación tan confusa, ganó ese partido 2-1 a los rojiblancos.

Empezó la etapa de Fernando Martín con mucha fuerza, pero con el tiempo perdió un poco el *oremus* porque tuvo una ambición desmedida y no supo comprender que lo suyo era una suplencia hasta convocar nuevas elecciones. Se vino arriba y ya se vio como presidente del Real Madrid por mucho tiempo. Se creyó el nuevo Florentino y le faltó un poquito de templanza para reencauzar deportivamente la situación y pensar en hacer un proyecto de futuro con tranquilidad. La situación deportiva era complicado que mejorara. En Champions se sufrió la derrota contra el Arsenal, que ganó en el Bernabéu (0-1) y en la vuelta, con el vestuario ya hecho un polvorín y para contentar a todos, López Caro salió con Raúl y Ronaldo y un equipo un poco asimétrico. El partido acabó empate a cero, aunque el Madrid tuvo ocasiones para hacer un tanto y llevarlo a la prórroga. Eran octavos. Había una sensación de zozobra absoluta en el campo mientras que las movidas internas en la directiva fueron muy duras entre los florentinistas y los pocos que creían que Fernando Martín era una alternativa de futuro.

Así, se convocó una junta directiva extraordinaria y se destituyó a Fernando Martín. Butragueño se abstuvo como directivo y veterano, pero el resto le dijo que no podía seguir. Se quedó Luis Gómez Montejano, un hombre entrañable. Iba mucho a las peñas y, por su talante personal, era perfecto para hacer la transición dulce. Un hombre inteligente, que no iba a azuzar más el fuego y que convocó elecciones.

UNAS ELECCIONES Y UNA TENTACIÓN PROFESIONAL QUE RECHACÉ

Hubo tres grandes candidaturas de peso: la de Juan Palacios, un hombre con pedigrí personal que se apoyaba en la sociedad madrileña madridista, en veteranos como García Remón, De Felipe, Pirri y Camacho y que, además, quería recuperar la figura de Del Bosque; era la vieja guardia. Pero también llevaba a Fernández Tapias, uno de los hombres fuertes de Florentino. Había algo de continuismo ahí.

Luego estaba la más oficialista que era la de Villar Mir, auspiciada por Florentino, una candidatura cuyo vicepresidente era Carlos Sainz. Yo siempre le he dicho que si él hubiera ido de cabeza de cartel podrían haber ganado porque transmitía el espíritu madridista que gustaba, mientras que Villar Mir, aunque en ese momento era un empresario de éxito, era un hombre que por edad y por mensaje no enganchaba a la gente joven. Carlos Sainz hubiese logrado más votos.

Por último, estaba la candidatura de Ramón Calderón, que había estado en la Junta de Florentino y que, al principio, aseguró que iba a continuar con el espíritu de los «zidanes y pavones», porque, decía, ese era el camino bueno. Pero una confrontación posterior, una guerra de poder, rompió las buenas relaciones entre ambos.

Fue una campaña electoral muy dura que, como madridista, sufrí porque no me gustan los enfrentamientos entre nosotros. El que lo tuvo en su mano para ganar de verdad fue Juan Palacios, pero él mismo reconoció que los últimos días se desinfló abrumado por la sensación de que dirigir el Real Madrid era mucha tela. Y eso que Camacho anunció, y era verdad, que tenía fichados nada menos que a Iniesta, Santi Denia y Joaquín, tres jugadores nacionales buenísimos. Sonaba estupendo, sobre todo, lo de Iniesta, al que no le importaba ir al Madrid porque en ese momento no era indiscutible en el Barcelona y pensaba que no le estaban valorando como merecía. Camacho se llevaba bien con él y con su familia.

Calderón, por su cuenta, había hecho la gran apuesta con Mijatović, que era el héroe de la Séptima, un hombre de consenso en el madridismo, y su entrenador era Capello. No sonaba mal porque dejó buen sabor cuando ganó la Liga con Lorenzo Sanz. Anunció, además, que iba a fichar a Kaká, Cesc y Robben; solo cumplió con este último, y al año siguiente.

Fue una campaña muy fea, con el asunto del voto por correo y denuncias entre medias. A mí me daba igual quién ganara. No voy a negar que tenía simpatías y relaciones personales con Juan Palacios, sobre todo por los veteranos. Pero también por la de Calderón, por el tema de Mijatović. Y Carlos Sainz me tiraba en la candidatura de Villar Mir, pero en general no me convencía.

Ramón Calderón ganó unas elecciones poco edificantes.

Cuando ganó Calderón, lo conocía de sobra porque era el que viajaba con el equipo de baloncesto y tenía a Mijatović, pero no me pronuncié por ninguno de ellos. Si yo hubiera sido egoísta y hubiese pensado en mí, sin ninguna ética, habría hecho campaña a favor de Juan Palacios porque, antes de empezar la batalla electoral, me citó un día y me dijo que si le podía ayudar a ganar: «Yo sé que tienes mucho predicamento en las peñas y si tú me apoyas, seguro que muchos peñistas que son socios te siguen. Y además», continuó, «te prometo que serás el asesor personal del presidente del Madrid». Era más que goloso para mi locura madridista. Viajaría con el presidente a todos lados, como hombre de confianza.

Me decía que como yo tenía el madridismo en vena y conocía casi todo del club, podría ayudarle a moverse en sus primeros días, conocer gente, explicarle quién era quién. Me aseguró que con el sueldo me compensaría dejar el periodismo.

Para mí era muy tentador hacerme el loco e ir dejando caer que había que votar por Juan Palacios a cambio de cumplir el sueño de trabajar en el Madrid y en un cargo, de asesor, que no implicaba trabajo de oficina, que consistía en estar con el presidente, ver todos los partidos y tener relación con los jugadores. La tentación era brutal, pero a mí me pudo mi ética periodística. Me sentía joven todavía y no quería dejar de ser redactor porque sabía que si lo hacía, si me iba, el periodismo ya quedaría como parte de mi pasado. Era cruzar el charco. En un lado, están los periodistas y, en el otro, los profesionales del fútbol. Nosotros estamos para informar de eso. Si cruzamos ese charco, ya no hay vuelta atrás.

Estuve una noche dándole vueltas porque era una decisión muy importante para mi vida profesional y llegué a la conclusión de que me gusta mucho el periodismo, me gusta demasiado. Y además, sinceramente, creo que ayudo más al Madrid desde fuera, como informador, y así se lo dije a Juan Palacios: si entraba en el club yo iba a ser un empleado y si defendía al Madrid, la gente iba a decir que era porque me pagaban. Ahora el Real Madrid no me paga, lo hacen las empresas que me contratan, y si lo defiendo es por convicción propia. Si llego a aceptar, sería amigo de todos los jugadores, quedaría a cenar con ellos y hubiera tenido todas las camisetas del mundo firmadas para mis hijos, pero hubiera dejado de ser periodista y eso para mí era un peaje demasiado elevado. Creo que acerté y Juan Palacios lo entendió.

Ganó, por muy poco, Ramón Calderón, con Capello. Llegó entonces un momento muy complicado para Mijatović y Bucero, los directores deportivos, porque había que cambiar a 14 o 15 jugadores para hacer un nuevo equipo y traer 8 o 10 nuevos. Ficharon a Cannavaro, que había ganado el Mundial con Italia y eso le permitió ganar, con el Real Madrid, el Balón de Oro. También llegaron Emerson y Diarra. El segundo bien, pero Emerson... Tuve mis trifulcas con Capello porque me parecía que esos dos futbolistas resultaban como poner cemento sobre cemento. Mucha gente decía que en vez del doble pivote eran el doble pegote. Uno de los dos me parecía bien, un Casemiro, pero los dos juntos eran demasiado. Se trajeron también a Reyes, que aunque suplente muchas veces, fue determinante para la conquista de la Liga.

Además, también se fichó a Van Nistelrooy, un delantero grandioso, con 30 años. Un nueve emblemático, que tenía mucho gol y al que el Bernabéu adoró. En un partido, metió cuatro goles al Osasuna en su campo, con lo que aprietan allí, pero no se arrugaba. Un jugador diferencial y clave. Además, también estaban en la plantilla Ramos, Raúl y Casillas. Era un equipo con más cuajo del que parecía.

Fue en el mercado de invierno donde se vio la buena vista que tenía Mijatović para los fichajes. Se contrató a Higuaín, a Marcelo y a Gago, que era el que venía con mejor cartel y fue el más caro, unos 18 millones. Fue el único que falló, aunque empezó bien. Higuaín, por 12 millones, fue una ganga y luego se vendió por un dineral. Y, por supuesto, Marcelo, que es el orgullo de los madridistas, 16 temporadas, 15 años en el primer equipo y 25 títulos, el que más en la historia del club. Una trayectoria imperial y un futbolista que costó solo cinco millones y medio. Fueron fichajes que marcarían parte de la historia de Madrid y que se trajeron del mercado de invierno como quien no quiere la cosa.

Era un buen equipo en el que ya no estaba Zidane que, en un gesto que le honra, en ese verano de 2006, decidió colgar las botas, aunque con su calidad podía haber jugado tres años más perfectamente luciendo su magia. Se sintió como una carga para el equipo. Era el gran galáctico, pero, injustamente, se achacaba el fracaso del equipo. Era, y es, muy exigente consigo mismo. Por eso cuando fue entrenador también fue exigente con los demás.

Quedaban todavía Beckham y Roberto Carlos. Y también empezó la temporada Ronaldo, que todavía era aprovechable, pero que tenía un problema con el peso.

Marcelo llegó en un mercado de invierno y se fue como el madridista con más títulos.

Beckham, tan honrado como siempre, cargaba con una cruz: desde que llegó solo se había ganado una Supercopa de España, nada más aterrizar, al Mallorca. Yo estaba deseando que el Madrid ganase algo, en parte por Beckham, porque se lo merecía por su trabajo.

Capello comenzó muy irregular la Liga 2006-07, con muchas dudas, se ganaron unos partidos, pero otros fueron un desastre. Tenía enfrente al Barcelona de Ronaldinho y de un incipiente Messi, y todo el mundo pensaba que ese equipo se iba a llevar la Liga de calle.

«ESTO ES EL MADRID, OS BAJARÉIS DEL BARCO, YO NO»

El caso es que llegó el mes de marzo y el Madrid estaba a diez puntos del Barcelona. Las cosas no fueron bien ese invierno. En febrero, el Real Madrid perdió 0-1 contra el Levante, por un penalti que pitó Álvarez Izquierdo. Hubo dos penaltis en el área del Levante que, en cambio, no señaló. Esa noche yo tenía una cena de la Peña Gran San Blas en el restaurante Casa Juan. Es una peña de aficionados ya veteranos, aunque también había gente de otras peñas y reinaba el pesimismo, como si no quedasen casi cinco meses de Liga. En mi discurso les pedí que no diesen por muerto al equipo, que al Madrid nunca hay que matarle antes de tiempo, y me acuerdo que por primera y única vez oí voces discordantes que se escuchaban al fondo: «Tomás, deja de engañarte a ti mismo, que no la vamos a ganar, que no nos vendas pollinos, que es un desastre». Me calenté: «Esto es el Real Madrid. Vosotros os bajaréis del barco, yo no. ¿Cómo va a estar perdida con los partidos que quedan?, ¿desde cuándo el Madrid se da por vencido?, ya está bien, hombre». Fue muy intenso. El 10 de marzo fue el partido en el Camp Nou y todas las quinielas daban como favorito al Barcelona a un 90 por ciento. Si ganaba, la desventaja sería ya inalcanzable. Pero el Madrid sacó el orgullo e hizo un partido impresionante. Se puso 2-3 en el minuto 72 y, solo al final, Messi hizo el tercero. Marcó los tres del Barcelona, el único *hat-trick* que le ha hecho al Real Madrid. Pero la lectura que sacamos fue que el Madrid seguía vivo.

En el *AS* empezamos lo que se llamó «La Cofradía del Clavo Ardiendo». Era una expresión que había escrito Míchel tiempo atrás, tras el partido con la Real Sociedad que se suspendió a falta de seis minutos con empate a uno. Se reanudó tiempo después, con Luxemburgo en el banquillo, y el Madrid, en ese tiempo, marcó y ganó. Míchel, entonces, escribió que los de «La Cofradía del Clavo Ardiendo» iban a decir que se podía ganar esa Liga. No ganó esa Liga, pero nos quedamos con la copla. Relaño me pidió hacer algo parecido para ese Madrid de Capello. «Déjame a mí», le dije. Llamé a Toñín el Torero y organizamos una comida de peñistas en la que nos dimos moral: «Esto es el Madrid y con La Cofradía del Clavo Ardiendo vamos a ganar la Liga». Publicamos una doble página y en los corrillos del Bernabéu se empezó a hablar de eso.

Esos meses tuvimos dos entrevistas, una con Casillas y otra, con Ramos, las dos fueron portada y a ambos les pedimos hacer una quiniela para ver cómo quedaría la Liga. Se ponía quién ganaba, empataba o perdía los partidos que quedaban y los puntos que sacaban. Curiosamente, Casillas, que es muy metódico, casi la clavó porque dio al Madrid 77 puntos y 76 el Barça (acabaron empatados a 76, pero ganó el Madrid). Con Sergio Ramos, que era todo pasión, se nos fue de las manos. Ponía que el Madrid ganaba todo, menos un empate, y que el Barcelona perdía 4 partidos. Así, al final el Madrid le sacaba 10 puntos. Yo me partía de risa porque Alfredo Relaño siempre chequeaba la portada, pero ese día tuvo un viaje y no pudo hacerlo. A la mañana siguiente me llamó: «Si llego a estar, la paro. Es una locura, cómo va a sacar el Madrid 10 puntos al Barcelona, si está cinco abajo. Tenías que haberla parado, pero es que os habéis juntado dos locos, porque tú eres igual que él…».

Pero el caso es que las portadas dejaron su poso, no solamente en la afición, sino también en el vestuario; y en Barcelona me consta que se pusieron nerviosos porque ellos, que vendían que la Liga estaba ganada hacía meses, no entendían cómo decíamos que el Madrid podía llevársela. Es como si un peso pluma se enfrentase a Tyson y le dijese que le va a tumbar y reventar. Y va y lo hace. Porque el Madrid lo hace.

Beckham ganó la Liga de «el clavo ardiendo».

Empezó a ganar partidos de manera heroica. «La Cofradía del Clavo Ardiendo» tenía razón. Los reportajes en el *AS* se repetían, gracias también a Tomás Guasch. Hicimos hasta un escudo heráldico, que llevamos a *El Rondo de Barcelona*, un programa de debate de fútbol, con un poso culé y allí lo enseñamos. Nos tomaron como a cachondeo, pero no olvidaré las caras de temor de todos los periodistas de Barcelona diciéndome que era una locura. Pero es que era ya imparable. Fue una de las temporadas más divertidas de mi carrera, como madridista y como periodista. Me di cuenta de que estábamos influyendo en el estado emocional del desenlace de una Liga. Y eso no tiene precio.

Hubo un partido decisivo en el Bernabéu contra el Espanyol que, en el descanso, el Madrid perdía 1-3, lo que parecía una derrota inevitable, y que acabó ganando 4-3, en la segunda parte, ante un Bernabéu enloquecido, con gol de Higuaín. El Barcelona se vino abajo porque esa misma jornada, en casa contra el Betis, empató a uno. Sóbis metió un gol en el último minuto y perdió el liderato, aunque empatado a puntos con el Real Madrid.

La siguiente jornada, los blancos jugaron en Huelva. Empezaron ganando 0-2, pero en el minuto 85, el Recre empató a dos y la frustración fue total. Habíamos muerto en la orilla. De pronto, en el descuento, Higuaín, como si fuera centrocampista, inició un contraataque descerebrado porque era ya un desparrame el equipo y avanzó a lo loco, sin saber a dónde iba. De pronto, se la pasó a Beckham, que estaba de espaldas. Este la paró, la dio a un lado, por donde apareció Roberto Carlos: zurdazo y gol. Locura total.

Yo estaba en la redacción del *AS*, viendo el partido en una pantalla que teníamos. Estaba conmigo Óscar Ribot. Fue muy divertido porque había traído una bandeja de pasteles de la pastelería Mallorca, por si ganaba el Real Madrid para celebrarlo. Yo estaba pegado a la televisión y al otro lado de la mesa grande de reuniones estaba Ribot. Con el gol de Higuaín, con la euforia, me lancé a abrazarle por encima de la mesa y me caí de espaldas, abrazado a él, sin darme cuenta de que todos los pasteles se me estaban pegando a mi espalda, manchándome el polo. Todo me daba igual.

Alguien tenía otro polo en el cajón y me lo dejó, pero cuando fui a mi casa mi mujer me preguntó que de dónde venía. «De currar», le contesté, «¿de dónde va a ser, con el partido y el cierre?». Y ella: «A ver, ¿que dónde has estado?». «Te estoy diciendo en el periódico». «Tú has salido esta mañana con un polo de color blanco. ¿Qué haces ahora con un polo de color verde?». Le conté la historia, pero le costó creérsela porque parecía increíble. Muchas veces la realidad supera a la ficción.

Y llegó el día cumbre, el día con más intensidad de mi vida periodística. El Real Madrid jugaba contra el Zaragoza en La Romareda y el Barcelona recibía al Espanyol en la penúltima jornada de Liga. El Madrid seguía líder, pero empatado a puntos.

Messi, en el minuto 56, remontó el primer gol del Espanyol y puso el partido en 2-1. En la Romareda, el Madrid iba perdiendo, pero empató Van Nistelrooy. Sin embargo, en el 63, volvió a marcar el Zaragoza. En ese momento en el que el Barcelona ganaba y el Madrid perdía, La Romareda se puso a cantar: «Adiós a la Liga, adiós; adiós a la Liga, adiós». Era duro de asumir que el Madrid hubiese llegado tan lejos para nada.

Pero en el minuto 88 marcó Van Nistelrooy el empate y, pasados 17 segundos de reloj, se gritó gol en el Camp Nou. Entonces pensé, «ya está, el descabello, 3-1». Y de repente: «Goool de Tamudo, goool de Tamudo». El Camp Nou se quedó en silencio, porque el Madrid dependía de sí mismo para la última jornada. Por cierto, que en ese partido del Camp Nou el árbitro había dado como válido un gol con la mano de Messi que remató como si estuviera jugando al voleibol. En directo, mi rabia fue inmensa: iban a ganar la Liga y con la mano, era el «villarato» en su estado más puro. Íbamos a perder la Liga por una decisión arbitral. El tanto de Tamudo acabó con aquello y por eso los madridistas siempre amaremos al jugador del Espanyol, que encima se llama Raúl y alguien que se llama Raúl solo puede ser grande. El «tamudazo» famoso siempre estará en nuestro santoral.

La Liga no acabó ahí, se tenía que jugar el último partido contra el Mallorca en el Bernabéu; un despiste daría la Liga al Barcelona. Esa semana, Diarra se fue a Malí, Van Nistelrooy y Beckham estaban tocados y, aunque fueron titulares, tuvieron que ser sustituidos durante el partido. Diarra, gracias a una gestión del club con Blatter, presidente de la FIFA, también pudo jugar, aunque sin haber entrenado.

Sin embargo, marcó Varela, del Mallorca, el 0-1 y así se llegó al descanso con una desazón en el Bernabéu inenarrable, la sensación de que era la ruina. Hasta que en la segunda parte, José Antonio Reyes se vistió de héroe y marcó el primer gol; Higuaín, que fue decisivo esa Liga, pese a lo que se le criticó después, hizo una segunda parte antológica y también Diarra, que marcó de cabeza el segundo. El tercero, el 3-1, lo volvió a hacer Reyes y fue el delirio. He visto muchas Ligas en el Bernabéu, pero esta, con diferencia, fue la mayor celebración, como si se tratara de una Copa de Europa. Fue por orgullo, porque nunca hay que darnos por muertos, porque si eres del Real Madrid, se puede; si le dejas, se levanta y te mete el miedo en el cuerpo, como hizo al Barcelona. La fiesta fue antológica.

CAPELLO A RONALDO NAZÁRIO: «¡ESTÁS GORDO, ESTÁS GORDO!»

No estaba Ronaldo ya porque en invierno había perdido su enfrentamiento con Capello, que no toleraba su sobrepeso. Tras una derrota en Riazor, Capello les señaló a él y a Beckham, hasta el punto que les hizo entrenar en solitario. Con Beckham rectificó, porque Mijatović le abrió los ojos y un mes después del encuentro contra el Dépor, regresó en casa de la Real Sociedad: metió el primer gol, de falta. El inglés no era dudoso.

Ronaldo y Capello no se aguantaban y en un partido contra el Écija, en Copa, en noviembre, se vieron sus diferencias. El Madrid empató a uno en la ida y en la vuelta en el Bernabéu, ante 60.000 aficionados, que esperaban una lluvia de goles, se llegó al descanso con empate a cero. En el vestuario, Capello les echó la bronca histórica, gritándoles que si no les daba vergüenza cómo estaban jugando. Ronaldo estaba sentado, resoplando, porque el físico no le daba para más, cuando Capello le señaló: «¡No te da vergüenza, estás gordo, estás gordo!, ¿qué ha quedado de Ronaldo Nazário?». Ronaldo ni se inmutó, le miró y le soltó: «Ahora te responderé en el campo». Marcó un doblete nada más saltar al campo y luego pidió el campo desairado y enfurecido contra el italiano.

Ronaldo se marchó al Milan, por 8 millones de euros, allí tuvo un par de partidos buenos, pero no le daba para más.

Esa Liga fue un final feliz y emotivo para Beckham, Roberto Carlos y también para Capello, con el que había habido muchas discrepancias y no siguió.

Capello no aguantó a Ronaldo Nazário y le llamó gordo.

BAPTISTA, ENCERRADO CON UN LEÓN

El Madrid fichó a Schuster y el equipo, con Robben y Sneijder, volvió a hacer una temporada imperial frente al declive del Barcelona de Ronaldinho. Hubo un partido clave en esa campaña, que fue el partido en el Camp Nou en la jornada 17, cuando el Madrid ya le sacaba cuatro puntos al Barcelona y si ganaba allí, le dejaba a siete. En el *AS*, Óscar Ribot propuso hacer un reportaje con Baptista que consistía en meterle en una jaula con un tigre. Me quedé estupefacto. Tenía un amigo que era adiestrador y como a Baptista le llamaban «la Bestia», titulamos, junto a los tigres, que se iba a comer al Barcelona. Yo estaba convencido de que le iba a poner al lado de la jaula, pero qué va, le metió dentro de una, con un tigre tremendo.

Cuando sacamos el reportaje, a Mijatović casi le da un infarto. Su reacción fue meter una multa disciplinaria bien grande al brasileño. Baptista, entonces, le dijo que la aceptaba, pero le preguntó: «¿Me la quitas si marco un gol en el partido del Camp Nou?». Respondió que por supuesto y ocurrió. Una volea en la primera parte de Baptista dio la victoria al Real Madrid, que ya no dejaría de ser líder. En la antepenúltima jornada fue el Barcelona quien visitó el Bernabéu, ante un Real Madrid que ya era campeón. Hubo polémica por el pasillo, pero al final lo hicieron, menos Eto'o y Deco, que en el partido anterior forzaron una amarilla para borrarse. El Madrid ganó 4-1, pero en el Bernabéu nos enfadamos porque pedíamos la manita y yo vi hasta gestos de Raúl pidiendo calma, porque al final los futbolistas se conocen y no querían ensañarse.

Era un éxito ganar dos Ligas consecutivas, pero a nivel directivo, sin embargo, seguían las turbulencias. Entre que había mucha gente a la que no le gustaban las formas de Ramón Calderón, que la sombra de Florentino seguía ahí y que, en la Copa de Europa, el equipo no tiraba (había perdido contra la Roma en octavos), la entidad seguía en crisis.

El siguiente año cambió todo, a Schuster se le escapó la plantilla y eso que habíamos empezado ganando una Supercopa heroica frente al Valencia. Era a doble partido: en la ida perdimos 3-2 y encima en la vuelta marcó primero el Valencia. Iturralde, aunque ahora es amigo mío, hizo un arbitraje, como siempre, nefasto para jorobar al Madrid y expulsó, antes del descanso a Van der Vaart. Van Nistelrooy marcó, pero después fue expulsado también por una entrada que ni era amarilla. Con nueve, el Madrid marcó tres goles, con Robben desatado, memorable, y ganó 4-2, una heroicidad.

Pero el equipo no fue a más. En Liga, Guardiola ya tiraba del Barcelona y en el Madrid empezaron los líos. Perdió un partido en Valladolid y Schuster aseguró que él se iba directamente a Salamanca. Mijatović le obligó a subir al autobús: el jefe no podía abandonar la nave. Era un equipo condenado.

Perdió contra el Sevilla 3-4 antes de ir al Camp Nou y fue cuando Schuster aseguró que con ese Madrid era imposible ganar en Barcelona. Vamos, que provocó su despido. El Madrid fichó a Juande Ramos, que para mí hizo un trabajo muy bueno, aunque empezó con una derrota en el Camp Nou, injusta porque el Madrid tuvo dos mano a mano con el portero. Uno de Drenthe, que en su debut, en una Supercopa, metió un golazo a Palop, pero el problema fue que era un vivales... Y otro de un canterano llamado Palanca, que también falló. Juande encadenó 18 partidos sin perder. El problema fue la inestabilidad del club.

Calderón dimitió en enero por la famosa Asamblea en la que se colaron diez individuos. Nunca se ha sabido bien cómo. Se dijo que los metió Nanín, un colaborador de Ramón Calderón, que había estado en la discoteca con sus amigos y, como broma, acabaron en la Asamblea, ¡vaya broma! Fue una reunión muy bronca, en la que hubo también Ultrasur. La imagen institucional del Madrid era un desastre.

Se convocaron elecciones y al presentarse Florentino, nadie más se presentó. Volvió a la presidencia, recuperó a Valdano y este le convenció para fichar a Pellegrini y a un montón de estrellas. Empezaba la era Cristiano.

Mourinho: gloria y gritos

La transición entre la dimisión de Calderón y la llegada de Florentino la hizo Vicente Boluda, que llevó a cabo un «cambio dulce» en un momento en el que parecía imposible. Para el recuerdo de los socios compromisarios queda la asamblea en la que Boluda se tiró las cuatro horas de pie, con un tono conciliador y en la que impuso el voto secreto para que nadie pudiera decir que la Asamblea estaba condicionada o teledirigida. Fue modélico. Boluda, que es un empresario de muchísimo éxito, no necesitaba al Madrid para su relevancia social y echó una mano para que todo fuera más fácil. También ayudó para el fichaje de Cristiano.

El fichaje del *crack* portugués se cerró el año anterior, en 2008, con el Manchester United, gracias a una gestión de José Ángel Sánchez, Mijatović y Carlos Bucero. Ese acuerdo incluía una cláusula por la que si de alguna manera se publicaba o se filtraba antes de que llegase el momento, el Manchester United tendría el derecho a retener al futbolista un año más. Aquí fue donde entré yo, y me siento, entre comillas, culpable, porque mi vena periodística (y que no conocía esa cláusula) hizo que se retrasase un año la llegada de Cristiano.

Tuvimos una comida por el foro Ferrándiz, donde estaba invitado Ramón Calderón, en el restaurante Tejas Verdes, cerca de la casa de Ferrándiz un madridista ejemplar. Su reciente muerte me dejó muy entristecido

En esa comida le di mucho la tabarra a Calderón con el tema Cristiano, porque yo estaba inquieto, no tenía claro que fuese a venir y de tanto insistir, a Calderón se le escapó: «Mira, estate tranquilo, va a venir seguro. Hay un acuerdo cerrado con el Manchester y nos va a costar 70 millones de euros. Y eso no va a cambiar porque está firmado en un papel».

Llegaba el parón de la competición por Navidad. Y aunque no había fútbol, había que seguir haciendo portadas. Y la de Cristiano era perfecta. El error que cometí fue que puse la cantidad exacta que costaba, los 70 millones. Si llego a poner otra, no hubiese sucedido nada. Al día siguiente a Mijatović, José Ángel Sánchez y Bucero casi les dio un jamacuco, aunque sospechaban que la filtración solo había podido salir del presidente.

Boluda hizo una transición ejemplar hasta
que volvió Florentino Pérez.

Así que por dar una noticia para tranquilizar a los madridistas diciendo que Cristiano venía, hice que se retrasara. Por eso me doy cachetazos a mí mismo y golpes en el pecho de la rabia de que me ganara el instinto periodístico. Aunque es verdad que en la comida había otros testigos y que esa noticia terminaría saliendo. Si llego a estar solo con Calderón igual me autocensuro y no digo nada, pero la noticia quemaba y yo soy periodista.

Cuando Florentino llegó a la presidencia el precio ya había subido a 94 millones, más dos que había que pagarle al Sporting de Portugal como derecho de formación. Florentino decía que era carísimo. Y yo me quería morir por dentro, porque fui culpable de que hubiese que pagar 26 millones de más. Pero insisto, cuando tienes una noticia, debes publicarla.

Florentino tuvo un pequeño tira y afloja de celos porque el fichaje estaba ya consumado, pero era consciente de que era un jugador que iba a marcar un antes y un después en la historia de Madrid y ejecutó el fichaje.

Se presentó el 6 de julio. Yo jamás he visto una ilusión igual por un futbolista. Nunca. No hay que olvidar que venía siendo la estrella del Manchester United y que había sido campeón de Europa y ganado el Balón de Oro. Había estado en Harvard y ahora íbamos a ver si lo matriculábamos en Oxford. En *Marca*, Eduardo Inda y Manu Sainz le habían hecho una entrevista, la primera que dio para España, y yo apreté un poco a Jorge Mendes, el agente, para tener la primera una vez que Cristiano estuviera ya aquí. Así, si la presentación fue las 20.00 horas en el Bernabéu, a las 18.00 me citaron en el Hotel Mirasierra Suites, en la habitación donde estaba Cristiano, para hacerle la entrevista antes de que fuese al Bernabéu a presentarse a lo grande. Yo estaba muy nervioso: fui con varias fotos de sus conquistas, de su Balón de Oro o de cuando levantó la Champions para que se sintiera cómodo y viera en mí, ya que no me conocía personalmente, no solo a un periodista del *AS*, también a un aficionado del Madrid entusiasmado con su llegada.

Cristiano asombró al Bernabéu.

La verdad es que se portó muy bien y estuvimos hablando de todo más de media hora. Para mí fue una experiencia que me llenó mucho. Él estaba nervioso, con la tensión contenida por la presentación. Yo le expliqué que era socio desde pequeño, que había ido mucho al Bernabéu y lo conocía al dedillo. Me preguntó varias veces: «¿Pero se va a llenar?». Y yo le aseguré que iban a ir 80.000 personas, que no iba a caber un alma y que se quedaría gente en la calle sin poder entrar. «Increíble», dijo él, «y sin partido». Le expliqué lo exigente que era la afición del Real Madrid y eso le gustó.

Jamás olvidaremos su entrada en el campo. Estaba tan lleno como un Real Madrid-Barça y cuando él irrumpió por la bocana de vestuarios, fue como cuando en las películas de Roma aparece el gladiador y todo el circo romano se pone de pie, entusiasmado. Fue espectacular la ovación, el entusiasmo, la alegría y la felicidad que mostraba la gente. Florentino no cabía en sí, no podía disimular una sonrisa de oreja a oreja porque, viendo el llenazo, entendía la dimensión del jugador.

Estaba Eusebio, el gran futbolista portugués, que me consta que era un enamorado del Real Madrid, y también estaba Di Stéfano, su amigo. Cuando Cristiano, con una alegría que se le notaba en la cara, acabó su discurso diciendo: «¡Un, dos, tres, hala Madrid!», el orgasmatrón madridista se elevó hasta niveles insospechados. Fue uno de los grandes momentos en la vida de un madridista, por lo menos de nuestra generación. Por supuesto, para la gente joven, ver a una gran estrella es un momento único en sus vidas.

Ahí supimos lo que nos esperaba con Cristiano: grandeza, títulos y éxitos. Era la joya de la corona de ese verano, en el que, como bien dijo Florentino cuando llegó a la presidencia por segunda vez, había que hacer en un año lo que se debió haber hecho en tres. Se tenía que llevar a cabo un proyecto nuevo, ilusionar y hacer una reforma integral del equipo.

Una de las promesas de Calderón incumplidas fue Kaká. Por eso se hizo su fichaje, pero ahí puede que hubiese precipitación. Yo entiendo que tú quieras cumplir una promesa no cumplida de tu antecesor, pero es que existían informes médicos que ofrecían dudas: en el Milan llevaba ya dos temporadas en las que se perdía muchos partidos por un problema de pubalgia. Además, también la rodilla le había dado guerra. Mijatović me contó que cuando Calderón estaba empeñado en fichar Kaká, él habló con Seedorf, que jugaba allí. Le desaconsejó el fichaje porque su físico no estaba del todo bien y podía perderse la mitad de los partidos. Mijatović le hizo caso, pese a que Ramón Calderón incumplía así su promesa.

Pero Florentino había dado su palabra de que si volvía, haría lo que Calderón prometió y no cumplió, y pagó 67 millones de euros.

La pena es que no sabíamos que iba a llegar esta versión de Kaká, ya descafeinada, y no la versión de Kaká que ganó la Copa de Europa años antes. En su presentación, Kaká metió a 55.000 aficionados al Bernabéu.

Kaká llegó con Cristiano Ronaldo, pero apenas dejó huella.

Y se fichó también Benzema, del que teníamos buenas referencias. No era el de ahora, tenía un físico más grande, más fuertote. Parecía más un nueve *killer* que un delantero como lo es ahora, estilizado y jugón, pero la verdad que ya tenía mucho gol y mucha calidad. Florentino en persona fue a su humilde casa en Lyon y lo fichó por 35 millones de euros. Y para completar el equipo, llegó Albiol del Valencia, por 15 millones de euros. Además, en una doble y brillantísima operación, José Ángel Sánchez le sacó al Liverpool a Xabi Alonso y Arbeloa, que serían muy importantes en los siguientes años. Arbeloa, que costó uno 4 millones de euros, tuvo luego mucho predicamento con la afición por su identidad. Xabi Alonso, mientras, llegó a acudir al *transfer request* para que el Liverpool entendiera que se tenía que ir. Por esa norma, en Inglaterra no se puede tener a un jugador contra su voluntad y eso hizo que pudiera venir por unos 40 millones. También se recuperó a Granero, del Getafe.

EL TERRIBLE ALCORCONAZO

Era un equipo muy armado con Pellegrini al mando, que se volcó en la Liga, en la que fue competitivo y fuerte. Hizo una competición, para mí, maravillosa, la segunda mejor en la historia del Madrid. Sí, perdió pero se sumaron 96 puntos. Solo hubo una Liga mejor, que fue la de los 100 puntos de Mourinho.

Pero el año de Pellegrini, el Barcelona llegó a 99 puntos. De esos, hubo cuatro o cinco partidos donde claramente ayudaron al Barcelona. Con arbitrajes normales, el Madrid hubiese sido campeón, además con un fútbol de ataque y atractivo. La gente iba feliz al Bernabéu porque sabía que iba a disfrutar.

Pero ocurrieron varios accidentes: uno, en el partido de la fase de grupos de la Champions contra el Marsella. Diawara, no se me puede olvidar el nombre, le metió una patada en el tobillo a Cristiano que casi le revienta. Fue la única lesión fuerte de verdad. Estuvo dos meses y medio de baja y aun así, acabó la temporada con 33 goles. Si no se hubiese lesionado, podría haber marcado 20 más y acercarse a los cincuenta que solía hacer por temporada. Eso condicionó mucho al Real Madrid, porque Cristiano esa temporada no estuvo físicamente como le gustaba.

Sucedió, además, el Alcorconazo, que se le podía perdonar a Pellegrini, pero sumado a la eliminación en octavos de la Champions contra el Olympique de Lyon fue definitivo. El Madrid perdió 1-0 en Lyon y en la vuelta hubo un momento clave, en la primera parte cuando Higuaín regateó al portero, a Lloris, pero se escoró demasiado. Tiró y pegó en el palo. No fue un tiro malo, no es que la mandase por encima del larguero o pegase una patada al suelo. Por aquella jugada se le demonizó, para mí, exagerada e injustamente, cuando es un futbolista que, como todo el mundo sabe, ganó dos Ligas seguidas y metió goles decisivos en la de las remontadas. Yo he discutido mucho con los madridistas porque ese fallo le ha condenado para los restos. Por esa regla de tres, igual que se condena a Higuaín, Cristiano, Kaká y Ramos nunca podían haber jugado en el Madrid por fallar sus penaltis contra el Bayern en la semifinal de la Copa de Europa.

La noche del Olympique hizo mucho daño porque antes había sucedido la noche de Alcorcón, que fue terrorífica. El Madrid perdió 4-0. Jugaron, entre otros, Raúl, Guti, Arbeloa, Dudek, que había sido campeón de Europa. Es decir, un equipo competitivo, para haber empatado como poco.

Aquel partido tuvo trampa. Lo he visto dos veces repetido, como acto de contrición, de fustigarme, y no exagero si escribo que el Madrid pudo haber metido cinco goles. Juanma, el portero de Alcorcón, hizo unas paradas antológicas, casi imposibles. Fue un resultado engañoso. No se puede decir que el Madrid fue arrasado o que no la vio, pero es que el Alcorcón metió las que tuvo y los de Pellegrini, no.

En la vuelta se creó un clima de remontada, pero casi fue peor que la ida y eso castigó más a Pellegrini. Jugaron Kaká, Van Nistelrooy, Higuaín, Raúl... No lo hicieron Cristiano ni Sergio Ramos. Y hasta el minuto 81 no conseguimos abrir la lata. Es decir, fueron 80 minutos sin marcar un gol al Alcorcón con el Bernabéu lleno. Inaudito. Una frustración. A Pellegrini solo le podía salvar ganar la Liga y puede que ni eso.

Desde mitad de temporada, Florentino empezó a buscar sustituto. El nombre de Mourinho sonaba ya en febrero, pero Florentino me dijo que no iba a venir porque en ese momento le echaba un poco para atrás todo lo que le acompaña, esa bronca a su alrededor, esa acidez ante la prensa o sus numeritos en la banda. Aunque le gustaba como entrenador, Florentino creció con el señorío del Real Madrid y Mourinho le daba, en ese momento, un poco de miedo.

MOURINHO, SALVADOR DE MIS PESADILLAS

Pero, pese a la inversión hecha en verano, el equipo terminó la temporada sin títulos y, sobre todo, ocurrió la eliminatoria de Champions del Inter de Mourinho contra el Barcelona. La final era en el Bernabéu y, no lo voy a negar, como tantos madridistas estuve durante semanas aterrorizado, incluso con pesadillas en las que veía al Barcelona levantando la Champions en el Bernabéu, a Guardiola sacando pecho, a Alves en plan chuleta y a Piqué... Me levantaba sudando. Me entraban ganas de cualquier barbaridad y evitar que se pudiera jugar en el Bernabéu. Cualquier cosa para evitar que se mancillara el honor de la historia del Real Madrid con los del Barcelona levantando una copa en nuestro estadio, en nuestro santuario.

Mourinho ganó con su Inter en la ida 3-1 de las semifinales, pero se sabía que la vuelta en el Camp Nou iba a ser dinamita. Busquets fingió una agresión de Motta y en el minuto 28 consiguió que le expulsaran. Mourinho, en una decisión genial, al verse con uno menos, puso a Eto'o de lateral y echó el equipo para atrás. Julio César, el portero del Inter, tuvo una actuación imperial, con paradas memorables. Aguantaron de manera heroica. Pero a seis minutos del final, Piqué metió el 1-0.

Por una vez, el árbitro fue honesto porque el Barcelona metió el segundo gol (por cierto, yo estaba ya metido en el servicio del *AS*, sufriendo. Lo pasé peor que con un partido del Real Madrid). Oí la tele y cuando escuché el segundo gol, pegué un grito: «¡Nooo!», hasta que dijeron que lo anulaban y salí y lo vi. Yaya Touré se ayudó con la mano en el inicio de la jugada. Gol perfectamente anulado, pero extrañó porque nadie se atrevía a pitar eso contra el Barcelona, no fuera a parecer que no le ayudabas.

Mourinho fue la solución tras Pellegrini.

Pasó el Inter y se abrieron los aspersores, mientras Mourinho iba a saludar a los hinchas italianos del Camp Nou. Éxtasis, alivio, sensación de liberación absoluta. Y en ese momento, todos los madridistas, a la vez, dijimos: «Este tío tiene que ser nuestro entrenador, aunque solo sea por agradecimiento a los servicios prestados». Se merecía venir al Madrid para darle las gracias un día sí y otro también por haber conseguido que el Barcelona no jugase la final de la Champions en el Bernabéu.

Y encima ganó la final contra el Bayern, al que nunca le tuvimos mucho cariño (aunque después del 8-2, sí, pero esa es otra historia). Yo creo que todos los neutrales de ese día en el Bernabéu eran del Madrid e iban con el Inter, que además nos cae bien, porque siempre le ganábamos en las remontadas. No como el Milan, que nos ha amargado muchas noches.

Fue un aldabonazo más, aunque creo que incluso perdiéndola también hubiese venido al Madrid. Es verdad que Mourinho se pasó un poco de frenada porque no fue normal ganar la Champions y esa noche, en vez de estar en la celebración de tu equipo, irte a negociar con el Real Madrid. Si lo hubiese hecho entrenándonos a nosotros me hubiera molestado bastante. Espérate un día por lo menos. Si tienes que ser infiel, no lo seas el día de la boda, espérate a mañana, disimula, pero córtate.

Pero como era a favor del Madrid, todos hicimos la vista gorda. Florentino y él llegaron a un acuerdo y se consumó su fichaje. Luego sí cogió el avión para celebrarlo en Milán. Mourinho será durante toda la vida un rey para los interistas porque ganó la Liga, la Copa y la Champions, un triplete histórico. De hecho, la final del Mundial la ganó España y evitó que Sneijder, que jugaba en el Inter, lo ganase todo esa temporada.

A Sneijder lo vendió el Madrid en verano. Era un jugador poco disciplinado, al que le gustaba la noche madrileña, pero con mucha calidad y si hubiese ganado el Mundial, se habría llevado el Balón de Oro, ese que luego le regalaron a Messi.

Casillas, del Real Madrid, levantó la Copa
del Mundo que ganó España.

LA FARSA DE MUNDIAL
CON ADN DEL BARCELONA

Ese Mundial lo ganó España, según los culés, por el ADN del Barcelona y yo digo que hubiese sido imposible sin los madridistas. Estaba Casillas, que le hizo esa parada antológica a Robben. Sin ella no hubiese llegado nunca el gol de Iniesta. Hubiéramos perdido 1-0 y a hacer puñetas. Sergio Ramos hizo un Mundial sensacional de lateral derecho y Xabi Alonso, que se llevó la patada de De Jong en la final, hizo pareja en el centro del campo con Busquets. El Madrid fue clave, pero también estaban Capdevila, que fue un torrente por la banda izquierda, o Fernando Torres, que no recuerdo que jugara en el Barcelona. Incluso Villa no había debutado aún con los azulgranas, hay un empeño casi enfermizo por decir que el Mundial fue del Barcelona, pero no. Fue de un conglomerado de jugadores de distintos equipos de nuestro país y es verdad que había más del Barça, pero el sello era el de la selección española. Y por cierto, el sello se lo había puesto Luis Aragonés en la Eurocopa de 2008, en la que solo había tres futbolistas del Barcelona: Puyol, Xavi e Iniesta. Del Bosque, muy inteligentemente, dio continuidad a ese sello de Luis con unos retoques, como el doble pivote para sujetar al centro de campo.

MI MENTIRIJILLA EN EL ADIÓS DE RAÚL

La llegada de Mourinho coincidió con la salida de Raúl y hay varias versiones de lo que sucedió ahí. Lo que yo sé es que se celebró una reunión en Valdebebas y Mourinho no le dijo que no contaba con él, al contrario, le preguntó a Raúl si estaba motivado para su proyecto. Raúl le contestó: «No sabe el honor que es para mí, que me he fijado cómo entrena y cómo trabaja, estar en sus manos. Pero es que como no sabía que iba a haber este cambio de entrenador, yo ya contaba que con Pellegrini no iba a jugar y me tenía que buscar la vida». Metzelder había hablado con Felix Magath, el entrenador del Schalke 04, y montó una cena privada en un restaurante de Madrid para decirle a Raúl que iba a ser el líder de su proyecto. Por eso aceptó.

No es que Mourinho le echara, no es tonto y quería contar con él. Al final, quedaron como dos caballeros del fútbol. El último partido de Raúl con el Real Madrid fue contra en Zaragoza, donde empezó, pura justicia poética. Se lesionó ese día, pero antes metió el gol del cojo.

El día de la despedida de Raúl para mí fue muy duro y emotivo. Antes, había hablado con Valdano y me había dicho la hora y que, teóricamente, era a puerta cerrada, un acto íntimo, con la familia, con la prensa, con todos sus trofeos en el palco de honor.

Yo me rebelaba contra eso, no entendía cómo Raúl se iba a ir sin despedirse de la afición. Creo que fue para evitar que hubiera un plebiscito de la grada, porque muchos raulistas no acababan de entender su salida, aunque era él quien había tomado la decisión.

Reconozco que ese día fui un mal periodista y mentí intencionadamente en la página 2 del *AS*: publiqué que el acto sería a puerta abierta y que la afición podría despedirse. Eso provocó que en la puerta de entrada del Bernabéu apareciesen, 300 o 400 aficionados que empezaron a aporrear la puerta. Me llamó Valdano para decirme que estaba loco y yo le contesté que Raúl no se podía ir así, como si fuese un tipo sospechoso, coño, que no me daba la gana.

Abrieron para que esos 300 aficionados entraran y conseguimos que Raúl, después del acto bonito, institucional, elegante, cuidado, medido, que se hizo en el palco de honor, bajara a la grada a abrazarse a esos fieles a su figura que nunca que nunca olvidarán que pudieron dar su último adiós a su capitán en el Bernabéu, en el santuario donde les hizo tan felices durante tantos años.

Yo me puse abajo y vi que cuando volvía de estar con la gente, él lloraba, porque entonces se dio cuenta de que era su último abrazo oficial a la afición. Yo había comprado una camiseta oficial en la que escribí: «Raúl, hasta siempre, capitán» (y me costó mi pasta, porque cada letra eran cinco euros). Esa camiseta está en el bar de Toñín el Torero, porque había que enmarcarla y por culpa de las mangas es muy ancha. Al verla, mi mujer me preguntó, con ironía, si pensaba colgarla en casa. Ante la posibilidad de que acabara en un cajón guardada para siempre, se la cedí a un raulista irreductible como Toñín y ahí está, en su bar de Entrevías, luciendo. Está firmada por Raúl, porque se lo pedí cuando acabó la conferencia de prensa. Queda dedicada para siempre.

Después estuve muchos años sin ver a Raúl, que jugó en Alemania y en Qatar. La espera mereció la pena, porque vino en el famoso homenaje en el Santiago Bernabéu, en el que, por cierto, también el *AS* apretó: al principio, en el cartel del anuncio solo ponía Real Madrid-Al Saad, sin ninguna reseña a Raúl, y nosotros empezamos a decir que cómo era posible.

Dos días antes, el Madrid rectificó e hizo una publicidad encartada en los periódicos deportivos en la que se citaba a Raúl. El homenaje fue muy emotivo. Me acuerdo de que fui con mi hijo y con mi mujer y al salir a calentar el Real Madrid, Raúl salió con el resto de los compañeros (porque iba a jugar una parte con cada equipo, pero no se sabía cuál). Y cuando le vi al lado de Cristiano y de Sergio Ramos, con el chándal de Madrid, me puse a llorar porque pensé que Raúl había vuelto, que se había acabado la pesadilla y volvía a ser nuestro jugador. Fueron 45 minutos de un sueño imposible.

En la primera temporada de Mourinho ocurrió el 5-0 del Camp Nou. Ese resultado tiene un matiz y es que con 2-0, y ya con una tarjeta por protestar, Víctor Valdés salió e hizo falta a Cristiano Ronaldo, que le había regateado hacia fuera. Valdés le metió la mano y le derribó. Era penalti claro y segunda amarilla, pero Iturralde González se tragó el silbato y no se atrevió, frente al Barcelona de Guardiola, a dejarle con diez en su campo y con 2-1, porque Ronaldo era casi infalible en los penaltis, hubiese sido otro partido. No sé cómo hubieran quedado, pero 5-0, no.

Mourinho fue reconduciendo la nave y el equipo compitió en la Liga hasta el final, aunque no le dio para ganarla. Sí se llevó la final de Copa, que se celebró como una Champions, pero no porque el Madrid celebre las Copas del Rey, sino porque el Madrid celebró ganar al Barcelona ese que la propaganda decía que era invencible: que si Guardiola, Messi, Iniesta, que si el fútbol de verdad, el estilo, el modelo. El Madrid hizo en Valencia un partido histórico, memorable y maravilloso. Ganó gracias al gol de la prórroga de Cristiano, que no olvidaremos nunca los 20.000 madridistas que estuvimos allí. Encima, ver a Cristiano celebrándolo justo en la zona donde estaba la afición del Barcelona, mientras Messi, en otro lado, bajaba la cabeza… Luego, hubo un gol anulado al Barcelona por un fuera de juego de medio palmo, de cinco centímetros, pero Guardiola, con sus narices, dijo irónicamente que el linier tenía tan buena vista que no daba un gol por unos centímetros. En vez de aplaudir el acierto del linier, lo criticó. Es la doble moral de Guardiola, que no hablaba de los árbitros, pero cuando el linier acertaba, si era contra él...

«RONCERO, NO PARARÉ HASTA VERTE MUERTO Y ESCUPIRÉ SOBRE TU TUMBA»

Esa final fue muy dura para mí, aunque todo curte en la vida. El día anterior viajó a Valencia Pedro Pablo San Martín, por entonces subdirector del *AS*, a recoger las acreditaciones. Relaño y yo íbamos el mismo día del partido, así que le dijimos a Pedro Pablo que recogiese todas las acreditaciones y así marcharíamos con calma al fútbol. Pero de repente me llamó intrigado desde el hotel donde la Federación Española tenía su *staff* para los medios. Me dijo que le había sucedido algo extraño, que había podido recoger la de Relaño, pero que yo tenía que ir en persona a por la mía, por temas de seguridad, porque iba el rey, no sabía... Me sonó rarísimo, a cuento chino.

En la tarde del partido fui, pero cuando llegué a una carpa que estaba justo en el centro de Mestalla, donde yo creía que se recogían, me dijeron que allí no era. Era zona neutral, a un lado estaba la afición del Madrid y al otro, la del Barcelona. Pues me mandaron hacia ese lado, la zona norte del estadio, a un edificio al que, para llegar, había que pasar sí o sí por donde estaban los aficionados del Barcelona. De perdidos al río. Me encontré con Paul Tenorio y otro compañero que trabajaban en *La Gaceta* y fui con ellos, pero según fuimos avanzando hacia el edificio donde estaban las acreditaciones, me empezaron a reconocer: «Roncero, ¿dónde está la bestia?», me gritaban. Porque yo, cuando el Barça nos metió 5-0, en *El Chiringuito*, en vez de estar hundido, dije:

«No sabéis lo que habéis hecho, habéis despertado a la bestia y cuando la despiertas, te arrepientes para el resto de tu vida. Si hubierais ganado 2-1, no habría pasado nada, pero de este 5-0 os vais a arrepentir toda vuestra vida». Que por cierto, el tiempo me dio la razón: ganamos esa Copa, la Liga del año siguiente y 5 Champions después. Despertaron a la bestia, las cosas como son.

De camino a las acreditaciones la cosa se fue poniendo regular, pero conseguimos llegar. Para mi sorpresa, la persona de prensa de la Federación, da igual quién fuera, me tiró la acreditación, ni me saludó. Luego, ya descubrí por qué: yo era de los que denunciaba el «villarato» todos los días. Es verdad que se lo inventó Relaño, pero era yo quien lo recordaba un día sí y otro también en el *AS* y *El Chiringuito*, porque, por desgracia, todos los fines de semana el «villarato» favorecía al Barcelona y perjudicaba al Real Madrid. Y a mí, que no me callo, se me llenaba la boca. Debe ser que consideraron que, por tanto hablar del asunto, debía cruzarme con 20.000 hinchas del Barcelona sin pensar en la burrada de lo que pudo haber pasado.

Se corrió la voz de que estábamos allí y al salir a la calle me encontré la misma escena de la película *Los pájaros*, de Hitchcock. Había unos 150 aficionados del Barça, algunos con unas pintas de ultras y con muy mala cara. «Ya no salgo aquí», me dije, pero tiré para delante con un compañero de *La Gaceta* a cada lado. Se empezaron a arremolinar hacia mí como zombies contra el que todavía tiene la sangre limpia. ¡Y empecé a escuchar unas barbaridades! Yo siempre he dicho que ahí descubrí la palabra odio, sobre todo de un chaval, pelirrojo, que me dijo al oído una expresión que me dejó aturdido por lo dura que fue: «Roncero, no pararé hasta un día verte muerto y el día que te vea muerto, iré cada mañana a escupir sobre tu tumba».

Había uno que, delante de mí, intentaba frenarme el paso y me hacía cortes de manga. Me tiraban del ordenador porque si me lo quitaban, tenía que pararme. Me vertieron una lata de cerveza por el traje, escupitajos, todo lo que se pueda imaginar. Yo le dije a los chicos: «No corremos, seguimos andando como si nada, aguantamos el chaparrón». Me pusieron varias zancadillas, no caí, me tropecé dos veces, pero no caí. Sabía que si caía, iban a volar patadas. Yo seguí andando y aunque fue humillante, aguanté el tipo. No quería huir y si me llevaba una paliza, pues mala suerte. Tenía miedo de que con ultras por medio me clavaran una navaja, porque eso no lo ves venir.

Por suerte llegué a la zona neutral y no olvidaré jamás a un matrimonio del Barcelona, que habían visto la escena y me dijeron: «Roncero, disculpa, por favor, no te pienses que la afición del Barcelona es así». Yo les dije que tenían razón, que no era así, pero que esos no podían ir por la vida de esa manera. Si Carme Barceló, que en esa época estaba en su mejor momento de fama entre los culés por *El Chiringuito*, hubiera pasado delante de los del Madrid, no habría pasado nada.

No le eché tanto la culpa a ellos, pero me dolió mucho que en la Federación Española, y no digo que Villar lo ordenara, tuvieran ese acto de irresponsabilidad supina. ¡Qué casualidad que otros periodistas pudieran recoger la acreditación el día antes y a mí me obligaran a ir a su edificio!, que casualmente, y no sé si eso es un síntoma del «villarato», estaba en la zona de hinchas del Barcelona. Lo normal hubiese sido la zona neutra o, por qué no, recogerlas en la zona del Madrid. ¿O temían que los del Madrid le hubiesen dicho algo?

Con Relaño pactamos no publicar nada porque los ánimos estaban muy solivantados y podía haber habido un intento de venganza, algo que no me hubiera perdonado nunca. Al final, quedó como una dura experiencia de la vida.

La mejor forma de olvidar aquello fue el gol de Cristiano. Yo me fui al hotel más feliz que un ocho. Efectivamente, para mí fue como ganar una Copa Europa porque el Guardiolato se llevó un palo que no imaginaban. Y fue el aperitivo maravilloso del año siguiente, cuando la mejor Liga de la historia de Madrid, con 121 goles y 100 puntos, se la ganamos al Barça de Guardiola. Fue una Liga imperial, que se la pongo en el haber a Mourinho, porque sus dos primeros años fueron de *chapeau*: volvió a dotar al Real Madrid de su espíritu competitivo, sin complejos ante ese Barcelona. Se ganó una Liga increíble.

No olvidaré esa escena en Cibeles con Mourinho emocionado, abrazado a Casillas, abrazado a Pepe, abrazado a Ramos y abrazado a Cristiano. Hago énfasis en estos cuatro nombres porque fueron justo con los que, unos meses después, Mourinho se enfrentó a lo bestia, muy a lo bestia.

MOURINHO CONTRA EL BARCELONA DE LAS MENTIRAS

Incluso a los que no nos gusta la bronca continua teníamos claro que había que defender a Mourinho porque era verdad que, antes de enfrentarse a los jugadores, tenía muchas razones en sus denuncias. Yo las compartía: las quejas arbitrales, lo de la UEFA o lo de la famosa semifinal de Champions contra el Barcelona. En ese partido hubo tres fingimientos: Pedro con Arbeloa, que no picó el árbitro; luego, el de Busquets, que también fingió con Marcelo y no coló. Cada vez que sucedía una jugada de estas, los jugadores del Barcelona hacían el corro de la patata al árbitro, por orden de Guardiola, y así le provocaban la duda. Si a ti te protestan siete, ocho, nueve a la vez, por muy claro que hayas visto la jugada, dudas. Y tras dos amagos, a la tercera fue la vencida. Alves, en la famosa acción de Pepe, se lanzó al suelo dando dos vueltas, pese a que el defensa portugués no le llegó a tocar. Puedes sacar amarilla por juego peligroso, pero como no hay contacto nunca puede ser roja. Fue una jugada en la que los dos disputan el balón, con los pies en alto, pero como Pepe era más fuerte, pues era más peligroso. Alves reaccionó como si le hubieran roto el pie cuando no le habían tocado. Esa sí coló: tarjeta roja. Iban 0-0 y a partir ahí, dos goles de Messi.

En la vuelta, el Madrid empezó como una moto y con 0-0, desde fuera del área, Piqué derribó a Cristiano y al caer, sin querer, dio con la cabeza en el tobillo de Mascherano. Este gritó y se tiró. Mientras, el balón le llegó a Higuaín, que marcó un gol como una casa. Era gol del Madrid, era falta de Piqué a Cristiano, pero el árbitro pitó, con un par, falta de Cristiano a Mascherano. Fue la primera falta con el cogote de la historia. Eso solo le puede pasar al Barcelona. Esa eliminatoria fue, después de todo eso, la del famoso «por qué, por qué» de Mourinho.

Las eliminaciones de Champions fueron muy frustrantes, esa del Barcelona y la segunda, la famosa del Bayern. Cuando marcó Cristiano el 1-0 en el Bernabéu, el Real Madrid estaba clasificado porque en la ida había perdido 2-1. Metió después el 2-0, y Mourinho echó un poco el equipo para atrás para jugar a la contra y rematar la faena. Pero Pepe hizo un penalti y el partido se puso 2-1. Sin goles tras la segunda parte, se llegó a la prórroga. Poco antes, Mourinho había sacado a Kaká, que firmó su sentencia con el Madrid. Salía fresco y con la calidad que tiene podía haber decidido el partido, decir: «Aquí estoy yo». No solo no lo hizo, sino que llegaron los penaltis y Cristiano y Kaká fallaron. A Cristiano se lo puedo perdonar por todo lo que nos dio, pero Kaká, para una cosa que tenía que hacer... El denostado Casillas paró dos y, luego, Ramos mandó el suyo a las nubes. Fue doloroso, pero el equipo compitió y no se le pudo reprochar nada a Mourinho.

MOURINHO, SOBRE RAMOS: «TIENE COJONES, ESTE CHAVAL TIENE COJONES»

Ese verano, sin embargo, no se sabe qué le pasó al Madrid, pero cambió. Empezó la temporada irregular y tras una derrota en Getafe, Mourinho ya puso a caldo a los jugadores. Después de otra en Sevilla, aseguró, muy enfadado, que por él hubiera cambiado a siete en el descanso. Eso no lo hizo los años anteriores, cuando siempre defendió al grupo y al vestuario. Ahora empezaba a utilizar fuego amigo y todos nos dimos cuenta de que algo había pasado, algo se había quebrado. Primero, con Sergio Ramos, al que en un partido de la fase de grupos contra el City le dejó en el banquillo, porque el sevillano, en un encuentro anterior, había llevado una camiseta de Özil por debajo para reivindicar su titularidad. Mourinho se la apuntó y se vengó poniéndole de suplente el día del encuentro de la Champions en el que el Madrid remontó un 1-2 en los últimos cinco minutos, para ganar 3-2 al City.

Fue un partido polémico también porque Casillas no celebró el último gol de Cristiano Ronaldo. Se equivocó. También se equivocó mi padre que se salió antes, como hacen muchos aficionados del Madrid cuando la cosa va mal, para evitar las aglomeraciones. Pues esa vez no vio la remontada. Yo le llamé entusiasmado para compartir la ilusión y al cogerlo, como creía que el Madrid había perdido, me dijo: «¡Vaya desastre!». Le eché la bronca y le regañé como a un niño pequeño por no haberse quedado hasta el final en el Bernabéu y porque me supo fatal no poder hablar de eso con él.

Ramos arregló su situación con una reunión personal que pidió a Mourinho. Solo diré que Sergio habló con un tono enérgico, dentro de la educación, y le dijo: «Yo no soy como algún otro compañero que agacha la cabeza, míster, yo soy de Camas y muero por triunfar en el Real Madrid. Y usted no me va a joder ese sueño. La última vez que me hace esto». No era una amenaza por ser suplente, era dejarle claro que no se equivocara con él, que no llevase a cabo venganzas de niño pequeño, de castigo con el banquillo. He dulcificado los términos, pero Mourinho se quedó mirando a sus ayudantes y les dijo: «Tiene cojones. Este chaval tiene cojones». No le volvió a dejar en el banquillo. Solo quiero que conste en acta cómo cada uno se toma las decisiones de un entrenador cuando te pone contra la pared.

Luego, llegó el tema de Casillas, al que dejó como suplente en un partido en Málaga antes del parón de Navidad. Con Adán en la portería, el Real Madrid perdió 3-2 cuando el rival solo hizo cuatro disparos. No le salió bien la jugada a Mourinho porque Casillas era el ídolo. Había sido fundamental en los títulos de Copa y de Liga y acababa de ganar su segunda Eurocopa con España, era un héroe nacional y madridista. Entonces, vinieron las famosas declaraciones de Sara Carbonero en México, quizá pensando que no iban a salir aquí, en las que decía que no estaba claro que Mourinho fuera a seguir en junio. Eso dejó muy mal a Casillas y le dio a Mourinho el as de oros que hasta entonces no tenía.

La gente estaba con Iker y pitaba a Mourinho, pero eso cambio cuando, con mala suerte, Arbeloa le rompió el dedo a Iker y le lesionó de forma fortuita en Mestalla. Fue entonces cuando se montó toda la trisca mediática. Casillas cometió el error, como capitán, de no hablar y recibió todo tipo de críticas: que si era el topo, el chivato…, todo valía contra él. Además, el club no le blindó al guardar silencio. Su imagen quedó vilipendiada y ese partido ya no lo remontó jamás Casillas.

Tampoco ayudó que cuando se recuperó y volvió a los entrenamientos, Mourinho o su equipo filtraron que, al parar, encogía la mano lesionada. Fue una filtración miserable, por dar a entender que el jugador tenía miedo cuando se estaba recuperando. Era la doble moral de Mourinho: acusaba de ser un topo, pero él sí que filtraba.

EL VESTUARIO AMENAZA CON UNA HUELGA A MOURINHO

En los vestuarios siempre se filtra, y quiero poner por escrito que, en la época de Mourinho, no menos de una docena de jugadores hablaba con periodistas, que, por cierto, estaban haciendo su trabajo. Consiste en eso, en estar informados y es mejor que hablar con los jugadores que informar de oídas. Los futbolistas tienen sus intereses y saben que hablar con periodistas les viene bien para que luego te traten mejor que si eres un borde...

Ese día de Málaga, la gente no lo sabe, pero Pepe tuvo un golpe en el tobillo, se fue medio cojo, lesionado. Consultó a los médicos y le dijeron que era una lesión con peligro. Pero si se operaba, en un mes y medio estaría como nuevo. Y que si no lo hacía, sería peligroso para su futuro. Se lo contó a Mourinho y este le pidió que aguantase, que lo hiciese por él, que le había defendido siempre, que no se operase hasta final de temporada. Los médicos le insistían a Pepe, asegurándole que era una barbaridad, luego se podía tirar un año inactivo porque la lesión se podía agravar. Así que en ese parón navideño, Pepe se operó en Portugal y cuando Mourinho se enteró, le hizo cruz y raya.

Pepe también tuvo problemas con Mourinho.

Llegó el primer entrenamiento, antes de Nochevieja, y Pepe, cuando se cruzó por los pasillos de Valdebebas con Mourinho, hizo el amago como de saludarle, pero el entrenador le esquivó y continuó recto. Al día siguiente, cuando

Pepe fue al vestuario, el vigilante de seguridad personal que tenía la plantilla le dijo que, por orden del míster, no podía pasar el vestuario. Pepe, sorprendido, llamó a José Ángel Sánchez, lo que provocó una reunión de urgencia en el Bernabéu, hablaron con el presidente y, al final, convencieron a Mourinho de que no podía actuar así. Varios jugadores, pesos pesados, avisaron también al entrenador de que si no dejaba a Pepe entrar en el vestuario, igual no se presentaban al próximo partido para que todo el mundo se enterara de que hacía *mobbing*. No había vuelta atrás.

A mediados de enero, se jugó un partido de Copa en el Bernabéu contra el Valencia, que se ganó 2-0, pero en una jugada al final, Cristiano no bajó a defender y en el vestuario Mourinho le gritó que era un egoísta, que el Valencia casi había metido un gol por su culpa, por pensar solo en él. Cristiano perdió la cabeza y varios le tuvieron que sujetar, Ramos y Casillas entre ellos, porque se iba a por Mourinho.

En dos meses, por tanto, rompió su relación con Casillas, Ramos, Pepe y Cristiano. Es más, le dijo al presidente que por él, esos cuatro no continuaban el año siguiente. Menos mal que el presidente le hizo entender que no podía hacer eso. Se hubiese cargado las cuatro Copas de Europa que se ganaron después.

En los dos primeros años, Mourinho fue de sobresaliente, pero en el último se le fue la cabeza y suspendió la asignatura por no seguir protegiendo a los suyos. Eso se remató con la final de Copa contra el Atlético, en casa, en la que el Madrid debió ganar por goleada porque tuvo mil ocasiones. Empezó marcando Cristiano, al que luego le expulsaron, como a Mourinho. Özil pudo marcar en la prórroga, pero no lo hizo y ganó el Atlético de Simeone. Era el final de la era Mourinho.

Cuatro Champions de Cristiano en la que iba a ser la era de Messi

Mourinho se fue tras una conferencia de prensa pactada. La situación con el vestuario era insostenible. El Real Madrid también había perdido la semifinal de la Champions contra el Borussia Dortmund, cuando Lewandowski metió cuatro goles (4-1). En esa eliminatoria, en el partido de vuelta, Florentino le preguntó al delantero si quería fichar por el Madrid y le contestó: «Hable con mi agente». Esa respuesta echó atrás a Florentino, no le dio la impresión de que tuviera muchas ganas. Normalmente, los jugadores decían que sí, entusiasmados. En ese choque de vuelta fue Ramos quien lideró el amago de remontada, pero el 2-0 llegó muy tarde. Nos quedamos en la orilla otra vez.

En la portada del *AS* pusimos: «Mourinho I, el semifinalista». Él siempre decía que había acabado con la maldición de perder en octavos, que había recuperado el orgullo competitivo, pero la verdad es que tampoco se ganó con él. A mí me molestó mucho, no que no reconociese sus errores, sino que llamase pseudomadridistas a los que no estaban de acuerdo con él. Es lo que hacía habitualmente el agente de Bale, Jonathan Barnett. Yo fui muy claro sobre Mourinho en *El Chiringuito*: «Antes de llegar aquí eras el *Special One*, pero tú en el Real Madrid siempre serás el *Special Two*, así que a callar, el Madrid está muy por encima de ti».

Después de él, Florentino buscó un entrenador de consenso y de perfil totalmente distinto. En este club siempre han funcionado los entrenadores que no se sienten por encima de los jugadores ni van mirando por encima del hombro a nadie: Luis Molowny, Miguel Muñoz o Del Bosque, al que se le echaba en cara no preparar a los jugadores y que no tenía conocimientos tácticos. Pero ganaba. Un entrenador depende de 22 chavales, millonarios, algunos profesionales y otros no. Si utiliza mano dura, puede que vayan de mala leche a la oficina y quien va así, rinde peor. Ancelotti era de ese perfil de consenso y, encima, con un currículum brutal. Cuando llegó al Madrid ya tenía dos Champions con el Milan. Entró muy bien en el vestuario. Hasta Casillas, que compartió portería con Diego López, le recibió bien. Ese año, 2013-14, Iker fue el portero de la Champions y la Copa y Diego, el de la Liga.

Carlo Ancelotti llevó al Madrid a la Décima.

Ancelotti es afable, educado y está honrado de ser entrenador del Madrid. Esa temporada peleó en la Liga con el Barcelona, pero el camino bueno fue el que hizo en la Champions. En cuartos, se enfrentó al Borussia Dortmund: ganó 3-0 en la ida y en la vuelta, con Illarramendi en el centro del campo y temblando, el partido se puso 2-0. A falta de veinte minutos, Ancelotti sacó a Casemiro, entonces un joven que apenas jugaba, y consiguió controlar el partido. Eso fue vital, y las paradas de Casillas.

En semifinales, el rival fue el Bayern de Guardiola. En la ida, el Madrid ganó 1-0, con Casillas haciendo una parada decisiva a Gotze. Pero fue en la vuelta cuando llegó el partido glorioso, que para mí marcó la línea de aquel Madrid. Rummenigge aseguró que iban a arder los árboles en Múnich, como diciendo que iban a arrasar. Ancelotti no contestó,

Y llegó el partido 0-1, 0-2, dos goles de Ramos; 0-3 y 0-4, dos goles de Cristiano. Sometimiento brutal al Bayern en su casa, humillación definitiva a Guardiola, con Bale defendiendo como un león por una vez. Fue una lección de fútbol que asombró a Europa.

La final fue contra el Atlético, en Lisboa. Me sorprendió el ambiente, yo pensaba que iba a haber un montón de movidas, con 25.000 aficionados de cada equipo y serios problemas de orden público, pero no pasó nada.

«PAPÁ, SIEMPRE ME HABLAS DE LA DÉCIMA Y NUNCA LLEGA»

En el *AS* hicimos el viaje varios empleados en un microbús: salimos el mismo día a las 7 de la mañana y volvimos por la noche, después del partido. Vinieron mi mujer y mi hijo y aunque no tenía entradas para ellos, pensaba que podían quedarse en la zona fans. Ese plan no le hacía ninguna gracia a mi mujer y, aunque no me gusta pedir favores personales, llamé a un agente de futbolistas y le pregunté si había alguna posibilidad de conseguir entradas. Él es un hombre es un hombre súper ocupado: si quedas a comer con él, siempre está al teléfono, es imposible tener una conversación de más de cinco minutos seguidos. Pero me dijo que sí y me cito en el Cafe In, en Belem, cerca de Lisboa.

En aquel autobús del *AS*, los del Real Madrid éramos minoría, ruidosa, pero minoría. Llegamos, fuimos al estadio para acreditarme como prensa y en taxi al Cafe In. Íbamos seis. Comimos relajados y antes de tres horas para que empezase el partido, pedí un taxi para ir al estadio Da Luz.

Pero no había. Por culpa de la final no quedaba ni uno. Estábamos en Belem, a unos diez kilómetros del estadio. Cruzamos a un hospital cercano, por si había suerte, pero preguntamos y lo mismo. Empecé a ponerme nervioso porque todos los que pasaban estaban ocupados. Llamé al periódico, por si me podía conseguir algún coche, algo para que nos llevase al estadio. Pero nada, no había nada. Fue cuando me imaginé en un bar viendo la final. No podía ser: llevo a mi mujer y a mi hijo para ver ganar una Champions y nos quedamos tirados porque no hay taxis. Aquello era mi peor derrota.

Hasta que vimos uno vacío, pero fuera de servicio. Casi al asalto, lo paramos. Le expliqué, como pude, que tenía que ir a Da Luz como fuera. Me contestó que sí. Pero como éramos seis, le pedí, desesperado, que llamase a un compañero, que consiguiese, por favor, otro coche. Entonces me dijo: «Tranquilo», casi como lo decía Cristiano. Y fue al maletero, tiró de dos argollas y levantó dos asientos, en los que se sentaron mi hijo y ya no recuerdo quién más, acurrucados. Estuve todo el camino dándole las gracias sin parar. El viaje nos costó veintitantos euros, pero yo le di cincuenta, que nunca una propina estuvo tan justificada. No los quería coger, así que insistí: «Para cañas, para bacalao, para lo que quiera, para usted». Justo al bajar, vimos pasar el autobús del Madrid, aún con cristales transparentes por los que se veía a los jugadores del Real Madrid. Todo arreglado.

Al entrar al estadio me tuve que ir a la zona de prensa y mi mujer y mi hijo, a la grada. Se separaban nuestros destinos, aunque en ese momento yo hubiese pagado tres salarios de mi bolsillo por ir con ellos y ver la final juntos. Siempre he sido más aficionado que periodista, pero me tocaba trabajar. Mi sitio estaba en la zona de prensa. Y de repente vi subir a mi mujer y a mi hijo y pasar delante. Su sitio estaba diez filas detrás de mí. Me fui con ellos porque a su lado no había nadie, pero a cinco minutos para el comienzo del partido, llegaron los dueños de esa localidad y tuve que regresar.

Ya en el partido, ocurrió la cantada de Casillas y la sensación de que todo se torcía: no solo íbamos a perder la final, es que empezaba a hacer frío y mi hijo, que había ido al viaje con dos cazadoras, se congelaba porque yo me había empeñado que dejase una en el autobús. Durante el día hizo mucho calor y, tonto de mí, pensé que no la iba a necesitar. Me equivoqué y todo estaba mal: se helaba, perdíamos, había que volver en autobús de noche. Era el fin.

En el descanso, me di cuenta de que si los dos periodistas eslovenos que estaban a mi lado se apretaban un poco, entraban mi mujer y mi hijo. Se lo expliqué en mi inglés: «Que *my son and my wife* vienen aquí, que os mováis, *please*».

«*Are you crazy?*», me contestaron, pero se movieron y vimos la segunda parte juntos. Fue cuando Ancelotti sacó a Isco y a Marcelo y el Madrid se fue al ataque. Después entró Morata. Pero nada, el gol no entraba. Solo podía pensar en que íbamos a perder y la burla que sufriríamos durante tanto tiempo. Para los atléticos, ganar una Copa de Europa a costa del Real Madrid valía más que diez. Hubiesen parado la cuenta ahí, no necesitaban más para fastidiarnos toda la vida.

Y mi hijo, en el minuto noventa, me miró y me dijo: «Papá, papá, desde pequeño me hablas de la Décima y nunca llega». Ahí me dio igual todo: el periodismo, el Madrid, el frío, Lisboa... Me vi como un padre fracasado y le mentí: «Espera, verás como, aunque sea con la mano, metemos un gol». No lo creía, la verdad. Estaba hundido.

Y en esto, llegó el córner que sacó Modrić. Vi a Ramos levantarse, cabecear, que no llegaba Courtois... Gol. En ese momento sentí la mayor liberación de mi vida, como si hubiera tenido 20 piedras en el estómago y me las hubiesen quitado sin dolor. Me sentí una persona nueva, feliz, para quien la vida empezaba otra vez. Mi hijo se me lanzó, me abrazó y empezamos a gritar: ¡Gooooool! Yo me puse a llorar como una magdalena y mi mujer, que decía que era del Atlético, un poco para jorobarme, se puso a llorar con nosotros por nuestra alegría, porque nos había visto hundidos: «La tontería del Atlético se me ha acabado», dijo.

No habíamos ganado, íbamos a la prórroga, pero todos en el estadio, atléticos y madridistas, sabíamos que el partido ya era para el Madrid.

Los atléticos, que ya habían cantado el «campeones, campeones», eran conscientes de que ese gol de Ramos era una losa y los madridistas, de que nos los íbamos a comer. Los goles llegaron en la segunda parte de la prórroga: Bale, Marcelo y Cristiano, que se quitó la camiseta porque estaba grabando un documental, pero los atléticos no se lo perdonaron. 4-1 después de haber estado derrotados.

El gol de nuestras vidas, el de Ramos en Lisboa.

Escribí mi página para el *AS*, con los dedos congelados, con el ordenador en las piernas y con mi mujer preguntando cuándo nos íbamos, que hacía frío y el niño tenía hambre. Sí, pero éramos tan felices.

Acabé y me llamaron de *El Chiringuito* para que fuese al *set* que estaba cerca del campo y también me llamaron desde el autobús, que nos estaban esperando. Estaba tan nervioso y con tantas cosas, que no tengo ni una foto de aquel partido.

Llegamos a *El Chiringuito* acompañados por Vispe, un cámara muy conocido que trabajaba para el *AS*. Y me emocioné porque me puse a recordar a mi padre y lo que me contaba de las Copas de Europa. Apareció también mi hijo, que se puso a cantar: «Ese Ramos cómo mola, se merece una ola». Una vez que me despedí de Pedrerol, nos esperaba el autobús. Pero nos perdimos y acabamos por una zona poco recomendable de Lisboa, cruzándonos con gente con pintas poco amistosas. Lo dábamos por perdido hasta que vimos una avenida y, al fondo, el autobús del *AS* y dentro la gente saludándonos. Según llegamos, nos cruzamos con una peña del Madrid y allí nos volvimos locos del todo, por fin, liberado ya de preocupaciones y el Madrid campeón de Europa. Saludé a todos los compañeros del Atlético, de manera educada, algo que ellos, tal como me dijeron, no saben si lo hubieran hecho al revés. Pero es que ya habíamos ganado muchas y sabíamos comportarnos.

En el autobús había un minibar, con latas de cerveza pequeñitas, y decidí celebrarlo íntimamente: como sabía que la vuelta iba a ser larga, me tomé una por cada Copa de Europa. Sin ruido y sin prisa. A las 4:30 de la mañana acabé. Me tumbé en dos asientos como si fuese una cama, feliz, con una calma interior impresionante. El autobús se paró en el peaje, porque estaban cobrando a todos los autobuses y se formó un atasco tremendo en el que estuvimos sin movernos durante horas hasta que lo abrieron. A las 9:00 de la mañana paramos a desayunar, pero yo seguí durmiendo, solo y feliz. Llegamos a Madrid a las 12:30, después de 30 horas sin cambiarnos y sin descansar. Solo tenía una cosa clara: si el Madrid llega a perder, me cuesta el divorcio.

Como en la celebración Ancelotti cantó el himno de la Décima, yo también me lo aprendí para cantárselo a Carme Barceló en *El Chiringuito*, como un Tenorio de rodillas, mientras ella ponía caras largas y raras.

CENA DE PASTA EN CASA DE ANCELOTTI Y COMIDA EN CASA DE CRISTIANO

En la siguiente temporada, Ancelotti compitió hasta el final en la Liga, en una pelea brutal con el Barcelona y con un par de arbitrajes malos, pero no le dio para ganarla. En la Champions llegó hasta semifinales, donde se enfrentó a la Juve de Morata. En cuanto salió el sorteo, como soy un bocazas, dije: «Moratita, homenaje a la cantera» y esa frase me ha perseguido durante años. Lo solté pensando que era una eliminatoria fácil y resultó que quien nos echó fue Morata con un gol. En la ida, nos ganaron 2-1 y en la vuelta, marcó Cristiano. Ese gol valía para jugar la final de Berlín contra el Barcelona, lo que nunca se ha dado, la batalla final para decidir quién es el mejor (que hubiésemos ganado nosotros, que somos los reyes de la Copa de Europa). Ya los madridistas estábamos buscando viajes y entradas hasta que, en la segunda parte, un remate de Morata empató el partido... y se acabó.

Yo ya sabía entonces que Ancelotti no iba a continuar, pese a que los jugadores estaban con él a muerte. Sin títulos, en el club se pensaba erróneamente que le había faltado mano firme en los momentos decisivos. Antes de que le echasen, Frédéric Hermel, un periodista francés que seguía el Madrid y muy amigo de Ancelotti, me dijo que el entrenador quería invitarme a comer a su casa, pese a que yo nunca había hablado con él. Como le había defendido mucho, incluso cuando la decisión del club era echarle, agradecía mi apoyo.

En esa época, Ancelotti vivía en un ático en la Puerta de Alcalá al que solo se llegaba por ascensor privado. Me recibió informal en un salón gigantesco y unos ventanales en los que daba la impresión de que si los abrías podías tocar la Puerta de Alcalá. Él quería conocer la ciudad, no vivir en una burbuja, y poder pasear por el Prado. Estaba con sus hijos, su encantadora mujer canadiense y su suegra, es decir, me mostró su intimidad y, a los cinco minutos, llegó con una fuente de pasta y un vino italiano. Una cena maravillosa. Al despedirme, le dije: «Esto no ha acabado, no te puedes ir», pero él me contestó: «Sé que estoy fuera. Te agradezco el cariño que tú y muchos madridistas me habéis dado. Pero, tranquilo, quién sabe en el futuro». Yo pensé que era una manera elegante de despedirse, pero quién me iba a decir que siete años después iba a volver a entrenar al Real Madrid. Se fue sin malas palabras, con la conciencia tranquila, con el trabajo bien hecho.

Tras el último partido de Liga, una goleada 7-3 al Getafe, lo que dice mucho de la profesionalidad de ese equipo, Cristiano, que llevaba cuatro meses sin hablarse con nadie, colgó una foto con Ancelotti escribiendo que después de las vacaciones esperaba verle de nuevo. Era un pulso al club. El futbolista portugués se había enfadado con el mundo entero en febrero por las fuertes críticas que recibió por celebrar su treinta cumpleaños tras perder de goleada contra el Atlético y ya llevaba meses sin hablar, hasta que rompió su silencio mediático con ese mensaje retador. Messi, en el Barcelona, tenía ese poder para quitar o poner entrenadores, pero en el Madrid mandaba el club, pese a lo que opinara Cristiano. El enfado de febrero había sido bestial. Hasta cambió de número de teléfono. Lo sé porque yo lo tenía.

En los primeros años, cuando el Madrid no avanzaba en la Champions, se empezó a decir que Cristiano marcaba goles contra equipos más débiles, pero que no aparecía en los días importantes. Yo siempre le defendí: si queríamos ganar, teníamos que tener a Cristiano en nuestro equipo. Un día me llegó un mensaje a mi móvil: «Soy Cristiano Ronaldo, supongo que crees que es una broma, pero puedes llamar a Jorge Mendes para confirmarlo. Te quería dar las gracias por cómo me defiendes y me gustaría conocernos en persona, Si un día quieres, nos tomamos un café y hablamos. Aluciné en colores y empecé a *whatsapearme* con él. En una de las renovaciones en las que estaba decidido a irse porque no se sentía valorado, le escribí diciéndole que cómo se iba a ir, que iba a ser el jugador más importante, que iba a ganar Champions, que aquí iba a ser leyenda... Le mandé un montón de mensajes, como si fuera su hermano mayor, y al final me escribió diciéndome que me había hecho caso, que lo había hablado con la familia y con Mendes y que se iba a quedar para no marcharse del Real Madrid como un fracasado. Iba a luchar.

Al año siguiente, me llamó Mendes preguntándome si mi hijo querría conocer a Cristiano. Claro que quería, aunque yo nunca se lo hubiese pedido. Me temblaban las piernas.

A mi hijo, como vamos mucho a las peñas, le dijimos que esta era una distinta, no en un pueblo lejano, sino más cerca, de alguien que tenía mucho dinero y vivía en La Finca. Al ir, paramos en la tienda del Madrid y le compré el traje entero, rojo, que era el de aquel año, con la camiseta de Cristiano. En el mismo taxi se cambió.

Llegamos, apareció Jorge Mendes y le dije a mi hijo que era el presidente de la peña. Entramos en la casa y en un rellano estaba sentado Cristiano con su hijo Cristiano júnior, que entonces era un niño. Mi hijo se emocionó: «¡Qué es Cristiano!». Le dio un abrazo y se pusieron a hablar. En la comida, con Mendes y su mujer, la mía y la madre de Cristiano, mi hijo estuvo sentado junto a Cristiano, que le preguntaba cómo iba en los estudios y le decía que tenía que aprobar todo, que él no había podido por tener que dedicarse desde niño a sacar a su familia jugando al fútbol.

La infancia de Cristiano fue difícil, su padre murió y su madre tuvo que trabajar mucho para sacar adelante la familia. Fue él, con su fútbol, yéndose de pequeño solo a Lisboa, quien acabó con los problemas. Por eso, le insistía a mi hijo que estudiara, que jugara al fútbol para divertirse, pero que no dejara los estudios. Mi hijo estaba en trance, tan emocionado que por la noche tuvo fiebre. Nunca contó nada hasta que en el cole uno del Barcelona se empezó a meter con Cristiano y entonces él le narró toda su aventura para que el otro se muriera de envidia.

Ancelotti se fue y el Madrid volvió a fichar a otro entrenador de mano dura como Mourinho, a Rafa Benítez, que se equivocó. Fue un entrenador de éxito en el Liverpool, épico campeón de la Copa de Europa y casi un dios allí. Pero, pese a haber sido canterano en la casa blanca, entró con mucha disciplina, lo que chocó con los jugadores. No tienen problemas con la disciplina, pero no aguantan que se les trate como a niños pequeños. Los resultados fueron regulares, con un equipo que no terminaba de ser constante y con un entrenador, Benítez, que no congeniaba ni con la afición ni con la plantilla.

Rafa Benítez sustituyó a Ancelotti.

CRISTIANO A BENÍTEZ:
«YA HABLAMOS OTRO DÍA»

En un entrenamiento se acercó a Cristiano, que tiraba todas las faltas del Madrid y marcaba bastantes, y le dijo que un amigo suyo, licenciado en Biomecánica, aseguraba que había que dar al balón en cierta parte, según la ley de la gravedad y no sé qué más... El problema era que Benítez apenas fue jugador de fútbol. Entonces, Cristiano le miró, contó hasta diez y contestó: «Ya hablamos otro día». A Luka Modrić, que es un bendito, le explicó que tenía un problema: abusaba de darle con el exterior y le pidió que diera más a la pelota con el interior. Luka le contestó: «Míster, ya tengo 30 años, y siempre he jugado así al fútbol, a estas alturas veo difícil jugar de otra manera».

Florentino destituyó a Benítez y el 4 de enero, por sorpresa, anunció al mito Zidane, que estaba entrenando al Castilla. En Segunda B iba regular, pero Florentino sabía que era la solución perfecta. Otro entrenador de la línea de Ancelotti, de talante, de perfil bajo. Lo que querían los jugadores, un entrenador que les sedujera, que fuera su segundo padre, que les hablara con respeto. En el primer entrenamiento a algunos solo les faltó sacar un cuaderno para pedir un autógrafo. No era un jefe, era un mito.

El equipo recuperó la alegría, la complicidad y tiró para arriba. Pero de nuevo hubo fallos arbitrales, que condicionaron la Liga, el famoso «villarato», pero, en fin, como somos el Madrid no nos podemos quejar. A Zidane no le dio tiempo a ganar la Liga, pero sí que llegó a la final de la Champions, otra vez con el Atlético, en San Siro, un estadio muy parecido al Bernabéu, porque las cuatro torres de evacuación son idénticas.

A esta final fui en avión, menos mal. El día del partido estaba tan nervioso que, en vez de ir primero a ver a los peñistas, como hago siempre, a siete horas de comenzar el partido me fui a San Siro y me senté en mi pupitre. Solo había una mujer de seguridad, que me reconoció que era del Inter y que por el Cholo, iba más con el Atlético. No la convencí para que se hiciera del Madrid. Fueron siete horas de calma y de descargar mi tensión en soledad.

La final empezó y marcó Sergio Ramos y aunque digan que fue en fuera de juego, en el campo nadie protestó. En la segunda parte, el árbitro se inventó un penalti de Pepe a Torres. Lo ha reconocido él: que tenía mala conciencia porque le habían dicho que el gol de Ramos era en fuera de juego y decidió compensar. Pero eso los atléticos no lo cuentan.

Zidane volvió para ganar Champions.

Griezmann lo falló, y qué culpa tenemos los madridistas de que fallen penaltis; los del Madrid los meten. Aun así, empató Carrasco y aunque el Madrid tuvo oportunidades, no hubo manera, porque, en esa época, Oblak lo paraba todo. El partido se fue a la prórroga, en la que el Madrid tenía medio cojos a Bale, Marcelo y Modrić. Ahí se vio el miedo del Cholo, que sacó a Thomas Partey para contener, para no arriesgar y llegar a los penaltis. El Madrid acabó volcado en el área rival.

Los penaltis fueron en la portería de los aficionados del Madrid. El primero, Lucas Vázquez, canterano del Madrid, fue al punto de penalti sonriendo, haciendo malabarismos con el balón. Para quitarse la tensión o porque de verdad iba tranquilo. Yo flipaba. Marcelo tiró y marcó y, después, Bale, que estaba cojo. Tras marcar, se tocó con dolor la pierna. Ramos lanzó el cuarto sin fallar y le tocó a Juanfran para el Atlético. Falló.

El Real Madrid, campeón en Milán.

Yo estaba en el suelo, sentado, sin mirar temiendo que mis ídolos fallasen. Si Cristiano marcaba, subía a los altares, si fallaba, no quería ni pensarlo. Ese penalti no lo vi. Me acurruqué, apoyado en la pared, mientras mi compañero Álvaro de la Rosa grababa mis chaladuras para el *AS*. Escuché: «¡Gol!». Y me puse a llorar. En temas personales lloro muy poco. En cambio, lloro como un bobo con películas que tienen un final feliz y con el Real Madrid. Lloró por sus éxitos, nunca por sus derrotas.

Y se encadenaron las Copas de Europa con Zidane haciendo historia. La de Cardiff, con una goleada impresionante a la Juventus, fue una exhibición antológica, con Bale en el banquillo. En la semifinal, el Madrid había derrotado al Atlético de Madrid con la jugada mágica de Benzema en el Calderón, cuando más apretaba el equipo de Simeone. Les ganamos la final anterior y les eliminamos en semifinales. Así pasa, que no nos pueden ni ver. El partido de Cardiff fue espectacular y, aunque la Juve empató el primer gol de Cristiano Ronaldo, la segunda parte fue un espectáculo de los blancos, que ganaron 4-1. Ese año, además, se ganó la Liga, mientras el Barcelona iba cayendo y sumando fracasos escandalosos.

LA CHAMPIONS DE KIEV, UN RECUERDO A MANOLAS

La tercera fue al año siguiente, en Kiev. Aunque el Madrid no marchó tan bien en la Liga, en Champions eliminó al PSG, a la Juventus y al Bayern, los mejores equipos de Europa. El viaje a la final fue larguísimo. Hicimos *El Chiringuito* allí, de noche y cuando acabó, a las 3 de la mañana, tuve que coger un taxi para ir al hotel, pero no conocía el idioma y le indiqué dónde iba con una foto del lugar. Pasó el tiempo, dimos muchas vueltas y empecé a imaginar esas películas del Este en las que secuestran y torturan a la gente. Amanecía y yo ya casi lo daba todo por perdido hasta que a las cinco de la mañana aparecí en un hotel cutre al que no volví más.

Me pasé el día del partido con la maleta, en un restaurante cerca del estadio, con la peña El Prat de Barcelona. Nos juntamos 25 con una comida que duró hasta las 19 de la tarde, hasta que fui al campo.

La final fue contra el Liverpool de Klopp. Marcó Benzema, por un error de Karius, empató Mané y en la segunda parte salió Bale. Nunca he sido mucho de Gareth, pese a que ha marcado muchos goles muy importantes. Es un jugador de golf encerrado en un cuerpo de un jugador de fútbol. Necesitaría un exorcismo para ser feliz, porque le gusta el golf, pero su cuerpo es para jugar al fútbol.

Esa Copa de Europa se la debemos a él. Metió un gol de chilena espectacular y yo me volví loco celebrándolo porque creía que era de Cristiano. Ya había metido un golazo de chilena en la eliminatoria contra la Juve, en su campo, por la que la afición bianconera acabó aplaudiéndole. Lo que no sabía yo que ese era el primer paso para marcharse, la semilla de su fichaje.

Bale, decisivo en las finales, intrascendente muchas veces.

Al celebrar el gol de la final vi algo raro en el pelo, no era Cristiano: era la coleta de Bale. Seguí celebrándolo, pero fue extraño, sentía como que se frenaba mi celebración. Mi alegría como madridista era la misma, pero mi alegría como cristianista se había congelado de repente. Era el último partido de Cristiano con el Madrid y aquello hubiese sido la mejor despedida. En mi subconsciente enfermo pensé: «Gareth, cómo se te ocurre meterte en ese remate, que es de Cristiano», pero era el que nos hizo ganar. Luego, tiró desde 30 metros y se lo comió Karius. Fue el 3-1. Dos goles de Bale, su Copa de Europa.

A las dos de la mañana, después de *El Chiringuito*, me fui al aeropuerto porque mi vuelo salía de madrugada. Estaba lleno de hinchas del Liverpool, porque siempre se van antes los del equipo perdedor. Un amigo tenía un vuelo que iba a Roma y me consiguieron el único sitio que quedaba, en *business*. Aproveché para grabarme un vídeo diciendo que pasaba por Roma en homenaje a Manolas, que con su gol había eliminado al Barcelona de la Champions. «Que sepas Manolas que iba a ir directo a Madrid, pero me he pagado una escala de Kiev a Roma, porque quería darte un abrazo y decirte que todo empezó contigo». Fue simplemente casualidad, pero hay que aprovechar las coyunturas para todo.

Esa celebración de la Champions se enfrió por Cristiano y Bale, porque insinuaron que se iban. Cristiano lo anunció claramente y Bale pidió cambiar su situación en el equipo o tendría que marcharse. Las dos estrellas rompieron la celebración en la tercera Copa de Europa consecutiva. ¿No podían haber esperado dos días?

Cristiano es muy pasional y estaba rabioso por dentro. No supo esperar dos días. Ese tiempo quizá que le hubiese puesto a la afición de su lado. Pero consideraba que igual que con Messi el Barcelona había pagado la multa a Hacienda, el Madrid podía haber hecho algo por él. Campeón de Europa y goleador del equipo en todas las temporadas, él consideraba que los 21 millones netos que ganaba eran muy poco comparados con los 50 que se llevaba Messi. Pedía 30 y así no perdía dinero con el fisco, pero el Real Madrid solo le ofreció 25. Para él, esa oferta era la constatación de que no le valoraban.

Ahí ya no pude hacer nada, se había roto la relación entre el Madrid y Cristiano. Yo fui a la celebración del Bernabéu para despedirme de él y me rompí por dentro cuando la afición y los jugadores le cantaron: «Cristiano quédate». Él respondió que oír aquello era muy importante, que se lo llevaba en el corazón, pero que no había marcha atrás. Yo sabía que no había marcha atrás.

Ronaldo, enfadado en Kiev, pese a ganar la Champions.

La felicidad casi nunca es perfecta. Ganamos cuatro Copas de Europa y se marchó Cristiano. Fue triste porque se acababa una etapa feliz y que difícilmente se iba a repetir. Encima, se quedaba Bale con su chilena y su coleta.

Pero que nos quiten lo *bailao*. Nos colamos en la era Messi, el que decían los culés que era el mejor del mundo y que iba a marcar una época. Eran sus años de esplendor y fue Ronaldo quien se llevó los Balones de Oro y la Copas de Europa. Es como la malvada bruja del cuento que pensaba que ella era la más guapa del reino, ¡pues que lo siga diciendo! Pero la más guapa siempre será Blancanieves.

La última Liga de Zidane
y otra que nos birlaron

El 31 de mayo, de manera sorprendente, se convocó una conferencia de prensa en la que Zidane, acompañado de Florentino Pérez, anunció su dimisión. Fue muy llamativo ver a Zidane con gesto de liberación, incluso sonriendo, pese al shock de los madridistas. Él era el mago de la Champions, el que unía el vestuario. Ya con el anuncio de Cristiano en Kiev daba la impresión de que algo estaba acabándose, pero no hasta el extremo de pensar que Zidane se iba a rajar.

La cara de Florentino era, en cambio, la representación del desconcierto absoluto. Todos nos quedábamos huérfanos porque ese día no se anunció el relevo al no tenerlo. El club empezó un *casting* en el que Allegri o Conte parecían favoritos.

Carlos Bucero, que había sido ayudante de Mijatović en el club cuando las Ligas de Capello y Schuster, habló con José Ángel Sánchez, director general del Real Madrid, con quien tenía buena relación, y le advirtió de la posibilidad de fichar a Julen Lopetegui, en ese momento seleccionador nacional con mucho éxito. España había goleado 6-1 en el Wanda a Argentina y había ganado 3-0 a Italia en un partido de clasificación al Mundial de Rusia, en el Bernabéu, con una exhibición de Isco. Había estado en el club, en el Castilla, era un hombre metódico, trabajador y su fichaje por el Real Madrid tenía muy pocas contraindicaciones. En mi opinión, era una buena apuesta.

RUBIALES FELICITÓ A LOPETEGUI POR IRSE AL MADRID

El problema era que se estaba jugando el Mundial. Se podía esconder la noticia y correr el peligro de que se filtrase en un partido importante. No quiero imaginar qué hubiera pasado y qué hubieran dicho del Real Madrid si ese encuentro se pierde. Por eso se apostó por una política de luz y taquígrafos y hacer como tantos otros seleccionadores en otras competiciones: Conte con Italia o Van Gaal con Países Bajos, que entrenaban a la selección y, luego, tenían clubes de fútbol para comenzar la temporada. Y nadie les echó nada en cara. Pero como a todo lo que hace el Madrid se le busca no solo una dimensión exagerada, sino una dimensión retorcida, se machacó a Lopetegui y al club, empezó la maquinaria a dar caña. Estoy seguro de que si hubiese fichado por otro equipo de España todo el mundo le hubiera felicitado.

Florentino habló con Rubiales, presidente de la Federación, para explicárselo y asegurarle que se iba a esperar a que acabase el Mundial. Rubiales, entonces, contactó por teléfono con Lopetegui, que estaba concentrado con el equipo, y le dijo: «Míster, cómo me alegro por ti, te felicito… y además te vas a mi equipo», en un tono alegre y bromeando, con sintonía total. Para la Federación era una cuestión de prestigio tener al futuro entrenador del Real Madrid.

El teléfono de Rubiales empezó a echar humo por las muchísimas llamadas de personas convenciéndole de que había perdido la autoridad y de que el Madrid estaba jorobando el ambiente de la selección. Rubiales las escuchó, se dejó influenciar por esas voces, que solo querían hacer daño al Real Madrid, y tomó la decisión drástica, errónea y absurda de destituir a Lopetegui.

Le tocó a Hierro, que era director deportivo de la selección, comerse el marrón. Ese Mundial terminó para España en un partido horroroso, posiblemente de los peores en la historia de la selección, contra Rusia en octavos de final. España dio 1.200 toques y solo hizo dos tiros a puerta, el gilitoque llevado a la máxima expresión. Hierro no tuvo ninguna culpa, pues se encontró con un cadáver deportivo, pero evidentemente con Lopetegui no hubiese pasado eso. Con él, estoy convencido, hubiéramos llegado lejísimos.

El fichaje de Lopetegui enfadó, sin ninguna razón, a Rubiales.

Lopetegui ya empezó con el pie izquierdo en el Madrid, pese a la ilusión con la que había llegado. Cristiano Ronaldo confirmó lo de Kiev y se fue. Como me dijo Lopetegui, no es lo mismo tener un proyecto con Cristiano que sin Cristiano, que era una máquina de meter goles. El nuevo técnico se encontró con fichajes de chavales jóvenes, ilusionantes, pero jóvenes aún por hacer: Vinícius, Lunin, Odriozola... y también Courtois, porque el recorrido de Keylor Navas en la portería se estaba acabando. Se fueron, y para mí fue un error, dos laterales con mucha proyección como eran Achraf, cedido, y Theo Hernández, vendido al Milan para hacer caja. Eran dos relevos para Carvajal y Marcelo. También se marchó Kovačić. Y al final, el fichaje del verano fue Mariano. El Sevilla le quería del Lyon, pero el Madrid se adelantó al tener pactado un precio más bajo y porque consideraba que iba a necesitar un delantero. Mariano, en un gesto de osadía y algo kamikaze, cogió el 7 de Cristiano, que creo que le pesó mucho, como se ha demostrado.

Lopetegui, por tanto, se encontró con un equipo sin Cristiano y con Mariano. El plan ya no podía ser el mismo.

Vio, además, demasiado tierno a Vinícius y le mandó al Castilla, que puede que estuviera bien para que creciera, para que aprendiera que en el Madrid la posición hay que ganársela. Hizo buenos partidos y hubo uno en especial, antológico, contra el filial del Atlético de Madrid, en el que metió dos golazos y desquició tanto al rival que uno le mordió la cabeza. Eso fue el principio de lo que vendría después: que con Vini vale todo, incluso morderle la cabeza. Ahí se vio ya que era un jugador diferencial, pero Julen no se fiaba.

SOLARI VIO EL MADRID DEL FUTURO

El Madrid empezó bien, pero se torció muy rápido. Perdió 3-0 en Sevilla, empató contra el Atlético, volvió a perder contra el Alavés y el Levante ganó en el Bernabéu. Y en medio, fue derrotado en Moscú en un partido de la Champions.

Se llegó al partido en el Camp Nou con Lopetegui ya muy cuestionado porque el equipo no encontraba el rumbo. Ese encuentro lo perdió el Madrid y se habló muy poco de la actuación del árbitro Sánchez Martínez y del colegiado del VAR, Hernández Hernández, culé no confeso, pero que, como todo el mundo, tiene su equipo. Y él nunca ha vibrado con un gol del Madrid y puede que sí con los del Barcelona. En el Camp Nou pitaron un penalti que no fue y a partir de ahí se torció todo. Hubo un momento en el que el Madrid parecía que iba a reaccionar, pero acabó perdiendo 5-1 y la consecuencia fue el despido de Lopetegui.

Como sonó Conte como sustituto, Sergio Ramos, en la misma zona mixta del Camp Nou, salió a hablar para mandar un mensaje claro a la directiva y frenar el fichaje: «En el Madrid, los entrenadores de mano dura nunca han funcionado».

El Madrid intentó repetir la fórmula Zidane y subió a Solari del Castilla. Un hombre elegante, educado, que se sabía el mensaje del club. Durante unos meses lo hizo muy bien: tomó decisiones, no se dejó llevar y de manera premonitoria y visionaria vio que Marcelo, Isco y Bale no podían ser intocables. El tiempo dio razón a esas decisiones valientes. Y apostó por jóvenes como Reguilón, Marcos Llorente y, sobre todo, Vinícius, tres futbolistas que después se ha visto que han explotado, en el Tottenham, en el Atlético o en el Madrid. Solari vislumbró el Madrid del futuro.

Es mentira que no se ganase nada ese curso. Con Solari al mando se obtuvo el Mundial de Clubes (4-1 en la final contra el Al-Ain) con un golazo de lejos de Marcos Llorente, demostrando que si se le daba confianza, que nunca la tuvo, podía hacer muchos goles de calidad.

El problema al que se enfrentó Solari fue al calendario en invierno. Fue cruel: primero, se midió al Barcelona en el Bernabéu en la Copa; después, otra vez contra los azulgrana, pero en la Liga, y, por último, contra el Ajax en Champions, al que había ganado 1-2 en Ámsterdam. Toda la temporada en apenas una semana.

En la Copa, el Madrid, que había empatado a uno en el Camp Nou, dio un meneo de juego y de fútbol. Podía haber metido cuatro goles, pero entre paradas, postes u ocasiones falladas, no lo consiguió. El Barcelona llegó una vez a portería, en la segunda parte, y marcó Luis Suárez. Llegó por segunda vez y gol en propia meta de Varane y el tercero fue de Luis Suárez, de penalti. 0-3, goleada llamativa, pero muy engañosa. En el enfrentamiento de la Liga, el Real Madrid, fundido, fue derrotado 0-1. Quedaba la bala de la Champions. Pero el equipo estaba muerto. A los 20 minutos ya perdía 0-2 y se lesionó Vinícius. Ahí, el Bernabéu se quedó congelado, en silencio, lo que daba la medida de lo que ya significaba el brasileño para la afición. Sin él, no había posibilidad de levantar el resultado. Se perdió 1-4 y Florentino bajó al vestuario, donde discutió con Sergio Ramos. En el partido de ida, el capitán había forzado la tarjeta amarilla porque con el 1-2 pensaba que estaba todo resuelto y así cumplía la sanción. Sin jugar, vio la derrota desde un palco del Bernabéu mientras grababa el documental de Amazon, que maldita la hora de grabarlo. Todo se juntó y estalló la discusión entre ambos. El ambiente estaba muy extraño y Solari lo pagó. Aunque lo había hecho bien, los resultados fueron inapelables y no podía continuar.

Solari se adelantó a su tiempo en el primer equipo.

Estábamos solo en el mes de marzo, con todas las competiciones perdidas. Había que sacar un conejo de la chistera para que eso no acabase como el rosario de la aurora. Creo que Florentino sintió el vértigo con el ambiente que se estaba generando, pese a que había ganado tres Champions seguidas. El conejo era Zidane.

Lo anunció en exclusiva Pedrerol en *Jugones* y yo, que estaba en un bar con unos amigos, lo celebré como un gol. Pusieran a quien pusieran era muy difícil escapar del ambiente depresivo, pero al ser Zidane, el de las tres Champions, el mago de la sonrisa eterna, supimos que era el único que nos podía hacer recuperar el ánimo y el aliento. Sabíamos que quedaban doce jornadas de una liga de transición, pero había que pensar en la temporada siguiente. Aunque Zidane no levanta a los muertos. El equipo lo estaba y el Bernabéu se contagió de esa tristeza y melancolía. Fue una temporada para no recordarla más.

Hazard tenía que ser un revulsivo.

HAZARD, EL BLANCO ENGORDA

Ese verano llegó un revulsivo o lo que se creía que iba a serlo: Hazard, que con el Chelsea había ganado la Europa League contra el Arsenal, con dos goles suyos. En ese momento era un fichajazo, un jugador entre los cinco primeros del mundo, el que tenía que hacer olvidar a Cristiano. Por eso cogió su número 7, sin que Mariano pudiera ofenderse. Más de 50.000 personas, entre ellos mi hijo y yo, fuimos a su presentación en el Bernabéu, todos con una ilusión enorme. Es verdad que se le veía ya rellenito, pero, como le dije a mi hijo «es que el blanco engorda». Era evidente que en sus vacaciones se le había ido la mano con su dieta. Vino con 4 o 5 kilos de más, lo que es imperdonable. Si fichas por el Real Madrid, el día que te presentas tienes que estar de punta en blanco y en perfecto estado de revista.

El proyecto era Zidane con Hazard y los de siempre. En la Liga no fue mal, aunque con dificultades. En marzo, el Madrid ganó al Barcelona 2-0 con goles de Vinícius y de ¡Mariano!, y la afición recuperó un poco la ilusión que se había caído tras la derrota días antes, en la ida de los octavos de la Champions, contra el Manchester City 1-2. Se había adelantado el Madrid, pero el Manchester remontó con decisiones bastante discutibles del árbitro Daniele Orsato, que no vio una falta en el salto de Gabriel Jesús a Ramos anterior a uno de los goles del equipo de Guardiola y, luego, en una decisión, para mí equivocada, expulsó a Sergio Ramos.

LA LIGA DE LA PANDEMIA

Y llegó la pandemia, con todos en casa intentando superar el trauma colectivo. Ahí Zidane mantuvo la moral de todos con reuniones telemáticas y Sergio Ramos dio un paso adelante, como capitán. Florentino pidió que todos se bajaran un 10% el sueldo para cuadrar las cuentas y el agujero que había provocado la pandemia. Ramos lo apoyó y se lo comunicó al resto de compañeros. Como capitán, les convenció.

Tras el encierro, volvió la Liga y fue Sergio quien lideró un admirable espíritu de conquista, que dentro del dolor de la pandemia, hizo que esa Liga se recuerde con mucho cariño. Ramos se alió con los veteranos: Modrić, Kroos, Casemiro Carvajal, Benzema o Marcelo para dar el do de pecho por esa gente madridista que, como todos, estaba sufriendo los horrores del coronavirus. Uno de los madridistas que falleció fue Lorenzo Sanz. Ramos consideraba que había que dar una alegría nuestro país, más allá de los colores de cada uno.

El equipo jugó con un sentido de la responsabilidad brutal y no hubo manera de meterle un gol. Aunque le criticaron, fue increíble su solidez y solidaridad defensiva. Se notaba el tiempo que Zidane había pasado en el Calcio y su filosofía. Ramos lideraba atrás y Benzema, arriba. Acabó ganando la Liga tras una serie de partidos de sufrimiento, pero de carácter. La ganó en el último partido, que se disputó en el Aldrefo Di Stefano, porque como no podía ir público al estadio, el equipo jugó en el campo principal de Valdevebas, la mejor Ciudad Deportiva del mundo y que estaba preparada para acoger partidos. Aunque suene mal, lo único bueno que tuvo la pandemia fue que pudieron continuar la obras del Bernabéu sin tener que parar.

El estadio Alfredo Di Stéfano es de alta calidad y era curioso ver los partidos sin público y escuchar los sonidos. Impresiona cómo cambia el fútbol. Escuchar a los jugadores hablarse, pedir la pelota o protestar al árbitro era algo que desconocíamos porque el ruido de la grada lo impide, pero también daba una terrible sensación de orfandad.

Aunque en Champions el Madrid no pudo remontar contra el Manchester City, sí que ganó la Liga de la pandemia. Fue la última alegría que nos dio Zidane como entrenador.

Creíamos que esa Liga iba a ser el trampolín para algo más, pero no lo fue. El año siguiente tampoco se pudo contar con Hazard y el resto de jugadores fueron los mismos, aunque cada vez con más años. El equipo se sostuvo porque Courtois es un porterazo y porque Vinícius ya estaba explotando. Aunque Zidane nunca le dio la confianza necesaria.

El brasileño sabía que si jugaba, en el minuto 60 Zizou lo iba a cambiar. O si no, empezaba los encuentros en el banquillo, como suplente. Zidane quería convencerse de que Vinícius era bueno, pero no terminaba de creer en él. Y eso pese a que hizo un partido excepcional contra el Liverpool en los cuartos de final de la Champions, con dos goles suyos para ganar 3-1. En la vuelta, se empató a cero.

Vinícius no convenció a Zidane, pese a ser
uno de los mejores del mundo.

La semifinal fue contra el Chelsea. La ida la salvó el Madrid con un empate a uno, pese a que fue inferior muchos minutos, y en la vuelta Zidane cometió, a mi juicio, tres errores: uno, el contar con Ramos, pese a que no se había recuperado de su lesión, lo que condicionó mucho al equipo. Se había lesionado en enero en la Supercopa y, luego, reapareció prematuramente, sin estar curado. No estaba para jugar y se veía a la legua. Dos, con Mendy, que tampoco estaba en su mejor condición física y le puso, lo mismo hizo con Hazard, en detrimento de Vinícius. Y tres: escribo detrimento porque, aunque jugó, le situó de lateral derecho para que Hazard estuviese en su posición. Y eso fue un cante. Vinícius es bueno, aplicado y disciplinado, pero ponerle de lateral derecho fue como si yo me pongo a jugar al baloncesto con los Lakers. Fue un milagro que solo nos metieran un gol hasta el final, cuando ya marcaron el segundo.

OTRA LIGA PERDIDA POR LOS ÁRBITROS

Iba a escribir que lo que ocurrió en la Liga de esa temporada fue mala suerte, pero no hubiese sido verdad. La verdad fue que los arbitrajes privaron a Zidane y al Real Madrid de una segunda Liga consecutiva. Hubo decisiones escandalosas, que no tuvieron justificación. En el derbi, en el Metropolitano, que fue clave, hubo un penalti de Felipe, que dio al balón con la mano totalmente abierta e impidió que llegase a Casemiro, quien iba a marcar a placer. Le pidieron a Hernández Hernández que fuese al VAR y, pese a que fue a revisarlo, se mantuvo en sus trece aunque el penalti era evidente.

Fue grave porque el Madrid dejó de ganar dos puntos y el Atlético se llevó uno que no tenía que haber ganado. Solo con ese partido, hubiéramos ganado la Liga. Pero es que, además, hubo un encuentro en Getafe en el que Mariano metió un gol a los siete minutos y se vio claramente que cuando le pasaron el balón estaba en línea. En la repetición, dieron una toma en la que la pelota ya había salido del pie de Militao y por eso pitaron fuera de juego. Había muchas ganas de que el Madrid no ganase ese encuentro.

Y hubo otro partido aún más decisivo, que fue clave para que el Madrid no terminase campeón. Fue en Valdebebas, contra el Sevilla. En la primera parte hubo un gol de Benzema a pase de Odriozola, pero se decidió que el lateral estaba en fuera de juego. En la imagen, sin embargo, parecía que a Odriozola le habían partido la tibia y estirado la pierna de manera grotesca, como si fuera un meme. Una imagen deformada para decir que estaba en fuera de juego, cuando, por supuesto, no lo estaba.

El Sevilla marcó primero y empató, después, Asensio. Entonces hubo un penalti a Benzema, que el árbitro señaló y que, si se hubiese marcado, el Madrid hubiese tenido más posibilidades que nadie de ganar la Liga. Pero cuando fue a tirarlo, el VAR, con González González, llamó al árbitro ante la incredulidad de todos que no sabíamos qué se iban a inventar. La jugada del penalti de Benzema fue una contra del Madrid tras un saque de esquina del Sevilla. Ahí, en un salto de cabeza, de espaldas a la portería, en un balón que va hacia fuera del área y sin jugadores del Sevilla esperando, a Militao le dio en el hombro, le rebotó y le golpeó en el brazo, que estaba descendiendo, nada de estar hacia arriba, como pone en el reglamento.

El colegiado Martínez Munuera, cuando le llamó el VAR para que lo viera, se arrugó. Había una razón para que se arrugase, en el clásico del Camp Nou había pitado un penalti de Lenglet a Ramos y le cayeron tantos palos que decidió no pitar nada más a favor del Madrid, aunque fuera justo. Así se resarcía socialmente.

Lo del Sevilla fue un penalti escandaloso. En toda esa Liga al Madrid solo le pitaron tres penaltis a favor, el penúltimo en esa clasificación. Y uno, ese de Lenglet a Ramos, que estaba bien pitado, le costó la Liga, porque no se atrevieron a pitar más.

Y cuando los pitaban, como ese del Sevilla, los anulaban. Dio una sensación de cachondeo, de que contra el Madrid valía todo, de que le tomaban por el pito del sereno. Incluso hubo otro penalti en el último minuto a Casemiro que, por supuesto, ¡cómo iban a pitar! Al final ese Madrid-Sevilla acabó 2-2 porque estaba cantado que no podía ganar, hay que escribirlo así. Si no quieren que el Madrid gane la Liga, es mejor que lo digan.

La Liga se jugó en la última jornada. El Madrid contra el Villarreal y el Atlético, en Valladolid. Los colchoneros empezaron perdiendo y el Madrid, también, pero hubo un gol de Benzema que, curiosamente, según la línea del VAR, estaba en fuera de juego. Pero no lo estaba. Con ese gol, el Atlético se hubiese puesto muy nervioso, cuando ya tenía el marcador en contra. Pero como lo anularon, no pasó nada.

El Atlético, después, remontó en Valladolid y el Madrid, en un ejercicio de profesionalidad, también lo hizo en su partido contra el Villarreal, con gol de Modrić en el minuto 93. Sucedió entonces que en el partido de Valladolid, Lodi, del Atlético, hizo un penalti a Guardiola, delantero rival. Pero, por supuesto, ya estaban todos los fastos planeados para que el Atlético ganase y ni se planteó que fuera penalti. Es más, las televisiones apenas repitieron esa jugada, solo faltaba. Nada, no pasa nada. Estos del Madrid siempre llorando.

Yo no me corto, apechugo con lo que escribo: fue una Liga condicionada por los arbitrajes, se la quitaron al Madrid las decisiones arbitrales y en un país normal, con árbitros normales, esa Liga la hubiese ganado con 5 o 6 puntos de ventaja. Que lo celebren los atléticos, pero que todos sepan que esa era la segunda Liga consecutiva de Zidane.

El francés ya había decidido irse, pero quería ganarla para marcharse por la puerta grande, lo que hubiese tenido un mérito enorme, pero los árbitros se lo impidieron.

Zidane escribió una carta en el *AS* para explicar su marcha. Muchos lo criticaron, pero no se puede dudar de su madridismo. Creía que irse era lo mejor, que se había viciado el ambiente y que había perdido la complicidad con Florentino. Dar un paso al lado era una demostración de madridismo. Tenía contrato, pero no se movió por dinero. Cuando era jugador se marchó renunciando a los 2.000 millones de pesetas que tenía firmados porque pensaba que si el Madrid jugaba mal era por su culpa. Como entrenador hizo lo mismo, renunció a su contrato al considerar que tenía que llegar aire nuevo al equipo.

La Decimocuarta: por esto somos el Real Madrid

Se fue Zidane y volvió entonces el *revival*, el baile de entrenadores, los mismos de siempre, el pesado de Conte, como digo yo, «déjame que te Conte». Era otra vez la pulsión mourinhista de mano dura. Apareció también el nombre de Allegri. Pero Ancelotti, entrenador del Everton, llamó a José Ángel Sánchez para pedirle jugadores. Quería saber los descartados por si le valían y, como tenían buen rollo, medio en broma, le preguntó que cómo iba lo del entrenador. José Ángel Sánchez le contó las opciones que se estaban manejando, sin decidirse por ninguna, y Carlo, con su flema única e irrepetible, le dijo: «Ya tenéis entrenador». «¿Cómo?», contestó José Ángel Sánchez.

«Pues yo», respondió Ancelotti. Y le explicó que aunque tenía contrato en el Everton, se podía desligar del equipo inglés, que quería volver al Madrid y demostrar lo que no pudo la otra vez. Sánchez llamó a Florentino y el presidente habló con Ancelotti para confirmar su vuelta. Lo que demuestra la ilusión que le hacía y su madridismo es que, pese a no haber sido futbolista del Madrid, puso dinero de su bolsillo para desligarse del Everton. Pero es que hay gente que se hace madridista para siempre cuando conoce la idiosincrasia única de este club.

Ancelotti es de la escuela de entrenadores que ganan Champions en el Real Madrid: Miguel Muñoz, Del Bosque, que ganó dos; Zidane, tres, y Ancelotti, que lleva dos, todos de perfil conciliador y dialogante, nada de mano dura, que prefieren seducir a imponer. El vestuario del Madrid es muy peculiar con jugadores que lo han ganado todo. No suelen caer bien entrenadores que llegan y se ponen a dar lecciones.

Ancelotti empezó la temporada con un condicionante: no había dinero para fichar. Solo llegaron dos jugadores nuevos. David Alaba, gratis del Bayern porque terminaba contrato y quería venir al Madrid, y Camavinga, que fue fichado por 35 millones en el último instante cuando no se consiguió contratar a Mbappé. Camavinga era una joven promesa. Ancelotti casi contaba con la misma plantilla con la que no se ganó nada la temporada anterior. Sí que estaba Pintus, un preparador físico buenísimo que trajo Zidane, pero con el que acabó mal en su última etapa, cuando fichó a Dupont, que fue un desastre. Florentino le dijo a Ancelotti que había que fichar a Pintus y a este le pareció muy bien. Fue un binomio perfecto, acabaron sin lesiones y los jugadores llegaron a final de temporada en un inmejorable estado de revista.

LA CONVERSACIÓN DE ANCELOTTI CON VINÍCIUS

Ancelotti empezó la temporada confiando en Bale y Hazard, dos vacas sagradas a los que puso de titular en los primeros partidos, y Vinícius y Rodrygo, los dos meninos, suplentes. Ancelotti lo hizo bien, fue una manera de decirle al club: «Yo he intentado salvar a estos dos, pero no ha sido posible». Bale metió un gol, pero ni fu ni fa, insustancial. Vinícius, que era suplente, metió un tanto en el primer partido en Vitoria y dos golazos en el segundo contra el Levante. En el tercer partido, fue titular. Algo cambió en él gracias a una conversación con Ancelotti en verano. Le explicó que aunque le criticaban mucho por fallar goles hechos, hacía algo que casi nadie hace: llegar con el balón controlado al área. Le dijo que él, Ancelotti, había jugado en el Milan, que era centrocampista, pero que casi nunca llegaba al área con la pelota, porque o se la quitaban o le hacían falta. «Es muy difícil eso que tú haces», continuó el entrenador. Y le dijo que cuando llegase al área tenía que levantar la cabeza para ver dónde estaba el portero y tirar al otro lado. Si iba con la cabeza agachada no le saldría. Todos los goles que marca desde aquellas palabras son así, y se ve que levanta la cabeza.

El centro del campo fue el de siempre, Casemiro, Kroos, Modrić; Carvajal o Lucas, Militao, Alaba, Mendy, en defensa, y Courtois, de portero. Arriba, Vini, Benzema y, al principio, Asensio. Hubo dos derrotas, contra el Espanyol y, después, contra el Getafe, por las que le empezaron a caer muchas críticas a Ancelotti, porque decían que iba a reventar a los futbolistas, que pasaba de muchos. Pero Ancelotti insistió con su idea, el Madrid fue ganando partidos y cogió mucha ventaja con el Barcelona, que tenía muchos problemas, y el Atlético, que también se fue lejos. El Madrid fue amasando leñas con más críticas que elogios a Ancelotti.

En la Champions, el Madrid perdió en casa contra el Sheriff de manera inexplicable. Tiró 32 veces y perdió 1-2, con el portero rival haciendo paradas increíbles. Pero ganó los dos partidos del Inter, que era el fuerte del grupo, y pasó a octavos.

LAS MANIOBRAS DE LA UEFA CONTRA EL MADRID

Entonces, se celebró el sorteo y tocó el Benfica: «Esto está hecho», pensaron los madridistas, pero en las siguientes bolas, con el Atlético de Madrid, se produjo un error, porque no estaban bien las bolas de rivales que debían estar en el bombo. Y decidieron repetir el sorteo, pero lo hicieron atacando al Madrid. En vez de repetirlo desde el Atlético, porque la eliminatoria Benfica-Real Madrid había sido legal, lo repitieron desde el principio. Habían visto que al Madrid le había tocado una perita en dulce y querían que un rival más fuerte dificultase la presencia de los blancos en Europa. Y salió el PSG, de Messi, Neymar y Mbappé, con el que el club estaba negociando. El futbolista pidió retrasar la negociación para no dañar al PSG ni que le acusaran de nada.

En la ida, en febrero, con Mbappé iluminado por los dioses, el Madrid perdió solo 1-0 gracias a que Courtois ya empezó a dibujar lo que iba a ser su Champions parando un penalti a Messi. Para un madridista detener un penalti a Messi en Champions es lo más. Pero el partido del Real Madrid fue muy malo, podía haberse llevado tres goles. Otra vez volvieron las críticas a Ancelotti.

Benzema remontó con tres goles al PSG.

Antes del partido de vuelta, en el entrenamiento del PSG en el Bernabéu, Mbappé, en una imagen que se ha demostrado teatrera, hizo como que se quedaba hipnotizado por el estadio. De hecho, yo dije en esos momentos que Mbappé era un jugador del Real Madrid cedido al PSG por unos meses. Ahora me como esa frase con patatas. Estábamos convencidos de que, al no renovar, estaba fichado.

En ese partido de vuelta se creó un ambiente impresionante, como en los viejos tiempos. Las remontadas europeas son el ADN del Madrid, pero no se producían desde los años 80. Yo viví de niño la del 75 contra el Derby County y la de los 80, como he contado, con mis amigos en las gradas. Pero es que no habían vuelto a ocurrir. La única fue contra el Wolfsburgo alemán, cuando el Madrid de Cristiano remontó con un 3-0 un 2-0 de la ida, pero era contra un equipo mediano de Alemania.

A mi hijo Marcos siempre le había hablado de las remontadas europeas, así que le compré la entrada del PSG para que lo viera en el campo. Fue con mi sobrino, que usó mi abono, y a Marcos le compré una entrada al lado de 266 euros. Empezó el partido: gol de Mbappé, un baño, a punto de marcar otro. Pero en el minuto 15 de la segunda parte, empezó la magia. Benzema encimó a Donnarumma, el portero del PSG, le puso nervioso, rifó la pelota, que cayó a Vinícius, se la dio a Benzema y gol.

De pronto, hubo un cambio climático en el Bernabéu que solo conocemos los que vivimos las remontadas europeas. Un clic que sucede cuando se huele la sangre. Se creían que estaba hecho y no sabían lo que les esperaba. El infierno iba a llegar, *welcome to hell*. Aunque había que marcar dos goles, el público sabía que se conseguiría seguro, que estaban muertos porque entraba el Bernabéu a jugar. Metió Benzema el segundo y lo que le pasó a mucha gente fue que estaba abrazándose celebrando ese gol y no vieron que a los 59 segundos Benzema marcaba el tercero. Llegó la locura y la celebración de Alaba cogiendo una de las sillas de los de seguridad y alzándola de manera irracional, un gesto icónico de aquella Champions.

Sucedió que hubo tal catarata de elogios que por primera vez esa temporada apareció algo de autocomplacencia, se pensaban que eran los mejores. Fue cuando llegó el partido del Barcelona, para el que también le compré la entrada a mi hijo. Más cara que la otra, pero que todo fuera por ver perder al Barcelona y a Xavi, que estaba muy crecido.

«GUANYAREM», DECÍAN

No llegó Benzema, que estaba lesionado. Dos días antes, Ancelotti habló con Bale, que iba a su aire, en un mundo paralelo en el que no le importaba nada el Real Madrid, pese a que era el mejor pagado. Es un jugador que ha ganado la Champions haciendo teletrabajo. Ancelotti le pidió que ayudara para ese partido contra el Barcelona, porque le gustaba de delantero centro. Bale dudó, al día siguiente salió a entrenar, pero a los quince minutos se retiró y Ancelotti supo que se borraba. Sin delantero, tuvo una ocurrencia de entrenador, un fallo que demostraba que no era perfecto, porque la perfección es pedante. Se le ocurrió adelantar a Modrić y salió mal. Fue el peor partido del Madrid, aunque es verdad que perdonaron la expulsión de Aubameyang, que metió un plantillazo en la primera parte a Kroos, pero claro, ni Mateu Lahoz ni el VAR iban a ayudar al Madrid. En caso de duda, para el Barcelona siempre.

Marcaron los goles y el Madrid no reaccionaba. Quedaba media hora y perdía 0-4. Yo llamé a mi hijo y le dije: «Vete del campo, no vamos a remontar, hoy es imposible, no tienes que aguantar en tu recuerdo que estos tíos del Barcelona se pavoneen y se chuleen, porque lo van a hacer. No van a ganar nada esta temporada, pero ganar al Madrid será su título. Vete y olvídate del partido». Por suerte no hubo un quinto gol porque ya me imaginaba a Piqué con la manita. Después, hubo mucho ventajista que durante dos semanas dio palos a Ancelotti asegurando que estaba mayor, que era blandito con el vestuario, que Xavi le había dado un baile y que había que buscar otro entrenador. Pero Ancelotti no se alteró y eso que a los tres días Bale se convirtió en el héroe de Gales metiendo golazos. Es decir, engañó a su entrenador y a los madridistas. Desde ese día no quiero volver a verle, traicionó al Madrid y no tiene sitio en el Madrid, *bye, bye,* hasta siempre. Esto es el Madrid, no una ONG.

Ancelotti no se alteró, pese a que en el club no pararon las críticas. Habló con los jugadores para que a la vuelta del parón por las selecciones, en el partido de Vigo, diesen el do de pecho. Fue un partido muy duro, con dos paradones de Courtois, uno a Aspas a un tiro que iba a la escuadra. Benzema falló un penalti de los tres que tuvo el Madrid. Todos lo eran, por cierto, pese a las críticas. Ganó bien ganado el Madrid, un partido de casta, de campeón y a partir de ahí, no falló, pese a la prepotencia del Barcelona. Laporta aseguró que iban a conquistar la Liga. «*Guanyarem, esta Liga guanyarem*», decía. Y estaban a doce puntos. Había un partido del Barcelona aplazado contra el Rayo, que pensaban que iban a ganar (aunque perdieron). Creían, en fin, que iban a vencer en todos sus encuentros y que el Madrid, pese a ganar en Vigo, tenía dos salidas, en Sevilla y en Pamplona, en las que iba a perder. En Sevilla, iba cayendo 2-0 al descanso, pero hizo una segunda parte de escándalo. Metió tres goles, miento, metió cuatro, pero el arbitraje no quería que ganara y anuló un gol a Vinícius por mano cuando la pelota le dio en el hombro. Ganó un partido heroico y fue la gran remontada de la Liga. Más tarde venció otra vez en Pamplona, pese a que Benzema falló dos penaltis, y esas dos victorias, en definitiva, destruyeron al Barcelona.

En la Champions, el rival era el Chelsea y la ida en Stamford Bridge, donde había que sobrevivir como fuera. La primera parte, sinfonía madridista, un 1-2 que era injusto porque tuvo muchas ocasiones, fue una exhibición y, en la segunda parte, otro gol de Benzema, 1-3. Pero el Madrid no sabe especular con un resultado, tenía que haber llamado al Cholo Simeone para hacerlo, así que en el Bernabéu jugó raro. Incluso la afición no estaba metida como con el PSG. El Chelsea metió uno, luego, el segundo y el tercero, que echaba al Madrid. De repente, una zozobra en el Bernabéu. Mi hijo también estaba en el estadio: otros 266 euros me costó, y tenía más fe que yo. «Tranquilo», me decía. Con 0-3 hizo una parada antológica Courtois, que era gol y suponía el 0-4. Y llegó el minuto mágico: Modrić, ese genio de 37 años, con el exterior del pie hizo un pase memorable a Rodrygo, el factor sorpresa de la Champions, que con el interior lo transformó en gol. Empató la eliminatoria y el Bernabéu volvió a hacer clic, el Chelsea se electrocutó y llegó la prórroga, con lesionados, Carvajal de central y mucho heroísmo. Pase antológico de Vinícius a Benzema y 2-3, la primera derrota que se celebró en el Bernabéu. Todos enloquecidos, esperando al siguiente.

Ese era el City de Guardiola o el Atlético, que era eliminatoria segura, porque siempre les ganamos en Europa. Tocó Guardiola, que provoca todo tipo de emociones negativas en el Bernabéu. En Mánchester nos metieron un meneo, pero sin muchas ocasiones, aunque se pusieron 2-0 en el minuto 15. Hasta que Mendy, que no es el más técnico del equipo, se sacó un pase que remató Benzema. Luego, marcó el City de nuevo, 3-1, y Vinícius, en una escapada antológica por la izquierda, marcó un golazo después de levantar la cabeza como le había dicho Ancelotti. El City no se lo creía, cómo podían ir solo 3-2 si estaba dando un baño al Madrid. En un error defensivo, el árbitro no pitó una falta de Kroos, siguió el juego y el City marcó el cuarto. Y tuvo una para el quinto. Levantarle tantos goles al campeón de la Premier, que había perdido muy pocos puntos, parecía imposible, no había más conejos en la chistera. Pero en un centro al área, Laporte, el jugador franco-español al que estaremos siempre agradecidos, saltó con el brazo extendido: penalti. Y fue cuando Benzema, el mago de la Champions, después de haber fallado tres penaltis en la Liga, tiró a lo Panenka, despacito, que si el portero no se hubiese movido, la hubiese cogido. Una belleza de tiro, pero con riesgo máximo. Si lo falla, no se hubiese levantado el Real Madrid. Fue una obra de arte. Guardiola aseguró con orgullo que habían ganado, pero sabía que habían dejado vivo al Madrid y si cuando está en el suelo, para rematarle, como en las películas a los malos, no le matas, si tienes piedad... se levanta como Terminator.

Rodrygo celebra el segundo gol histórico contra el City.

En la vuelta se vivió otro ambiente de locura y con el incentivo de ver a Guardiola. Dos horas antes, en la plaza de los Sagrados Corazones, al lado del Bernabéu, se vivió la mayor recepción que se le ha dado nunca al equipo. Yo no pude llegar, me quedé a mitad porque era como una manifestación, con miles de personas apiñadas.

Sin embargo, en la segunda parte, marcó el City y casi sin tiempo había que levantar dos goles. Reconozco que ahí pensé que, por falta de minutos, no había solución. Del minuto 85 al 88, el City tuvo tres ocasiones para el 0-2, para el descabello, como dicen los taurinos. Una fue un tiro a la escuadra que salvó Courtois; otra, un remate de Grealish que, sin Courtois, sacó Mendy en la línea y otra, en la que, como se ve en la repetición, la punta de la bota de Courtois la toca lo justo para sacarla, la parada de la Champions junto a las de la final.

Y en el minuto 89, Rodrygo llegó y empató tras un pase de Benzema al primer palo. Primer tiro a portería. Había tenido dos ocasiones, un remate de Benzema, que se marchó fuera, y una más clara de Vinícius: un pase de Carvajal al segundo palo que era un gol claro y que también se marchó fuera.

«PAPÁ, AHORA ENTIENDO LO QUE ME CONTABAS DE LAS REMONTADAS»

El gol de Rodrygo volvió a encender el clic. Se habían ido muy pocos del Bernabéu, los que no tenían fe. Así, cuando marcó Rodrygo, el de megafonía dijo el tiempo de descuento: seis minutos. Entonces se oyó un bramido en el Bernabéu, como un gol, porque la afición consideraba que ya estaba hecho. El City entró en shock: «Qué está pasando», se preguntaban, si estaban a punto de golear y, ahora, estaban muertos. Pasaron 80 segundos, pasó Carvajal, peinó Asensio y mejoró la jugada en vez de empeorarla, porque llegó a Rodrygo, que es pequeñito, y su remate entró pegado al larguero. El portero no se movió y el Bernabéu enloqueció, mientras Guardiola ponía caras. Rodrygo tuvo otra para hacer el tercero y, en la prórroga, el Madrid entró ya ganador, un equipo con lesiones, en el que acabó jugando Vallejo, que apenas había participado, Marcelo, que llevaba muy pocos minutos, y Ceballos, Camavinga y Valverde, porque Ancelotti tuvo el valor, que si pierden lo hubieran matado, de quitar a los tres intocables del centro del campo. El Madrid acabó con el equipo B, pero el City estaba muerto y el Bernabéu no dejó de animar.

También lo hizo con el 0-1 porque sabía que el equipo lo necesitaba. Al acabar, mi hijo me llamó: «Estoy afónico, es increíble, ahora entiendo todo lo que me contabas de las noches de las remontadas en el Bernabéu». Yo, como padre, me derretía y estaré eternamente agradecido al Real Madrid. Y eso le habrá pasado a muchos padres y madres. La Decimocuarta ha atraído a muchos madridistas y los ha marcado para siempre. Como me pasó a mí con las remontadas europeas.

Ahora hay miles y miles de madridistas nuevos. El antimadridismo es creciente, pero se ha ganado de manera tan épica, como equipo, con este entrenador, que ha hecho que muchos se hayan hecho del Madrid y otros muchos lamenten no serlo. Sé de hijos de antimadridistas que se han hecho del Madrid y han dicho a sus padres: «Ahí os quedáis», porque los del Madrid son divertidos, dan emociones y está lleno de buenos futbolistas y personas. Es un equipo sin contraindicaciones.

La prensa europea se preguntó después qué fenómenos paranormales pasan en el Bernabéu, casi de *Cuarto Milenio*. A los que vivimos las remontadas de los 80 nos chocó, pero menos. Era revivir lo que ya había pasado.

En la final, el más difícil todavía, el Liverpool. Los grandes de Europa son el City, el PSG, por su dinero, el Chelsea, el Liverpool y el Bayern. De cinco, al Real Madrid le tocaron cuatro. Está claro que la UEFA no tenía muchas ganas de que ganase la Champions.

Antes de la final, Mbappé dejó tirado al Madrid en un acto de deslealtad. Varias veces dio su palabra y eso tiene que valer algo. Por eso pensábamos que venía y por eso se le aplaudió en el Bernabéu. El 9 de mayo de 2022, conversó con el Madrid y dijo que iba a ir al Bernabéu, pero la madre viajó a Qatar y ahí se rompió la baraja. Tuvo presiones más allá de lo razonable, con llamadas de Macron y de Sarkozy y a un joven vanidoso como él, le «excitó» que le llamasen personas tan importantes. Además le daban de todo, lo que quisiese, faltó que le ofreciesen dos plantas de la Torre Eiffel. El sueño de Mbappé era jugar en el Real Madrid, como se ve en las fotos de pequeño, con la pared llena de pósteres del Real Madrid. Pero ¿cómo se rompen los sueños de una persona? Comprándolos. Espero que en el futuro no venga y si lo hace, será contra mi opinión.

En París, en la final, los 20.000 madridistas tenían la convicción de ganar para poner el mejor final a la historia más bella jamás contada. Se ganó sufriendo, no podía ser de otra manera. Courtois hizo paradas milagrosas, sobre todo la de Mané, que desvió al palo. Al final de la primera parte, Benzema marcó un gol, pero el VAR se tiró cuatro minutos revisándolo... porque sabía que era legal. Si no lo fuese, no lo hubiesen revisado tanto tiempo. Pero es que a la UEFA no le hacía gracia que ganase, prefería al Liverpool, que fue el club de los creadores de la Superliga y que se salió rápido para complacer a la UEFA. Ese gol anulado dio fuerzas al Madrid y, en la segunda parte, Valverde llegó al área, pegó un centro-chut, Vinícius ganó la espalda y gol. El tanto de quien se habían burlado, denostado, del que decían que hacía el ridículo... pues el antimadridismo se ha comido con patatas todo eso. Faltaba la última parada de Courtois todavía, a Salah, que tiró muy fuerte y el portero la desvió con el brazo. El día antes había dicho que estaba en el lado correcto de la historia y tenía razón. En el que se ganan las Champions.

El Liverpool supo entonces que no había nada que hacer. La Copa de Europa, nuestra mujer, amante, querida, la madre de nuestros hijos, volvía con nosotros por decimocuarta vez. Doblamos al segundo que es el Milan, sacamos 8 al Liverpool y casi triplicamos al Barcelona. Y esa noche lo que los madridistas decían era: «El año que viene hay que reservar en Estambul, donde se jugará la final». Porque solo pensamos en ganar, porque si no, no seríamos del Real Madrid, la historia más bella jamás contada.

Mi once histórico

CASILLAS (725 PARTIDOS, 3 CHAMPIONS,
5 LIGAS Y 11 TÍTULOS MÁS).

Aunque muchos mourinhistas no estarán de acuerdo, para mí es, sin discusión, el mejor portero en la historia del Real Madrid. No mide dos metros, no tiene el mejor juego de pies del mundo, pero sí es el portero que más paradas decisivas ha hecho y el que nos ha llevado a ganar más títulos. Con 16 años, le llamaron al colegio para que se subiera a un avión para un partido en Noruega de la Champions, para completar la convocatoria. Ya sorprendió la naturalidad con la que fue, sin agobiarse. A él, que había estado toda la infancia en el

Real Madrid, no le iba a poder la presión. Era un portero algo gordito, pero con un don, un guardameta milagrero, de los que hacen paradas que tú no le pides, de los que están tocados por la varita divina. Por eso le llamaban «el Santo». Su parada más mítica, aunque no la más importante, fue al sevillista Perotti. Fue un balón al segundo palo que iba a rematar a puerta vacía y Casillas, que estaba en el palo contrario, que no iba a llegar, se tiró en un acto de fe y la rechazó. Creía tanto en sus posibilidades que era capaz de eso. Medía 1,83 y podía tener problemas por alto, pero también los suplía.

En el mano a mano era invencible. Sus paradas minaban la moral del rival. Tenía carisma, tenía el duende que tenía el Buitre, era el novio perfecto, pintón, simpático... Fue el mejor. Pero Mourinho y el mourinhismo se cebaron con él y se olvidaron de que era una leyenda del Real Madrid.

En la Novena, en la final de Glasgow fue suplente de César. Para mí, injustamente aunque era una decisión técnica de Del Bosque. Casillas ya había ganado la Copa de Europa dos años antes y esa suplencia le dolió. César era un buen portero, pero no espectacular, había ido también a la selección en un partido amistoso contra Alemania, en el que perdimos 4-1 y no fue culpable, pero pudo hacer algo más...

Cuatro días antes de la final, hablé con Casillas y me confesó que se iba a ir del Madrid. Le contesté que me parecía una locura. Pero él estaba convencido de que no había derecho, que tenía que jugar la final. Le dije, para tranquilizarle, que luchase, que aguantase y que no se rindiese. Y añadí: «Puede pasar que hasta que se lesione César y tenga un problema y tengas que saltar al campo de forma urgente».

César tuvo mala suerte y se lesionó, así que en medio de la final tuvo que salir Iker, cuando el Madrid iba ganando 2-1. Hizo tres paradas, una milagrosa con el pie, con las que el Madrid ganó la novena Copa de Europa. Así se convirtió en el héroe y fue entonces cuando rompió a llorar porque, como no pensaba jugar, le pidió a su madre que no viajase al partido. Pero eso le hizo más fuerte.

No por nada durante cinco años la Federación Internacional de Historia y Estadística de Fútbol (IFFHS) le eligió como el mejor portero del mundo.

En 2008, fue el héroe en los cuartos de final contra Italia en los penaltis que condujeron a la victoria de España en esa Eurocopa. Dos años después, en el Mundial, paró, en los cuartos, un penalti decisivo contra Paraguay y, en la final, hizo la parada de todos los tiempos. Robben se la podía meter por donde quisiera y disparó para el lado contrario hacia el que se había tirado Iker, pero como tiene ese gen, ese don, estiró el pie derecho, dio al balón con la puntera y evitó el gol. En la Eurocopa de 2012, volvió a tener una actuación imperial, sobria, y se encumbró como un caballero del deporte cuando con el 4-0 de la final contra Italia, el árbitro añadió tres minutos. Iker le pidió que pitase el final del partido, que era humillante para el rival. Así, Casillas levantó los tres trofeos de España. Si no llega a ser por él, en la foto levantando la Copa hubiera estado Puyol, un caballero, el único futbolista que yo hubiera fichado del Barcelona si hubiera podido porque representaba todos los valores del deporte.

Se lo digo a los mourinhistas: en una época en la que el Barcelona tenía muchos jugadores en la selección, el que levantó las copas fue el capitán del Real Madrid.

No acabó como merecía, con un homenaje a lo grande. Su despedida fue tristona. En un gesto equivocado, por rabia y orgullo, decidió despedirse solo, sin nadie del Real Madrid, sin Florentino. Y se puso a llorar. Eso fue terrible. Al día siguiente, tras convencerle el presidente, le hicieron otra despedida con los trofeos, ya mejor, pero estaba contaminada por lo que había pasado. Casillas se fue al Oporto y el infarto le hizo retirarse antes de tiempo, porque ya estaba consolidado y lo estaba haciendo bien. Queda aún pendiente un Trofeo Bernabéu donde le hagan un homenaje.

Pero que a mí no me cuenten gaitas, el mejor portero del Real Madrid ha sido Iker Casillas.

LATERAL DERECHO: SERGIO RAMOS (671 PARTIDOS, 101 GOLES, 4 CHAMPIONS, 5 LIGAS Y 13 TÍTULOS MÁS).

En sus primeros años en el Real Madrid era lateral derecho, como lo había sido en el Sevilla. Pero tenía tal poderío físico que se dieron cuenta de que se estaba desperdiciando a un gran central. Le elijo de lateral por delante de Chendo, Carvajal o Salgado, pero creo que ninguno está a ese nivel tan top. El Madrid le fichó en 2005 después de que se pagara al Sevilla su cláusula de rescisión. Fueron 27 millones, lo que estaba estipulado, por eso jamás entenderé los insultos que él y su familia recibieron después. Se pagó lo que costaba, luego Alves o Rakitić se han ido al Barcelona por menos dinero del que podían haber sacado y se les ovaciona. Ese antimadridismo enfermizo solo lo entiendo como un complejo de inferioridad supino que demuestra por qué uno es un ganador y otro, un aspirante a ganador. Si un jugador mío se va al club más grande y me pagan lo que vale, yo estaría orgulloso. Eso creó un desapego emocional en Ramos, porque es su familia y su casa. Él dice con orgullo que es sevillista y así da una lección a todos las bestias (sí, lo he escrito bien, bestias) que llaman «hijo de puta» a un futbolista que se dejó el alma y llenó la caja. A estas personas ni les gusta el fútbol ni nada. Eso también le hizo más fuerte y por eso Ramos es Ramos. Como lateral hizo temporadas muy buenas, también como central y, luego, metió el gol de Lisboa que le convirtió en leyenda. Siempre será el señor de la Décima. Por eso, le perdono todos sus pecados, sobre todo, cómo se fue. No tuvo que negociar así con Florentino.

Pero como tengo memoria y siempre voy con el retrovisor puesto, sé que cambió nuestra vida para bien y cualquier queja agria de Ramos siempre será una injusticia.

CENTRAL: FERNANDO HIERRO (601 PARTIDOS, 127 GOLES, 3 CHAMPIONS, 5 LIGAS Y 8 TÍTULOS MÁS).

Es el ejemplo de gran capitán. Aunque fuera muy discutido por la prensa, se hacía respetar en el vestuario, fuera de él y por los rivales. Vino del Valladolid y Antić le descubrió como centrocampista porque tenía mucho gol. Un año metió 21 goles y eso hacía muy difícil que le sacaran de ahí. Era como un líbero, una figura antigua en los esquemas, que se ponía delante o detrás de los centrales y sacaba el balón jugado. Era el mariscal del campo, el que dirigía el juego y salía al cruce. Hierro sacaba el balón como nadie, pegaba cambios de juego de 40 metros, iba muy bien por alto y era un jugador fuerte. Si había que dar duro, daba, sin hacer daño, aunque iba al balón por todo. Como es malagueño, como Juanito, ya lo mirábamos bien. En los años de los galácticos tuve, como he contado, intimidad con ellos y Hierro, como capitán, me respetó. Tenía fama de que a los periodistas nos miraba con el ojo girado, pero yo estaba con ellos tomando cervezas y Hierro jamás me dijo nada. Me conocía y sabía que yo no iba a utilizar nada de eso. Era su vida privada y lo cierto es que los chicos no hacían nada distinto de los jóvenes de su edad: tomar algo, charlar y reírse. Son gente más normal de lo que creemos, aunque tienen en la cuenta del banco más dinero que nosotros... Y puede que sean más guapos, pero luego tienen sus preocupaciones o padres que les llaman y les manifiestan sus inquietudes.

CENTRAL: PEPE SANTAMARÍA (337 PARTIDOS, 2 GOLES, 4 COPAS DE EUROPA, 6 LIGAS Y 2 TÍTULOS MÁS).

No le vi jugar en directo. Es uruguayo y eso siempre es un plus ganador para el vestuario. Estuvo de espectador en la final de la Copa de Europa, de 1957, que se ganó a la Fiorentina porque ahí ya iba a ser fichado del Nacional. Era un futbolista de un liderazgo absoluto. Las únicas broncas de Di Stéfano con un compañero fueron con él. Cuando Di Stéfano gritaba, los demás callaban, pero Santamaría le respondía, se decían de todo y luego se abrazaban al terminar el partido. Eran dos ganadores patológicos. Santamaría era el líder de la defensa. Mi padre me ha explicado que era clave porque aquel Madrid, además de marcar muchos goles, recibía pocos y es verdad que hubo grandes porteros, pero es que Santamaría iba al cruce con un poderío brutal. Es un acto de justicia meterle en el once y se merece un reconocimiento del club, porque al cierre de este libro es de los pocos que sigue vivo. Es el legado de esa época. Además, es un señor y un caballero. Me llama en Navidad para felicitarme porque yo soy un canalla, no tengo perdón: le tengo que llamar yo a él. Me avergüenzo, pero esa es su grandeza como persona.

LATERAL IZQUIERDO: ROBERTO CARLOS (527 PARTIDOS, 69 GOLES, 3 CHAMPIONS, 4 LIGAS Y 7 TÍTULOS MÁS).

Camacho y Marcelo podían haber estado en el once, pero Roberto Carlos era una locura. Un espectáculo puro y duro con sus incursiones por la banda. Vino del Inter a precio de ganga, un fichaje maravilloso de Lorenzo Sanz. En Italia, el entrenador Roy Hodgson le hacía jugar de extremo, sin campo para correr, que era lo que necesitaba Roberto para explotar su velocidad. Por eso tenía que ser lateral. Además tenía una pierna izquierda que era un cañón. El Bernabéu disfrutó mucho con él: era el fútbol brasileño, de la playa, de la samba, de la sonrisa. Hasta cuando tenía un pique con un rival acababa abrazándose a él, sonriendo. No te puedes enfadar con Roberto Carlos. Metió goles antológicos, unas bombas increíbles: dos en Leverkusen, una falta contra el Barcelona, con Arnau de portero, maravillosa. Otra en Tenerife sin ángulo o con Brasil, en un partido contra Francia, esa bomba inteligente en la que el balón hace una curva para evitar la barrera y entrar en la portería. Una cosa increíble que lograba al pegar al balón con tres dedos del pie. Se fue en 2007 y es una alegría que vuelva a estar en el club porque es su mejor embajador. A los niños les encanta, porque es como un niño grande, con su sonrisa, su ingenuidad. Es una maravilla, el mejor lateral izquierdo de siempre.

CENTRO DEL CAMPO: LUKA MODRIĆ (5 CHAMPIONS, 3 LIGAS, 4 MUNDIALES DE CLUBES...).

Tengo que ponerlo, por lo bueno que es y por un dato: es el único centrocampista puro que ha ganado un Balón de Oro con el Real Madrid. Representa los valores del club como persona y como futbolista. No le encuentras un mal día, una reacción airada. Modrić es un hijo de la guerra, que tuvo que huir de las bombas y sabe lo que es sufrir. Sin mucho físico, tiene un cerebro privilegiado. Vino al Madrid con toda la humildad del mundo porque hizo algo que muy pocos saben: le llegó a decir a Levy, dueño del Tottenham, que si no le vendía al Madrid, dejaba el fútbol. Tenía un pacto con él por el que si al siguiente año le llamaba el Madrid, le dejaría marchar y Levy aceptó. Pero cuando el Madrid de Mourinho le quiso, Levy no cumplió su palabra. Modrić se negó a entrenar con el resto del equipo, pero no por indisciplina, sino porque no habían cumplido la promesa. Estuvo dos semanas entrenándose en solitario y ya había dicho a su familia que si no le traspasaban, se retiraba, pese a que solo tenía 27 años.

Al final, Levy cedió y el Madrid lo fichó por 42 millones, que entonces parecía un precio alto, pero ha resultado ser una de las operaciones más baratas de la historia. No fue barato, fue lo siguiente. Los madridistas guardamos la portada del *Sport* que decía: «42 millones para tapar vergüenzas» y la sacamos de vez en cuando. Vaya ridículo hicieron. También gente reputada en Madrid le dio mucha caña, sobre todo en su primer año. Pero metió un gol decisivo en Old Trafford y todos los madridistas descubrieron que teníamos un tesoro que había que cuidar y pulir. Cada año ha jugado mejor y se ha ganado las renovaciones a una edad casi prohibitiva para un centrocampista. Los defensas aguantan más, pero a Modrić, a sus 37 años, le tienes que poner porque es el mejor. Ha formado la santísima trinidad con Casemiro y Kroos, que también son leyenda en el equipo. Pero Modrić creo que tiene algo más, futbolística y personalmente.

CENTROCAMPISTA: ZIDANE (227 PARTIDOS, 49 GOLES, 1 CHAMPIONS, 1 LIGA Y 4 TÍTULOS MÁS).

Sé que estoy empezando a hacer fechorías pero es que si no, no me caben en el equipo. Zidane retrasó su posición con los años, así que lo colocó en el centro del campo. Llegó al Madrid como el segundo galáctico y todo lo que he escrito sobre Modrić se puede aplicar a él, por valores personales y futbolísticos y por su magia. Sus controles o sus ruletas famosas levantaron al Bernabéu. Ya hemos escrito de él por el gol de la Novena. Fue Leonardo da Vinci, pero es que después nos dio tres Champions consecutivas como entrenador, lo que no ha conseguido nadie. Es único.

CENTROCAMPISTA: RAÚL (741 PARTIDOS, 323 GOLES, 3 CHAMPIONS, 6 LIGAS Y 7 TÍTULOS MÁS).

Sigo trampeando, pero es verdad que en su última etapa bajaba a recibir… y no me cabe en la delantera. Es uno de los goleadores históricos del Real Madrid. Ya hemos escrito su debut en Zaragoza y su segundo partido contra el Atlético de Madrid. Ese día, en el autobús, Valdano, con alguna duda, le preguntó si estaba preparado para ser titular. Y ese chaval de 17 años, antes de un derbi, le respondió: «Tú sabrás si quieres ganar el partido». Valdano se quedó impactado y le puso, claro. Raúl siempre ha vivido para el fútbol. A mí me han contado compañeros suyos que cuando tenían un día libre, casi todos hacían planes para irse de viaje, una escapada de un día, corta, para despejarse, pero Raúl se quedaba en casa para ver partidos de fútbol con sus niños pequeños. Un fanático, un intocable del Real Madrid.

DELANTERO: CRISTIANO RONALDO (438 PARTIDOS, 450 GOLES, 4 CHAMPIONS, 3 LIGAS Y 10 TÍTULOS MÁS).

Hay una parte de la afición del Real Madrid que le ha visto siempre como un chuleta. Me da igual. Ha sido un jugador descomunal, sobre todo en producción: 450 goles, y si hubiera estado lo que tenía que haber estado, hubiera llegado a 600, la carrera más descomunal nunca vista. Es un jugador nacido para el Real Madrid. Era Dios en Old Trafford, pero tenía claro que para ser el más grande de la historia tenía que venir al Real Madrid. Me acuerdo de una entrevista a su madre que publicamos en el *AS*, cuando ella pasó por una enfermedad de la que no tenía claro si iba a poder salir. Dijo: «No me quiero morir sin ver a mi hijo en el Real Madrid». Me consta que Cristiano vio esa portada, se la guardó y cumplió su sueño. Le daba igual el Almería, la Ponferradina, el Barcelona o la Juve. Si jugaba era para ganar. Hay jugadores que se reservan para días grandes, Cristiano no. Él facturaba todos los días, metía goles todos los días, los celebraba todos los días. Era incansable, insaciable. Hacía que sus compañeros fueran mejores. Un compañero suyo en el Real Madrid me lo confesó cuando se fue: «Como siempre quería más, no nos dejaba relajarnos». Quería marcar goles para él, pero es que eran goles para el Madrid. Ese hambre que no se saciaba, de querer más goles, más récords, arrastraba a todos. Eso no tiene precio en cualquier empresa. Era el número uno con diferencia. Nos ayudó a ganar cuatro Champions y difuminó la era Messi.

DELANTERO CENTRO: DI STÉFANO (396 PARTIDOS, 308 GOLES, 5 COPAS DE EUROPA, 8 LIGAS Y 4 TÍTULOS MÁS).

Todo el mundo conoce su leyenda. Un carácter muy fuerte, probablemente cascarrabias, pero de ganador absoluto. Cambió la historia blanca. Santiago Bernabéu la cambió por concepto, también por ir a ficharle pero en el campo, quien dio el giro definitivo fue Di Stéfano. No le he visto en directo, pero la palabra de mi padre, de los historiadores y los vídeos que he visto después, me valen. Era un jugador total, hacía de todo. Su espíritu ganador, como ya he escrito, contagió al resto del equipo. Su impronta es indiscutible. Se puede decir que es el mejor jugador de todos los tiempos, el más completo.

EXTREMO IZQUIERDO: GENTO (600 PARTIDOS, 182 GOLES, 6 COPAS DE EUROPA, 12 LIGAS Y 6 TÍTULOS MÁS).

Es el único que tiene 6 Copas de Europa, ya por eso se merece estar aquí. Como dice José Mota: «No te digo que lo mejores, pero iguálamelo». Se murió en paz, vivió feliz. Jamás presumió de las Copas de Europa, lo hacemos los madridistas. No se daba importancia, decía que el bueno era Di Stéfano, pero fue un jugador clave en las Copas de Europa y en la historia del Madrid. Ves los vídeos de Gento corriendo la banda y tienen una vis cómica porque parece que la imagen está trucada de lo rápido que va. ¡No es posible que vaya tan rápido, si parece el correcaminos! Nadie ha corrido la banda como él, ni Roberto Carlos, ni Gordillo, ni Vinícius. Representaba muy bien a aquel Madrid, que no solo fichaba a estrellas mundiales, también a los buenos jugadores españoles. Así creaba identidad madridista por todo el país. Eso se ha perdido un poco y me gustaría que se recuperase, porque me gusta ver que en la selección española manda el Real Madrid. Estamos ahí para defender a nuestra selección. Yo soy muy de la selección, incluso cuando hubo muchos jugadores del Barcelona.

Mi once emocional

PORTERO: BUYO (454 PARTIDOS, 6
LIGAS Y 6 TÍTULOS MÁS).

Era el portero en la Quinta del Buitre, el que nos ponía la
piel de gallina. Aunque Buyo era de la Quinta de los Machos,
con Maceda, Gordillo y Hugo Sánchez, que era el macho
mexicano. Buyo era el poli malo, por eso tuvo la bronca con
Futre y se encaraba con las aficiones rivales cuando le tiraban cosas. Tenía un carácter ganador, o se le amaba o se
le odiaba, aunque luego, fuera del campo, es un pedazo de
pan. Y hacía unas paradas increíbles, llegando a la escuadra,
cuando era un portero bajito, muy tipo Arconada. Con 0-0
siempre hacía una parada que salvaba un gol y luego llegaba
el festival de goles de la Quinta del Buitre.

DEFENSA: PIRRI (561 PARTIDOS, 172 GOLES, 1 COPA
DE EUROPA, 10 LIGAS Y CUATRO TÍTULOS MÁS).

Fue centrocampista, pero en su etapa final acabó atrás, en el
eje de la defensa, con Goyo Benito. Como he contado, por él,
su garra y su espíritu de combate, me hice del Madrid. Era la
sensación de que defender al Real Madrid era defender a tu
familia. Ha hecho historia. Pirri es el Madrid. No me cabía
en el once histórico para no quitar a Santamaría, pero fue
un jugador glorioso. Un jabato con botas

DEFENSA: CAMACHO (577 PARTIDOS, 11 GOLES,
2 COPAS DE LA UEFA, 9 LIGAS Y 8 TÍTULOS MÁS).

Es de la escuela de Pirri, se dejó la vida por el Madrid. Llegó
con 19 años y se comió al Madrid. Un día, Netzer tuvo una
bronca con Camacho porque este subía mucho por su banda
y se metía en su zona. En el descanso, el entrenador preguntó qué pasaba y Netzer dijo que es que el chaval se metía
donde no debía y no le dejaba jugar. Camacho se lanzó a su
cuello y tuvieron que pararle entre cuatro porque lo mataba.
Netzer estaba jugando con su pan, con su sueño de triunfar
en el Madrid y le daba igual que el alemán fuera un jugador consagrado. Pero se ganó el respeto del vestuario y de
Netzer, que repetía: «José es mi amigo». Camacho, puro
corazón madridista. Superó una lesión de dos años cuando
cualquiera se hubiera retirado.

CENTRO DEL CAMPO: STIELIKE (308 PARTIDOS, 50
GOLES, 1 COPA DE LA UEFA, 3 LIGAS Y 3 TÍTULOS MÁS).

Aunque era centrocampista, también jugó de defensa. Ya
hemos contado cómo lo fichó Bernabéu al enamorarse de
él nada más verle. Impartió magisterio en el Madrid, como
si tuviera ocho pulmones. Me consta que le gustaba beber

cerveza y que alguna noche se le fue la mano, pero era tan orgulloso que se levantaba a las ocho de la mañana, resacoso, iba a correr como un loco, vomitaba, se pegaba una ducha y se iba a entrenar como una fiera; primero, para que no se le notara y, luego, para demostrarse que la cerveza no iba a poder con él. Su orgullo alemán le impedía perderse un entrenamiento. Se fue porque Mendoza no le quiso, pero la despedida de la afición, con todo el Bernabéu gritando su nombre, dejó claro que era de los nuestros.

CENTRO DEL CAMPO: MÍCHEL (559 PARTIDOS, 130 GOLES, 2 COPAS DE LA UEFA, 6 LIGAS Y 7 TÍTULOS MÁS).

La fábrica de producir goles de la Quinta del Buitre, elegancia pura, un ganador nato. Sí, cometió errores, como cuando se fue del campo porque le pitaron un día que se ganó la Liga ante el Espanyol. Le comprendo porque yo tampoco he entendido nunca a ese «tendido del siete» del Madrid. Porque una cosa es ser exigente y otra, insultar a los tuyos. Y Míchel les dijo: «Ahí os quedáis». Pidió perdón. Como jugador fue maravilloso.

CENTRO DEL CAMPO: AMANCIO (471 PARTIDOS, 155 GOLES, 1 COPA DE EUROPA, 9 LIGAS Y 3 TÍTULOS MÁS).

Tenía que haber sido Balón de Oro. Yo vi su última etapa y su caracoleo con el balón, aunque ya no tenía el regate supersónico de joven. Era extremo, pero también delantero. En la década de los 60, si el Madrid ganó ocho Ligas de diez fue en parte por él. Disfrutamos mucho con «el Brujo».

CENTRO DEL CAMPO: JUANITO (401 PARTIDOS, 121 GOLES, 2 COPAS DE LA UEFA, 5 LIGAS Y 3 TÍTULOS MÁS).

Yo lo hubiese metido en el once histórico, pero no quería que me acusaran de poco riguroso. Es quien ha hecho que muchos seamos del Madrid en las malas. En las buenas lo son todos, pero en las malas te acuerdas de él, porque daba la cara como nadie. En el Camp Nou metió un gol y después mandó callar al público y a su presidente Núñez, que había dicho que Juanito iba dejando a las mujeres embarazadas por las esquinas. Cometió muchos errores, seguro; y que le amamos, seguro también.

CENTRO DEL CAMPO: BUTRAGUEÑO (463 PARTIDOS, 171 GOLES, 2 COPAS DE LA UEFA, 6 LIGAS Y 7 TÍTULOS MÁS).

Como no me cabe arriba y acabó jugando ahí, le meto. Mi Buitre, nuestro Emilio. Que cambió la vida de este país, no solo del Madrid, con su noche en Querétaro, en el Mundial de México, cuando metió cuatro goles a Dinamarca y la gente se fue a Cibeles, por primera vez, a cantar: «Oa, oa, oa, Butragueño a la Moncloa». Hasta entonces se celebraban las Ligas en el Bernabéu y por la Castellana, con el coche y tocando el claxon, pero tras ese Mundial, se fijó ese lugar como centro de celebración. Es el único futbolista de la historia que se paraba en el área y hechizaba a los rivales. Un futbolista mágico.

DELANTERO: HUGO SÁNCHEZ (282 PARTIDOS, 208 GOLES, 1 COPA DE LA UEFA, 5 LIGAS Y 4 TÍTULOS MÁS).

El manito metió 208 goles con el Real Madrid. Será recordado porque en una Liga metió 38 goles, a un solo toque para ganar el Pichichi y la Bota de Oro. Contagió a la Quinta del Buitre el espíritu guerrero y pícaro que también hay que tener. Como delantero centro puro, posiblemente el mejor que hayamos tenido.

DELANTERO: SANTILLANA (645 PARTIDOS, 290 GOLES, 2 COPAS DE LA UEFA, 9 LIGAS Y 5 TÍTULOS MÁS).

Todos queríamos ser Santillana. Tiene un cántico: «Arriba, arriba, arriba, arriba viene ese balón, que Juanito la prepara, que Juanito la prepara, y Santillana mete un gol». El hombre que volaba sin motor, saltaba dos metros y medio y cabeceaba como si estuviera apoyado en una mesa. Amargó al Inter en noches inolvidables. Jugaba solo con un riñón y no se notaba. Un caballero como persona, que dignificó el mote que le puso Héctor del Mar: «el puma Santillana». Flipábamos con él.

DELANTERO: RONALDO NAZÁRIO (177 PARTIDOS, 104 GOLES, 2 LIGAS Y 2 TÍTULOS MÁS).

Si no llega a lesionarse dos veces del tendón rotuliano, hubiese sido el mejor de la historia. Nos dio unos años espectaculares. Era único en su especie, con sus bicicletas en carrera y el miedo que daba a los rivales, a los que les temblaban las piernas cuando llegaba al área. Era la sonrisa permanente, que disfrutaba en el campo como en la vida. Un chaval increíble. Le imploré de rodillas que se quedara en el Madrid porque hubo partidos que puso en pie el Bernabéu. Una máquina, una jodida máquina.

LOS QUE ME DEJO FUERA

MIGUEL ÁNGEL. A parte de Junquera, mi primer portero de pequeño, con su jersey verde, «el Gato», que hacía paradas increíbles. A él le he visto la mejor parada que he visto nunca a un portero, en el Mundial de Argentina, en un partido contra Austria: atrapó un balón que iba a la escuadra, pero no lo despejó, lo agarró y cayó al suelo con él. La grada se puso en pie a aplaudirle de entusiasmo.

GOYO BENITO. No fue nuestro defensa más técnico, pero seguramente sí de lo que tuvo más corazón, coraje y supo entender el espíritu infatigable del Real Madrid.

MARCELO. Tiene por delante a Roberto Carlos y Camacho. Técnicamente es el mejor de los tres, pero físicamente le faltaba el plus que tenían los otros dos. En el campo ha hecho genialidades. Es puro corazón blanco, cómo se ha emocionado con el Madrid. De los nuestros para toda la vida.

FERNANDO REDONDO. Un mediocentro imperial. La Octava se le debe a él. Es señorío puro y duro. Ponía los codos y por ahí no pasaba nadie.

FIGO. El que empezó la historia de los Galácticos. Consiguió que durante cinco años el Barcelona no ganara nada. Lo destruyó porque tiraron los 10.000 millones que se pagaron por él. Puro corazón blanco. Se fue injustamente porque se dejaba la piel por el Madrid. Se siente madridista.

CHENDO. Un lateral derecho puro, canterano, «one club man». Siempre estuvo en el Madrid.

CARVAJAL. Ha estado en las cinco últimas Copas de Europa, coraje, casta. Es una pena que las lesiones le machaquen tanto.

GUTI. El genio, mucho más que su taconazo en Riazor o contra el Sevilla. Es un genio incomprendido, aunque seguramente puso mucho de su parte para serlo. A todos los *cracks* que venían al Madrid les preguntaban qué jugador les sorprendía y todos decían: «Guti». Era increíble. Yo le he dicho que en su bota izquierda tenía dos Balones de Oro, pero no quiso. Quería vivir la vida, y lo respeto. Si hubiera sido un loco de fútbol, hubiese hecho lo que hubiese querido. Me acuerdo de una exhibición que dio en San Siro, en un amistoso ante el Milan, que hizo que Berlusconi se volviera loco para ficharle. Le pagaba el doble, pero quiso quedarse en el Madrid.

CASEMIRO. Un puro mediocentro histórico. Profesional y madridista.

KROOS. Le he criticado, pero me ha ganado con su fútbol. Ingeniería alemana y un buen chico.

BENZEMA. También le critiqué, pero desde que se fue Cristiano, ha honrado la camiseta del Real Madrid cada día. El capitán con total justicia, el que nos ha convencido de que en la vida hay que tener paciencia. Supo estar a la sombra de Cristiano y tomar el mando cuando tocaba. Es un mago, un genio, por quien merece la pena pagar una entrada. Su jugada en el Calderón es inolvidable. Cada vez que un atlético nos toca las narices, le ponemos esa jugada. Cada vez que paso por la M-30, por donde estaba el estadio, saludo con reverencia: «Ahí se chupó a la defensa del Atlético, ahí iban quedando, con la cadera rota».

VINICIUS. Seguramente uno de los jugadores de los que me siento más orgulloso. Llegó con 18 años y todos se burlaban y le molían a palos pero yo siempre le defendí. No me cuelgo una medalla, simplemente es la verdad. Un jugador que a esa edad regateaba en carrera a tres rivales y ponía en pie al estadio, solo se llama magia. La vida le dio el premio de meter el gol de la Catorce en París. Será Balón de Oro muy pronto.

Gracias al *Diario AS* por la cesión de imágenes de su magnífico archivo gráfico.

Gracias *Carrusel Deportivo* de la Cadena SER que me ha permitido vivir unas noches históricas en el Bernabéu, con transmisiones inolvidables.

Gracias a *El Chiringuito de Jugones* y a Josep Pedrerol por alegrarme las noches, estar siempre ahí, y apoyar todos mis proyectos.

Gracias a la colaboración de mi compañero José Aguado por su apoyo logístico y su inestimable ayuda a la hora de organizar el relato de estas páginas que espero que sean de su agrado.